总第71集

U0959247

行政执法
与
行政审判

中华人民共和国最高人民法院
行政审判庭 编

中国法制出版社
CHINA LEGAL PUBLISHING HOUSE

图书在版编目（CIP）数据

行政执法与行政审判. 总第71集/中华人民共和国最高人民法院行政审判庭编. —北京：中国法制出版社，2018.12

ISBN 978-7-5093-9844-9

Ⅰ.①行… Ⅱ.①中… Ⅲ.①行政执法-中国-丛刊 ②行政诉讼-审判-中国-丛刊 Ⅳ.①D922.11-55 ②D925.318.2-55

中国版本图书馆CIP数据核字（2018）第249742号

责任编辑　周琼妮（zqn-zqn@126.com）　熊林林（xionglinlin@zgfzs.com）　封面设计　杨鑫宇

行政执法与行政审判（总第71集）

XINGZHENG ZHIFA YU XINGZHENG SHENPAN（ZONG DI 71 JI）

编者/中华人民共和国最高人民法院行政审判庭

经销/新华书店

印刷/三河市紫恒印装有限公司

开本/710毫米×1000毫米　16开　　印张/16.25　字数/249千

版次/2018年12月第1版　　2018年12月第1次印刷

中国法制出版社出版

书号 ISBN 978-7-5093-9844-9　　定价：68.00元

北京西单横二条2号

邮政编码100031　　传真：010-66031119

网址：http：//www.zgfzs.com　　**编辑部电话：010-66073673**

市场营销部电话：010-66033393　　**邮购部电话：010-66033288**

（如有印装质量问题，请与本社印务部联系调换。电话：010-66032926）

目　录

理论探索

选择不同路径请求行政赔偿对赔偿请求人权利的影响

——行政赔偿诉讼中的起诉期限问题

于　泓

【导语】

赔偿请求人认为行政行为违法且侵害其合法权益时，如何寻求行政赔偿的司法救济？选择不同路径在司法实践中对请求人权利的实际影响很大。赔偿诉讼是国家机关和法律、法规授权的组织及其工作人员行使职权的行为对公民、法人或其他组织的合法权益造成损害而引起的，与国家权力的行使和运作有着密切关系，二者不可分割。这一点与行政诉讼一致，故行政赔偿诉讼被视为行政诉讼的一种特殊类型。《中华人民共和国国家赔偿法》（以下简称《国家赔偿法》）第九条明确规定，赔偿请求人要求赔偿，应当先向赔偿义务机关提出，也可以在申请行政复议或者提起行政诉讼时一并提出。由此可见，目前请求行政赔偿的，存在两种情形：即单独提起行政赔偿诉讼与一并提出赔偿请求，且均使用行政诉讼程序。本案中，当事人在行政赔偿诉讼中主张行政行为违法，侵害其合法权益要求赔偿，但在针对该行政行为提起行政诉讼的起诉期限早已届满的情况下，法院还能否在行政赔偿诉讼程序中对该行政行为是否违法予以审查认定，并作为支持当事人赔偿请求的理由？本案虽最终驳回起诉和再审申请，但对由此引发的单独提起行政赔偿诉讼与一并提出赔偿请求不同起诉期限的区分与适用、单独提起行政赔偿诉讼是否须以行政行为已被确认违法为前置条件、不予赔偿决定书的性质与可诉性等问题进行了分析。本案反映的问题具有典型性和普遍性，最高人民法院的裁判思路和裁判尺度对司法实践中涉及的此类问题具有指导性。

【案件基本情况】

一、基本案件信息

再审申请人（一审原告、二审上诉人）：林则通。

被申请人（一审被告、二审被上诉人）：广东省汕头市人民政府。

案由：政府行政决定及行政赔偿。

原审法院审理情况：广东省汕头市中级人民法院一审，以超过起诉期限为由裁定驳回起诉；广东省高级人民法院二审，驳回上诉维持一审裁定。

最高人民法院审理情况：林则通向最高人民法院申请再审后，经三名主审法官组成合议庭审查，作出（2015）行监字第1499号行政裁定，驳回林则通的再审申请。

二、基本案情

再审申请人林则通原是国有企业公元感光材料工业总公司（以下简称公元公司）的员工。1998年，公元公司与美国伊士曼·柯达公司组建柯达（中国）股份有限公司（以下简称柯达公司）并设立汕头分公司，由柯达公司收购公元公司的部分资产，并拟接收620名公元公司员工（后实际接收506人）。1998年4月6日，广东省汕头市人民政府（以下简称汕头市政府）听取了公元公司职工分流安置方案及安置费用计划的汇报后，就有关问题进行研究并形成1998年第18次《市政府工作会议纪要》（以下简称1998年会议纪要）。其中第二条第二款表明，“公元公司所有干部职工，除被柯达公司聘用的620人外，一律按照国家有关政策规定进行分流安置。具体分流安置办法由驻厂清算组协同公元公司制订方案并报市政府批准后执行。被柯达公司聘用的员工不能领取安置费，由市劳动局根据我国的有关劳动条例与柯达公司签订协议，确保这部分员工在合资企业的合法权益”。林则通系被柯达公司接收聘用的人员之一，故未领取安置费。

2012年9月19日，被柯达公司接收聘用的公元公司职工之一翁灿炘通过申请政府信息公开，获取上述会议纪要。翁灿炘、林则通等人随即以1998年会议纪要侵害了其合法权益为由，向汕头市政府提出行政赔偿申请。2013年

1月5日，汕头市政府作出不予赔偿决定书，认为1998年会议纪要是在国务院、省、市政府有关部门主导的公元公司资产重组过程中，在听取有关部门和公元公司对职工分流安置方案及安置费用计划的汇报后，就有关问题行使国有资产出资人职责而作出的指导行为，该行为合法有据，没有违反法律、法规和国家政策规定，亦未侵害赔偿请求人的合法权益，决定不予赔偿。

2013年3月，翁灿炘、林则通等原公元公司员工陆续向广东省汕头市中级人民法院（以下简称汕头中院）提起诉讼，请求确认汕头市政府1998年会议纪要和不予赔偿决定书违法，并予以撤销，判决汕头市政府赔偿其经济补偿金（以工龄计算基数）及利息。汕头中院受理该系列案后，于2013年8月28日首先对翁灿炘案作出（2013）汕中法行初字第7号行政判决，以1998年会议纪要第二条第二款的内容没有违反当时的法律和相关政策规定、汕头市政府决定不予赔偿有法律依据和事实根据为由，驳回翁灿炘的诉讼请求。翁灿炘不服，向广东省高级人民法院（以下简称广东高院）提出上诉。该院于2013年11月15日作出（2013）粤高法行终字第637号行政裁定，以翁灿炘的起诉超过5年的法定起诉期限为由，撤销一审判决，驳回翁灿炘的起诉。

2013年12月20日，汕头中院以林则通等人的起诉已经超过5年的法定起诉期限为由，驳回起诉。林则通等人不服，向广东高院提起上诉，该院于2014年5月19日以同样的理由驳回上诉，维持原裁定。与林则通情况相同的林俊茂等5人仍不服，向广东高院申请再审，该院于2014年7月22日通知驳回林俊茂等5人的再审申请。后林则通等人向广东省人民检察院申请检察监督，2014年12月5日，广东省人民检察院作出不支持监督申请决定。

【当事人观点】

林则通向最高人民法院申请再审称：一、原审法院认定事实错误。原审法院回避再审申请人关于请求确认不予赔偿决定书违法并请求赔偿的诉求，认定案由为“确认会议纪要违法并请求赔偿”；回避汕头市政府作出1998年会议纪要后一直没有向再审申请人公开告知，没有送达相关法律文书，也没有向社会公开的事实；回避再审申请人是按照不予赔偿决定书在3个月的法定期限内提起诉讼的事实。二、原审法院适用法律错误。（一）适用《最高人民法院关于执行〈中华人民共和国行政诉讼法〉若干问题的解释》（以下简称《执行行政诉讼法司法解释》）第四十二条的规定以 5 年时效为由驳回再审申请人的起诉和上诉是错误的。该条规定应当适用于行政机关制作具体行政行为的法律文书后将其内容向社会公开，向利害关系人公开，并将法律文书送达利害关系人的情形。再审申请人在自行申请政府公开 1998 年会议纪要后方知不能领取安置费的真正原因，依法请求行政赔偿。本案适用该条规定等于放纵了行政机关的违法行为，为行政机关的违法行政、随意侵犯公民合法权利提供了保护伞，致使行政机关的违法行政行为可以不受到法律的追究。（二）《最高人民法院关于审理行政赔偿案件若干问题的规定》（以下简称《行政赔偿司法解释》）第三十四条规定："人民法院对赔偿请求人未经确认程序而直接提起行政赔偿诉讼的案件，在判决时应当对赔偿义务机关致害行为是否违法予以确认。"本案是由汕头市政府作出不予赔偿决定书拒绝依法赔偿所引起的行政赔偿诉讼案件，人民法院应当按照《国家赔偿法》等相关规定进行审理。综上，请求对本案进行再审并撤销原审裁定，改判支持再审申请人一审的全部诉讼请求。

汕头市政府提交意见称：一、不予赔偿决定书是不可诉的行政行为，是已经经过先行处理程序的依据，不属于行政赔偿案件的受案范围，依法应当驳回再审申请人的起诉。二、原审法院认定事实清楚，适用法律正确。1998 年会议纪要从作出之日至提起诉讼已经超过 5 年的起诉期限。再审申请人何时知道该纪要的内容，不影响 5 年起诉期限的认定及裁决结果。再审申请人超过法律规定的起诉期限主张权利，依法应当驳回起诉。三、1998 年会议纪要是依据国务院、省政府相关文件的职权行为，且该纪要的内容、程序等符合相关法律、法规和政策。（一）《国务院关于在若干城市试行国有企业破产有关问题的通知》明确，"政府鼓励破产企业职工自谋职业。对自谋职业的，政府可以根据当地的实际情况，发放一次性安置费"。《广东省人民政府办公厅转发省经委关于帮助国有企业解困的若干意见的通知》规定，"富余人员可一次性发给遣散费，让其办理辞职手续，自谋生计"。被柯达公司直接聘用的公元公司员工不属于自谋职业，也非企业富余人员，依据当时的政策不符合发放一次性安置费的情形。（二）《劳动部关于实行劳动合同制度若干问题的通知》第二十一条规定："劳动者在劳动合同期限内，由于主管部门调动或者转移工作单位而被解除劳动合同，未造成失业的，用人单位可以不支付经济补偿金。"被柯达公司选聘的 506 名员工由公元公司出具介绍信到柯达公司上班，并未失业，依据上述规定公元公司可以不支付经济补偿金。（三）依据当时关于外商投资企业的相关法律规定，直接从公元公司被聘用到柯达公司的员工其工龄被“视为同一用人单位连续工作”，工龄合并计算。（四）1998年会议纪要的程序合法。1998年2月25日，汕头市政府召开了由相关领导和市经委等部门及公元公司的负责同志参加的会议，会议听取公元公司职工分流安置方案及安置费用计划的汇报，并就有关问题进行了研究，在此基础上形成了会议纪要。上述参加会议的单位和人员均有权参与国有企业兼并破产和职工再就业相关工作，会议的组成人员合法，会议程序合法，会议纪要的形成程序合法。四、再审申请人离开柯达公司时，已按合并后的工龄领取了足额经济补偿金，或是依据国家规定享受了相应的待遇，1998年会议纪要未侵害再审申请人的合法权益，再审申请人也没有损失，其要求支付赔偿金没有事实和法律依据。综上，请求依法驳回再审申请。

【原审裁判要点】

汕头中院一审认为，依照《执行行政诉讼法司法解释》第四十二条“公民、法人或者其他组织不知道行政机关作出的具体行政行为内容的，其起诉期限从知道或者应当知道该具体行政行为内容之日起计算。对涉及不动产的具体行政行为从作出之日起超过20年、其他具体行政行为从作出之日起超过5年提起诉讼的，人民法院不予受理”的规定，林则通等人于2013年3月后，分别针对汕头市政府1998年会议纪要提起本案诉讼，要求人民法院确认1998年政府会议纪要的部分内容违法并要求给予赔偿，其起诉已经超过了5年的法定起诉期限，依法应当不予受理。已经受理的，应当裁定驳回起诉。故一审驳回林则通等人的起诉。

广东高院二审认为，除《执行行政诉讼法司法解释》第四十二条规定外，《国家赔偿法》第三十九条第一款规定：“赔偿请求人请求国家赔偿的时效为两年，自其知道或者应当知道国家机关及其工作人员行使职权时的行为侵犯其人身权、财产权之日起计算，但被羁押等限制人身自由期间不计算在内。在申请行政复议或者提起行政诉讼时一并提出赔偿请求的，适用行政复议法、行政诉讼法有关时效的规定。”根据上述法律和司法解释的规定，本案被诉的会议纪要形成于1998年4月7日，故林则通等人的起诉期限应当自具体行政行为作出之日起算。林则通等人于2013年3月后才陆续提起本案诉讼，显然已经超过了5年的起诉期限，一审法院据此驳回其起诉并无不当。林则通等人主张其是在2012年9月19日以后通过汕头市政府的《政府信息公开告知书》才知道被诉会议纪要，其起诉没有超过起诉期限的上诉理由亦不能成立。故裁定驳回上诉，维持一审裁定。

广东高院再审审查认为，本案争议焦点是人民法院是否应予“受理起诉”。根据修改前的《行政诉讼法》第三十九条、《执行行政诉讼法司法解释》第四十一条和第四十二条规定，当事人直接对具体行政行为提起行政诉讼，起诉期限为3个月，自当事人知道作出具体行政行为之日起计算；行政行为未告知诉权或起诉期限的，起诉期限自当事人知道或者应当知道诉权或者起诉期限之日起计算，但自当事人知道或应当知道具体行政行为内容之日起超过2年的，无论何时知道诉权及起诉期限，人民法院均不予受理；对于非涉及不动产的具体行政行为，自行政行为作出之日起超过5年的，无论当事人于何时知道具体行政行为的内容，人民法院均不予受理。汕头市政府于1998年召开工作会议并发布第18次《市政府工作会议纪要》，再审申请人于2013年针对该会议纪要提起行政诉讼，已超过5年的起诉期限。汕头市政府在2012年下半年才正式公开该会议纪要的内容，可以此推定再审申请人于2012年下半年已知道会议纪要的内容。根据前述规定，对于非涉及不动产的具体行政行为，自行政行为作出之日起超过5年的，无论当事人于何时知道具体行政行为的内容，人民法院均不予受理。故无论汕头市政府于何时公开会议纪要的内容，均不能证明再审申请人的起诉超过起诉期限是由不属于其自身原因的事由造成的，故一审、二审裁定驳回起诉并无不当。至于再审申请人提出一审、二审裁定请求判决撤销汕头市政府《不予赔偿决定书》的诉讼请求不予处理的问题。经查汕头市政府根据汕头市政府1998年政府会议纪要作出了《不予赔偿决定书》。再审申请人起诉请求判决撤销《不予赔偿决定书》实质上亦是起诉请求撤销汕头市政府作出的1998年会议纪要。综上所述，再审申请不符合《最高人民法院关于规范人民法院再审立案的若干意见（试行）》第九条规定的再审立案条件。依照《执行行政诉讼法司法解释》第七十四条的规定，予以驳回。

【本院裁判要旨】

本案争议的焦点是，原告（再审申请人）的起诉是否超过了法定的起诉期限。最高人民法院最终裁定驳回再审申请主要基于以下五点理由：

（一）因法律对单独提起行政赔偿诉讼和一并提出赔偿请求分别规定了不同的起诉期限，故首先应当确定原告的起诉属于单独提起行政赔偿诉讼还是一并提出赔偿请求。本案中，林则通在一审起诉时提出三项诉讼请求，即请求确认 1998 年政府会议纪要第二条第二款违法并予以撤销；请求确认行政机关作出的不予赔偿决定书违法并予以撤销；判决汕头市政府赔偿经济补偿金（以工龄计算基数）及利息。根据对该诉讼请求的文意理解，应当认定其系提起行政诉讼的同时一并提出赔偿请求。况且，本案不符合单独提起行政赔偿诉讼的起诉条件。

（二）根据《国家赔偿法》第三十九条第一款和《行政赔偿司法解释》第二十三条第一款的规定，应当适用行政诉讼起诉期限的规定。《执行行政诉讼法司法解释》第四十二条规定，对涉及不动产之外的其他具体行政行为提起诉讼的期限，自作出之日起最长不得超过 5 年。本案被诉 1998 年会议纪要系上述司法解释中规定的“其他具体行政行为”，应当适用从作出之日起最长不得超过 5 年的规定。本案被诉会议纪要于 1998 年作出，再审申请人于 2013 年向人民法院起诉，明显超过了起诉期限，一审、二审法院裁定驳回起诉并无不当。

（三）林则通称应从其知道 1998 年会议纪要内容之日起计算起诉期限。本院认为，《最高人民法院行政审判庭关于对如何理解〈关于执行《中华人民共和国行政诉讼法》若干问题的解释〉第四十一条、第四十二条规定的请示的答复》明确规定，公民、法人或其他组织不知道行政机关作出具体行政行为的内容，但后来知道了具体行政行为的内容，而不知道诉权和起诉期限的，应适用《执行行政诉讼法司法解释》第四十一条的规定确定起诉期限，但最长不得超过该解释第四十二条规定的期间。这是最高人民法院就如何正确理解和适用相关法律及司法解释确定此类案件起诉期限问题作出的答复，在相关法律及司法解释没有修订的情况下，对于类似问题均应遵循上述原则进行认定和处理。故无论相对人是否知道前述“其他具体行政行为”的内容，自该行为作出之日起超过5年再提起诉讼，人民法院不予受理。

（四）再审申请人提出的其在3个月的法定期限内对不予赔偿决定书提起诉讼符合法律规定的再审理由不能成立。本案系提起行政诉讼的同时一并提出赔偿请求，不适用单独提起行政赔偿诉讼3个月的起诉期限。此外，不予赔偿决定作为先行处理行政赔偿请求的程序性行为，不具有脱离行政赔偿请求的独立可诉性，即使在诉讼请求中提出撤销不予赔偿决定，其实质仍是申请行政赔偿。

（五）再审申请人称应当适用《行政赔偿司法解释》第三十四条规定的再审理由亦不能成立。该条规定："人民法院对赔偿请求人未经确认程序而直接提起行政赔偿诉讼的案件，在判决时应当对赔偿义务机关致害行为是否违法予以确认。"《最高人民法院行政审判庭关于如何适用最高人民法院〈关于审理行政赔偿案件若干问题的规定〉第二十一条第（四）项和第三十四条规定的答复》明确，因行政机关的事实行为引起的行政赔偿，赔偿请求人单独提起行政赔偿的，应当适用第三十四条的规定。这一答复同样是最高人民法院关于如何正确理解和掌握《行政赔偿司法解释》第三十四条适用条件的解释。因本案被诉1998年会议纪要为行政行为而非事实行为，故不适用上述条款。

【本院裁判思路解析】

在行政赔偿案件中，人民法院受理赔偿请求人的申请后，首先要审查的问题是该不该赔。在审查中必须遵循行政赔偿的三个基本要素，即行政行为违法、相对人或利害关系人有损失，以及违法行为与实际损失之间存在因果关系。三者缺一不可，共同构成行政机关承担赔偿责任的条件。如果得出的结论是肯定的，再审查如何赔偿的问题。所以，在行政赔偿案件中，行政行为的合法性问题居于基础性的地位，而合法性审查也是行政诉讼的基本原则之一，每个行政诉讼案件涉及的行政行为都必须审查合法性问题，这就造成了对一个行政行为的审查（诉讼）程序与针对该行为引起的行政赔偿的判断（诉讼）程序之间出现重合。如果相对人分别对此提出诉讼，则前者是行政诉讼，后者为行政赔偿诉讼。同时，由于并非只有人民法院才能确认行政行为违法，行政程序本身亦有"纠错"功能，故实践中可能会出现违法确认是通过行政程序完成的情况，如行政复议或行政机关自行纠错、作出赔偿决定书等。

就本案而言，因是当事人向最高人民法院申请再审的案件，根据《行政诉讼法》第九十一条第（一）项的规定，审查的切入点是一审、二审驳回起诉裁定是否错误。而驳回起诉的理由是超过法定起诉期限，这个问题又涉及对《国家赔偿法》第三十九条的理解。该条规定了两种不同的时效，即一般请求时效和特殊时效①，其中特殊时效规定，“在申请行政复议或者提起行政诉讼时一并提出赔偿请求的，适用行政复议法、行政诉讼法有关时效的规定”。故本案属于哪种情况成为应当适用何种期限的先决问题。

一、关于申请行政赔偿的途径

《国家赔偿法》第九条第二款规定：“赔偿请求人要求赔偿，应当先向赔偿义务机关提出，也可以在申请行政复议或者提起行政诉讼时一并提出。”《行政赔偿司法解释》第四条规定：“公民、法人或者其他组织在提起行政诉讼的同时一并提出行政赔偿请求的，人民法院应一并受理。赔偿请求人单独提起行政赔偿诉讼，须以赔偿义务机关先行处理为前提。赔偿请求人对赔偿义务机关确定的赔偿数额有异议或者赔偿义务机关逾期不予赔偿，赔偿请求人有权向人民法院提起行政赔偿诉讼。”据此，赔偿请求人向人民法院请求行政赔偿时有两种类型，即单独提起行政赔偿诉讼和在提起行政诉讼的同时一并提出赔偿请求。

（一）单独提起行政赔偿诉讼

单独提起行政赔偿诉讼是指，赔偿请求人向人民法院提起行政赔偿诉讼，请求作出违法行政行为的行政机关对该行为造成的损害后果给予赔偿。其最突出的特点是，违法确认和赔偿处理“分段作业”②。也就是说，违法确认和申请赔偿不是在同一个程序中解决的。在违法确认阶段中，至少有三个机关可以确认行政行为违法，一是作出行政行为的行政机关自认违法或已自行撤

---

① 国家赔偿法中的时效是消灭时效，是指赔偿请求人在法定期限内不向国家赔偿的受理机关提出赔偿请求即丧失法律对其权利的保护。其不同于民法上的诉讼时效，既包括向法院起诉的诉讼时效，也包括向赔偿义务机关或复议机关请求赔偿的请求时效。违反国家赔偿请求时效的规定，不仅会丧失法院司法权的保护，也会丧失向赔偿义务机关或复议机关请求赔偿的权利。国家赔偿法的请求时效与行政诉讼法中的起诉期限不同，但在本案中有一定的关联性。

② 参见江必新主编，最高人民法院赔偿委员会办公室编著：《〈中华人民共和国国家赔偿法〉条文理解与适用》，人民法院出版社2010年版，第122页。

销或变更原行政行为，二是作出行政行为的上级机关（或复议机关）确认违法或撤销、变更原行政行为，三是人民法院经行政诉讼程序确认违法或予以撤销。在申请赔偿阶段，赔偿请求人无论向赔偿义务机关还是向人民法院提出赔偿请求，其前提必须是违法确认已经完成，只是对是否赔偿、如何赔偿无法达成协议或有异议。在向人民法院提出赔偿请求的情况下，违法确认问题已经另外的行政程序或诉讼程序予以确认，故不需再进行确认，而仅针对赔偿请求人的赔偿之诉予以审理即可。

单独提出赔偿请求包括但不限于以下几种情形：（1）作出侵权行为的行政机关承认其行为违法，包括承认其作出的行政行为违法，给受害人造成损害等，但对赔偿问题达不成协议。（2）赔偿义务机关已经作出赔偿决定，但受害人对赔偿的方式、项目、数额仍有异议。（3）行政行为已被复议机关确认违法，或已被复议机关撤销或变更，但受害人在申请复议时并未提出赔偿请求，复议机关也未对行政赔偿问题作出裁决。复议决定生效后受害人又要求赔偿的，或受害人对复议机关的赔偿决定不服的。（4）行政行为已被人民法院的判决确认违法或撤销，判决生效后受害人又提出赔偿请求的。

根据《国家赔偿法》《行政诉讼法》及其相关司法解释的规定可知，在赔偿请求人单独提起赔偿诉讼的情况下，应当遵循“向赔偿义务机关提出请求——赔偿义务机关处理——行政赔偿诉讼”的程序性要求。赔偿义务机关处理也称为行政先行处理。所谓行政先行处理是指，在赔偿请求人向人民法院提起行政赔偿诉讼之前，应先向行政赔偿义务主体请求赔偿，由行政机关依法进行处理。只有对赔偿义务机关的处理结果不满意，赔偿请求人才可以向人民法院提出赔偿诉讼。1997 年颁布的《行政赔偿司法解释》第四条第二款规定：“赔偿请求人单独提起行政赔偿诉讼，须以赔偿义务机关先行处理为前提。赔偿请求人对赔偿义务机关确定的赔偿数额有异议或者赔偿义务机关逾期不予赔偿，赔偿请求人有权向人民法院提起行政赔偿诉讼。”

行政先行处理是世界各国或地区的普遍做法。例如，《美国联邦侵权赔偿法》第 2675 条规定：“联邦行政机关的处理为请求之先决条件。”《韩国国家赔偿法》第 9 条规定：“依本法之损害赔偿诉讼，须经赔偿审议会为赔偿金的支付或驳回的决定后始得提起。但自赔偿金支付申请之日起 3 个月而未决定时，不在此限。”在法国，当事人在向行政法院请求损害赔偿之前，必须先向行政机关请求赔偿，只有在行政机关作出拒绝全部或部分请求的行政决定后，才能向行政法院起诉。其他如奥地利、瑞士以及我国台湾地区等，均有类似规定。在日本，不要求行政先行处理，主要是因为其国家赔偿诉讼依民事诉讼程序进行，与一般的民事诉讼程序没有区别。

有观点认为，行政先行处理制度具有极大的优越性。第一，利用行政手段在内部处理赔偿争端，程序简单、迅速，使受害人与行政机关都免进司法程序，省时省力，对受害人权利的保护和行政机关均不无好处。第二，实践证明，大量的赔偿请求基本都可在行政处理过程中得到解决，大大疏减了诉源，减轻了法院负担。有关资料表明，在美国大约有80%至90%的国家赔偿案件都是在行政机关得到解决的。第三，它体现了对赔偿义务机关的尊重，行政职权之于赔偿义务机关，既是权力又是义务，是必须行使的，带有"强制性"，因而当职权的行使出现差错时，亦应使其有机会采取"补救措施"，纠正差错，赋予其"主动权"。况且，"过错"自纠既表示对赔偿义务机关的"纠错"能力之信心，又能调动其努力工作的积极性[①]。也有观点认为，首先，与赔偿义务机关协商处理，是赔偿请求人的权利而非义务，如果将权利变为义务，对赔偿请求人不公平；其次，先行处理往往增加了受害人获得赔偿的时间、精力和经济成本，是一种变相拖延受害人获得赔偿的办法；最后，实践中有赔偿义务机关以协商为名，与受害人进行"马拉松"式的协商或谈判，甚至故意采取先拖延后拒绝的战术，人为造成受害人超过申请赔偿法定期限，妨碍受害人行使诉权[②]。

笔者赞同第一种观点。在赔偿请求人申请行政赔偿时，应当鼓励其先向赔偿义务机关提出申请，由赔偿义务机关先行处理。首先，对于赔偿请求人而言，其关注的重点在于能否获得赔偿及获得多少赔偿，相比行政行为的合法性问题而言，最终能否获得赔偿对其意义更加重大。其次，行政先行处理程序相比诉讼程序的优点显而易见，具有周期短、能动性强、自由裁量权大、方式更加灵活等特点。再次，将行政权和司法权的不同功能合理配置，可以最大限度地节约社会成本和司法资源。对赔偿请求人而言，行政先行处理是便捷高效获得行政赔偿的途径，而提起行政赔偿诉讼则是最终的救济手段。

① 参见江必新主编，最高人民法院赔偿委员会办公室编著：《〈中华人民共和国国家赔偿法〉条文理解与适用》，人民法院出版社2010年版，第125页。

② 杨小君：《国家赔偿法律问题研究》，北京大学出版社2005年版，第189页。

最后，在现行法律和司法解释有明确规定的情况下，司法实践中应当在法律的框架内进行解释。当然，赔偿请求人在向赔偿义务机关提出申请或与其协商的过程中，应当注意法定的行政诉讼起诉期限，在行政诉讼起诉期限届满之前如达不成协议则应果断起诉，防止出现因协商导致超过起诉期限的问题。

（二）一并提出赔偿请求

一并提出赔偿请求是指，赔偿请求人在申请行政复议或者提起行政诉讼时一并提出赔偿请求。一并提出赔偿请求的最大特点是违法确认和赔偿请求在一个程序中予以解决。也就是说，行政赔偿请求是附带在对行政行为的合法性审查诉讼之中的。在行政诉讼附带赔偿诉讼程序中，撤销或确认违法之诉与赔偿之诉这两种性质不同的诉讼可以一并审理，人民法院在作出撤销之后或确认违法之诉判决的同时作出赔偿判决。对赔偿请求人的两种诉求一并处理，既可以方便当事人、简化程序、节约诉讼成本和司法资源，又可以避免撤销或确认违法之诉与赔偿之诉判决之间可能出现的矛盾。

为了更好地理解“一并提出”的含义，这里简单回顾一下法律和司法解释的相关规定。1990 年 10 月 1 日起施行的《行政诉讼法》（以下简称修改前的《行政诉讼法》）第六十七条第一款规定：“公民、法人或者其他组织的合法权益受到行政机关或者行政机关工作人员作出的具体行政行为侵犯造成损害的，有权请求赔偿。”该条第二款规定：“公民、法人或者其他组织单独就损害赔偿提出请求，应当先由行政机关解决。对行政机关的处理不服，可以向人民法院提起诉讼。”1997 年，《行政赔偿司法解释》第四条第一款再次明确规定：“公民、法人或者其他组织在提起行政诉讼的同时一并提出行政赔偿请求的，人民法院应一并受理。”1995 年《国家赔偿法》第九条第二款规定：“赔偿请求人要求赔偿，应当先向赔偿义务机关提出，也可以在申请行政复议和提起行政诉讼时一并提出。”2010 年《国家赔偿法》修改时，将该款保留。

有观点认为，修改前的《行政诉讼法》第六十七条实际上规定了两种模式，即提起行政诉讼的同时附带提出赔偿请求的“一并式”和确认违法后单独提起赔偿诉讼的“单独式”。当然，也有观点认为，当时请求行政赔偿必须先经行政诉讼程序确认违法，然后由行政机关先行处理赔偿请求，对处理结果不服才能向人民法院提起诉讼。2014 年《行政诉讼法》修改后，将上述条款删去，主要是基于行政赔偿已纳入《国家赔偿法》的相关规定，但“一并”和“单独”这两种提起行政赔偿诉讼的模式并未改变。

（三）单独提起赔偿诉讼与一并提出赔偿请求的区别和共同点

首先，二者的根本区别在于，行政行为的违法确认和赔偿处理是否在一个诉讼程序中予以解决。单独提起行政赔偿诉讼情况下，加害行为应已被确认为违法①，只是提出赔偿请求，如对赔偿的方式、项目、数额有异议，重点在于解决如何赔偿的问题。如果加害行为未被确认违法，则人民法院可能作出不予受理或驳回起诉的程序处理②。换言之，如果行政行为已被确认为违法，赔偿请求人再向人民法院提起行政赔偿诉讼，即为单独提起行政赔偿诉讼；如果行政行为未被确认为违法，赔偿请求人在向人民法院对该行政行为提起撤销之诉的同时提出赔偿请求的，则属于一并提出赔偿请求。其次，二者的审理范围不同。这里所说的审理范围，是指审查的重点、判决的理由、判项等内容。单独提起行政赔偿诉讼的情况下，因行政行为已经被确认为违法，审查的重点应为是否存在损失及损失与违法行为之间的因果关系是否成立，作出是否赔偿的判决即可。而一并提出赔偿请求的情况下，审理的范围既包括对行政行为合法性的审查，也包括对赔偿请求是否成立的判断，行政行为是否违法与赔偿请求能否成立均应在判项中予以明确，并分别作出是否违法及应否赔偿的判决。如果行政行为合法，则均判决驳回诉讼请求；如果行政行为虽然违法但无损失或不存在因果关系，则可以判决确认违法但应驳回赔偿之诉讼请求。

二者的共同点在于，首先，申请赔偿的目的相同，都是要求人民法院判令赔偿义务机关承担赔偿责任；其次，违法归责原则相同，由于我国行政赔偿制度采取的是违法归责原则，故只有当行政行为违法给受害人造成损害时才能予以赔偿，无违法则不赔偿；最后，审理的裁判规则相同，即违法确认、存在损失、因果关系三要素缺一不可。

现有的行政赔偿程序划分为单独提出赔偿请求的程序和一并提出赔偿请求的程序，并规定了不同的起诉条件。由于我国行政赔偿以加害行为违法为归责原则，因此只要加害行为未经确认违法，自然应当走一并提出赔偿请求

---

① 确认违法主要是指：作出违法行为的机关自己承认违法；向作出违法行为的上级机关申请复议，经复议机关确认；向人民法院提起行政诉讼，经人民法院判决、裁定或调解确认。

② 《行政赔偿司法解释》第二十一条第（四）项明确规定："赔偿请求人单独提起行政赔偿诉讼，应当符合下列条件：加害行为为具体行政行为的，该行为已被确认为违法。"该条款是将确认违法作为起诉条件设计的。

的程序。而在一并提出赔偿请求的程序中，关于赔偿时效规定与复议申请期限、起诉期限规定选择使用问题，《国家赔偿法》第三十九条作出了规定。无论当事人是针对具体行政行为还是行政事实行为等要求确认违法赔偿，都属于一并提出赔偿请求的情形。

（四）本案属于何种情形？

本案中，原告在一审起诉时提出了三项诉讼请求，即撤销会议纪要、撤销不予赔偿决定及赔偿损失。

少数意见认为：本案诉讼应当界定为单独提起赔偿之诉。理由如下：第一，从节约纠纷解决资源的考虑出发，《国家赔偿法》第九条规定的单独提起赔偿和一并提起赔偿，应当作“岔路口”条款之理解。在本案汕头市政府已经作出不予赔偿决定的情况下，不宜再将当事人包含有“撤销不予赔偿决定”这一诉讼请求的起诉界定为一并提起赔偿。第二，当事人的诉讼请求明确提出撤销不予赔偿决定。其虽然也提出撤销会议纪要的请求，但该请求是审查不予赔偿决定的应有之义，即便不提法院也要审查。故，可以认为撤销会议纪要的请求已经被撤销不予赔偿决定的请求所吸收。第三，即使认为本案的诉讼请求有矛盾之处，但考虑到政府会议纪要在前，不予赔偿决定在后，前者亦是后者审查中的应有之义，较之于撤销会议纪要，撤销不予赔偿决定之请求具有更大的包容性。从合理解释涉案诉讼请求的角度出发，应界定为单独赔偿之诉。第四，本案涉及国家赔偿问题，在对当事人的诉讼请求进行解释时，当存在对其有利和不利的两种解释时，不宜作出对其不利的解释。

多数意见认为：本案应当认定为属于一并提出赔偿请求。第一，林则通的诉讼请求清晰明确，其明确表示了撤销及赔偿的内容，符合提起行政诉讼的同时一并提出赔偿请求的要件，人民法院无须亦无权对其诉讼请求进行解释，更加不能对其诉讼请求进行分割并选择性地解释，认定为一并提出赔偿请求是从文意理解自然得出的结论。第二，少数意见认为关于《国家赔偿法》第九条第二款“赔偿请求人要求赔偿，应当先向赔偿义务机关提出，也可以在申请行政复议或者提起行政诉讼时一并提出”的规定，应当作单独提出赔偿和一并提起赔偿“岔路口”条款之理解的观点似有不妥之处。该条款规定的是行政先行处理程序，若向赔偿义务机关提出赔偿请求，就进入了选择单独提起行政赔偿诉讼或者在提起行政诉讼的同时一并提出赔偿请求的岔路口，则赔偿请求人向赔偿义务机关提出赔偿请求后，便无法再要求法院对相关行政行为作出撤销判决，这显然与赔偿请求人的利益最大化相悖，会促使赔偿请求人放弃行政先行处理程序，径直在提起行政诉讼的同时一并提出赔偿请求。在这里设置岔路口为时过早，且与行政先行处理原则相悖。岔路口应该更靠后，即赔偿请求人在赔偿义务机关作出处理或者逾期未作出处理后，仍然可以选择单独提起行政赔偿诉讼或者在提起行政诉讼的同时一并提出赔偿请求。第三，本案不符合单独提起行政赔偿诉讼的起诉条件。本案被诉 1998 年会议纪要为具体行政行为，林则通在向人民法院起诉前，曾以该会议纪要违法侵犯其合法权益为由向汕头市政府提出赔偿请求，汕头市政府认为该会议纪要合法有据，作出了不予赔偿决定，说明赔偿义务机关否认被诉会议纪要违法，亦无证据证明该会议纪要已经其他程序确认违法，故本案不符合单独提起行政赔偿诉讼的起诉条件。

由于单独提起行政赔偿诉讼与在提起行政诉讼的同时一并提出赔偿请求适用不同的起诉期限，故审查本案有关行政赔偿的起诉是否超过了起诉期限，必须先确定林则通的起诉属于单独提起行政赔偿诉讼还是在提起行政诉讼的同时一并提出赔偿请求。此案最终驳回再审申请，是在采纳多数人意见的基础上作出的判断。

二、本案原告的起诉是否超过法定起诉期限

赔偿请求人向赔偿义务机关提出赔偿请求后，可能发生以下三种情况：(1) 赔偿义务机关决定赔偿的，制作赔偿决定书并送达赔偿请求人；(2) 赔偿义务机关决定不予赔偿的，书面通知赔偿请求人，并说明不予赔偿的理由；(3) 赔偿义务机关在规定期限内未作出是否赔偿的决定（不作为）。上述三种情形又会引发以下两种情况，即赔偿请求人对赔偿的方式、项目、数额有异议，或者赔偿义务机关作出不予赔偿决定或逾期不作为，赔偿请求人可自决定作出之日起 3 个月内向人民法院提起诉讼[①]。在提起行政赔偿诉讼的情况下，则可能出现行政赔偿请求时效与行政诉讼起诉期限如何适用的问题。

（一）关于行政赔偿诉讼的起诉期限和行政赔偿的请求时效

《国家赔偿法》第十四条规定："赔偿义务机关在规定期限内未作出是否赔偿的决定，赔偿请求人可以自期限届满之日起三个月内，向人民法院提起诉讼。赔偿请求人对赔偿的方式、项目、数额有异议的，或者赔偿义务机关

① 详见《国家赔偿法》第十三条、第十四条、第三十九条规定。

作出不予赔偿决定的，赔偿请求人可以自赔偿义务机关作出赔偿或者不予赔偿决定之日起三个月内，向人民法院提起诉讼。”第三十九条第一款规定：“赔偿请求人请求国家赔偿的时效为两年，自其知道或者应当知道国家机关及其工作人员行使职权时的行为侵犯其人身权、财产权之日起计算，但被羁押等限制人身自由期间不计算在内。在申请行政复议或者提起行政诉讼时一并提出赔偿请求的，适用行政复议法、行政诉讼法有关时效的规定。”

如何准确把握《国家赔偿法》第十四条与第三十九条的关系？应注意以下几点：第一，第十四条是对单独提起行政赔偿诉讼起诉期限的规定，且先行处理的结果不同，3 个月起诉期限的起算点也不同。而第三十九条是关于国家赔偿请求时效的规定，即赔偿请求人向赔偿义务机关请求赔偿的时效规定。国家赔偿的时效一般就是指国家赔偿制度中受害的公民、法人和其他组织向有关国家机关请求赔偿的法定期间。[①] 我国国家赔偿法规定的时效为消灭时效，即一定的事实状态经过一定的时期而导致权利的丧失。第二，第三十九条不仅规定了赔偿请求人向赔偿义务机关请求赔偿的时效一般为 2 年，同时规定了特殊时效，即一并提出赔偿请求的，适用行政复议法、行政诉讼法有关时效的规定。第三，一并提出赔偿请求时，由于行政赔偿请求是附带在对行政行为合法性审查诉讼之中的，而有关法律、法规对行政行为申请复议或者提起诉讼的起诉期限作了明确规定，故应当依照其规定。

《行政赔偿司法解释》第二十二条规定：“赔偿请求人单独提起行政赔偿诉讼，可以在向赔偿义务机关递交赔偿申请后的两个月届满之日起三个月内提出。”第二十三条第一款规定：“公民、法人或者其他组织在提起行政诉讼的同时一并提出行政赔偿请求的，其起诉期限按照行政诉讼起诉期限的规定执行。”据此，法律和司法解释对单独提起行政赔偿诉讼和在提起行政诉讼的同时一并提出赔偿请求分别规定了不同的起诉期限。单独提起行政赔偿诉讼的起诉期限是 3 个月，根据赔偿义务机关是否作为，又分别规定了不同的起算点：赔偿义务机关作出赔偿或者不予赔偿决定的，从作出之日起算；赔偿义务机关在规定期限内未作出是否赔偿的决定，从赔偿义务机关的法定审查期限（赔偿请求人向赔偿义务机关递交赔偿申请后的两个月内）届满之日起算。提起行政诉讼的同时一并提出行政赔偿请求的，其起诉期限按照行政诉

---

① 胡锦光、余凌云主编：《国家赔偿法》，中国人民大学出版社 2008 年版，第 167 页。

讼起诉期限的规定执行。

（二）关于行政诉讼的起诉期限

起诉期限是指公民、法人或者其他组织提起行政诉讼的法定期限，是相对人可以起诉的始期到终期的时间阶段[①]。修改前的《行政诉讼法》第三十九条规定："公民、法人或者其他组织直接向人民法院提起诉讼的，应当在知道作出具体行政行为之日起三个月内提出。法律另有规定的除外。"修改后的《行政诉讼法》第四十六条第一款将起诉期限规定为"自知道或者应当知道作出行政行为之日起六个月"。《执行行政诉讼法司法解释》第四十一条规定："行政机关作出具体行政行为时，未告知公民、法人或者其他组织诉权或者起诉期限的，起诉期限从公民、法人或者其他组织知道或者应当知道诉权或者起诉期限之日起计算，但从知道或者应当知道具体行政行为内容之日起最长不得超过2年。复议决定未告知公民、法人或者其他组织诉权或者法定起诉期限的，适用前款规定。"第四十二条规定："公民、法人或者其他组织不知道行政机关作出的具体行政行为内容的，其起诉期限从知道或者应当知道该具体行政行为内容之日起计算。对涉及不动产的具体行政行为从作出之日起超过20年、其他具体行政行为从作出之日起超过5年提起诉讼的，人民法院不予受理。"修改后的《行政诉讼法》第四十六条第二款规定："因不动产提起诉讼的案件自行政行为作出之日起超过二十年，其他案件自行政行为作出之日起超过五年提起诉讼的，人民法院不予受理。"上述法律和司法解释规定了有关行政诉讼不同的起诉期限。其主要区别是起算点不同：3个月（以及6个月）的起诉期限从公民、法人或其他组织知道或应当知道诉权或起诉期限之日起计算；2年的起诉期限从知道或应当知道行政行为的内容之日起计算；5年和20年的起诉期限从行政行为作出之日起计算。其中5年和20年是最长起诉期限，即行政行为从作出之日起，对涉及不动产的超过20年、非涉及不动产的超过5年才提起诉讼的，人民法院不予受理。

在司法实践中，起算点不统一带来了起诉期限计算的复杂性。在《行政诉讼法》修改之前，主要是《执行行政诉讼法司法解释》第四十一条和第四十二条的逻辑关系如何把握，在《行政诉讼法》修改之后，又面临新法第四十六条两款规定和上述司法解释条文之间的关系如何把握的问题。将不同起

---

① 参见梁凤云：《新行政诉讼法讲义》，人民法院出版社2015年版，第261页。

算点之间内在的逻辑关系梳理之后，笔者认为，不同的起诉期限之间的适用条件不同，普通起诉期限与最长起诉期限之间则应当是并列关系。换言之，在对起诉期限进行审查时，首先应当审查公民、法人或其他组织是否知道或应当知道行政行为内容。在行政机关未告知诉权或起诉期限的情况下，从相对人知道或应当知道诉权或起诉期限之日起算。这是一个相对客观的标准，既可以是公民、法人或其他组织自认“知道”，也可以根据其他证据认定为其“应当知道”。如果结论是肯定的，则适用3个月（或6个月）的起诉期限，同时必须符合从知道或应当知道行政行为内容之日最长不得超过2年的规定。如果结论是否定的，即不知道行政行为内容（当然更不可能知道诉权或起诉期限）的情况下，“未告知诉权或起诉期限”已被“未告知行政行为内容”吸收，则进入第二个层次的审查，即是否超过最长起诉期限。最长起诉期限的起算点为“行政行为作出之日”，其具有基础性的地位，且在实践中比较容易把握，是绝对客观标准。最长起诉期限的设置目的在于确定保障起诉权利的最终期限，分为不动产和其他案件两种类型，分别为20年和5年。若超过最长起诉期限，相对人即使在知道行政行为内容之日起3个月（或6个月）之内起诉，亦为超过了起诉期限。

（三）行政赔偿请求时效与行政诉讼起诉期限的关系

赔偿请求人申请行政赔偿的请求时效，类似于民事损害赔偿的诉讼时效。二者在性质上是相同的，都是法律赋予权利人向义务人提出赔偿请求的时间限制。

关于行政诉讼起诉期限与诉讼时效的关系，至少有以下几种观点：一种观点认为，起诉期限也称诉讼时效，是法院受理行政诉讼的条件之一。法院在立案审查时，发现原告的起诉明显超过诉讼时效的，应当裁定不予受理；在立案后发现原告的起诉超过诉讼时效，仍将驳回起诉。[①] 另一种观点则认为，起诉期限和诉讼时效是两个不同的概念。当事人超过起诉期限便不能提起诉讼，而超过诉讼时效，只能丧失胜诉权，仍然可以提起诉讼。[②] 还有观点认为，行政诉讼的起诉期限制度与诉讼时效制度不同，起诉期限是不变期间，具有除斥期间的性质，即公民、法人或者其他组织自知道或者应当知道起诉

---

① 何海波：《行政诉讼法》，法律出版社2011年版，第230页。

② 甘文：《行政诉讼司法解释之评论》，中国法制出版社2002年版，第119页。

事由之日起特定期间内没有起诉的，不再享有起诉权。起诉期间仅仅是对起诉权利单纯的时间限制，用于确定起诉权利的期间。在此期间，起诉权利存在；期间届满，起诉权利消灭。当然，起诉期间是不变期间不等于起诉期间只有6个月，而是根据起诉期限起算点的不同，计算出来的起诉期限是一个不变期间。正因为起诉期限是不变期间，因此不存在中止和中断的问题。[①]笔者认为，起诉期限与诉讼时效都是现行法律规定的制度，目的在于督促当事人及时提起诉讼，尽早解决纠纷、稳定社会关系。但是，二者之间也有如下区别：1. 诉讼时效是民事实体法的一种法律制度，是整体时效制度的一部分，也称消灭时效，意为一定的法律事实持续满一定期限即发生一定的法律效果；而行政诉讼起诉期限则是行政诉讼程序法的一种法律制度，意为超过法定期限相对人不得再对行政行为的合法性提出挑战。2. 诉讼时效的理论基础在于权利应当及时行使，法律不保护“躺在权利温床上睡大觉”的人；行政起诉期限的理论基础在于法的安定性理论、行政权力效率理论、现代诉讼效益理论、司法有限审查理论等。3. 诉讼时效自知道权利被侵犯之日起计算，关注的是私权，其客体是请求权，侧重于对当事人私权的公平保障；起诉期限的起算点比较复杂，一般情况下自权利人知道行政行为作出之日起开始计算，关注的是行为，其客体是行政行为，侧重于公共秩序和行政效率的维护。4. 诉讼时效存在中断、中止，而起诉期限是不变期间，不存在中止、中断等情况，只有较为严格的延长规定。5. 适用的结果不同，超过起诉期限丧失的是起诉权，超过诉讼时效丧失的是胜诉权。

《国家赔偿法》中规定的请求时效与行政诉讼法规定的起诉期限存在区别。2年的时效是指行政相对人单独向赔偿义务机关提出赔偿要求的时效。赔偿请求必须经行政机关先行处理。行政相对人对行政机关的先行处理行为仍不服可提起行政诉讼，此时已经转化为普通的行政纠纷，即对行政机关的答复结果或者消极不作为不服而提起的行政争议适用的是起诉期限的规定而非赔偿请求时效的规定。

（四）本案是否超过法定起诉期限

因单独提起赔偿诉讼和一并提出赔偿请求在期限（时效）问题上的不同，对当事人救济权利的影响重大，故本案中应当先行确定涉案诉讼是一并

① 梁凤云：《新行政诉讼法讲义》，人民法院出版社2015年版，第273页。

提起赔偿之诉还是单独提起赔偿之诉。这个问题前文已述，在此不再赘述，仅从起诉期限的角度进行分析。虽然对于本案属于单独还是一并提出赔偿请求有不同意见，但在处理结果上趋于一致，均认为原告的起诉已经超过5年的最长起诉期限，原审驳回起诉是正确的，只是在思路上略有不同。

一种思路是，单独赔偿之诉中对行政行为进行合法性审查不应受制于行政诉讼一般起诉期限的制约，但不能超过最长起诉期限的规定。首先，单独赔偿之诉中对行政行为的合法性审查是提起单独赔偿之诉的应有之义。《国家赔偿法》第三十九条暗含了单独赔偿之诉中的行政行为合法性审查不受制于一般行政诉讼案件的起诉期限之义，否则两年申请时效的规定就是没有意义的，单独提起赔偿的程序就只能空转。其次，从解释论的角度出发，单独赔偿之诉中对行政行为的合法性审查应当受制于5年或20年的最长保护期。当事人申请国家赔偿的救济程序中有关期限的制度设计，要考虑保护当事人申请国家赔偿的权利和维护行政行为的稳定性两个价值取向。较之于一并提起赔偿，《国家赔偿法》第三十九条就单独提起赔偿规定了更长的2年申请时效，就体现了对保护当事人申请国家赔偿权利的侧重。但是，正如民法通则规定了2年诉讼时效的同时还规定了20年的最长时效一样，行政诉讼法规定了一般起诉期限的同时还规定了最长保护期。法律在保护不同的价值时应当作出利益衡量，不能完全偏重于一方。单独赔偿之诉中的行政行为合法性审查固然不应受制于一般起诉期限，但是对当事人申请国家赔偿权利的保护亦不应使行政行为长期处于不稳定的状态。国家赔偿法虽然没有就单独提起赔偿规定最长保护期，但是无论从单独提起赔偿的申请时效类似于民法中的诉讼时效，还是从单独赔偿之诉中的行政行为合法性审查与一般行政诉讼案件的合法性审查并无本质区别的考虑出发，在单独提起赔偿的程序中参照适用最长保护期的规定，并不违背法律的精神。行政诉讼法规定的5年最长保护期并未限定仅适用于一般的行政案件，在法律未予排除的情况下，自可适用于单独赔偿之诉中对行政行为合法性的审查。本案中，从会议纪要作出之日到申请人向法院提起诉讼之日，已经远远超出5年的期限，故可以此为由驳回起诉。

另一种思路是，《国家赔偿法》第九条明确规定了两种申请行政赔偿的模式，即单独提出赔偿请求和一并提起行政赔偿诉讼，在第三十九条又分别规定了单独提出赔偿的请求时效和一并提起行政诉讼情况下的特殊时效，恰恰是前后呼应，在立法体例上体现了“双轨制”的不同模式。首先，法官的职责是忠实地依照宪法和法律对当事人的行为作出回应，而不是去创设法律。在本案属于一并提出赔偿请求的情况下，应当根据《国家赔偿法》第三十九条的规定，适用特殊时效的规定。这里所说的“特殊时效”，是指行政诉讼法关于行政诉讼起诉期限的规定。其次，行政诉讼法规定的起诉期限与国家赔偿法规定的请求时效确实不同，这是现行法律和司法解释的明确规定，尽管在个案中可能存在潜在冲突，但不宜在司法实践中予以突破。由于对行政行为进行合法性审查必然受到行政诉讼起诉期限的制约，故行政赔偿诉讼中涉及对行政行为合法性审查的问题时亦应当适用行政诉讼法的有关规定。再次，行政诉讼法关于起诉期限的规定并未区分不同诉讼类型，而本案当事人在诉讼请求中明确提出“撤销会议纪要”，属于比较典型的撤销之诉。如果与本案类似的情况均解释为单独提出赔偿请求，则撤销之诉的起诉期限在申请行政赔偿时不再适用，而这显然与国家赔偿法、行政诉讼法的相关规定不符。最后，另一种思路的核心观点在强调单独赔偿之诉的合法性审查不受制于一般起诉期限限制的同时，又提出应受制于最长起诉期限，本身有一定的矛盾性，更重要的是没有明确的法律依据。此外，单独赔偿之诉中对行政行为的合法性审查是否受制于行政诉讼起诉期限的观点有待商榷，将在下文中予以展开。

三、关于本案不予赔偿决定的可诉性问题

这个问题的提出是为了回应再审申请人的申请理由。再审申请人认为，其在赔偿义务机关作出不予赔偿决定书之日起 3 个月内向法院起诉，符合《国家赔偿法》第十四条的规定。本院认为，从《国家赔偿法》的体例分析，第三十九条第一款规定了一并提出赔偿请求适用行政诉讼法的有关规定，所以第十四条只能解释为单独提起行政赔偿诉讼的起诉期限。本案系提起行政诉讼的同时一并提出赔偿请求，故不适用单独提起行政赔偿诉讼 3 个月的起诉期限，而应当按照《国家赔偿法》第三十九条第一款适用行政诉讼起诉期限的规定。换句话说，第十四条的三种情况都是在行政行为已经确认违法的前提下发生的，不论行政机关作出是否赔偿的决定或不作为，赔偿请求人只是单独就赔偿问题不服行政机关的决定而向法院起诉时，适用 3 个月的起诉期限。而本案的情况是，会议纪要未经任何程序确认违法，原告在起诉要求撤销会议纪要的同时请求行政赔偿，故不适用第十四条。

此外，本案不予赔偿决定作为先行处理行政赔偿请求的程序性行为，不具有脱离行政赔偿请求的独立可诉性，即使在诉讼请求中提出撤销不予赔偿决定，其实质仍是申请行政赔偿。退一步说，如果本案未经行政先行处理，赔偿请求人向法院提起行政赔偿诉讼，是否受到行政诉讼起诉期限的限制？答案应当是肯定的。也就是说，在一并提出赔偿请求的情况下，必然受到行政诉讼起诉期限的限制，是否经过行政先行处理不是提起诉讼的前提条件。

这个理由是作为补强理由的倾向性意见。有的观点并不赞同这个理由，认为从《国家赔偿法》第十四条的内容上可以得出不予赔偿决定是可诉行政行为的结论。比如，行为违法但没有造成损害的情况下，有关机关依法可以作出不予赔偿决定，相对人不服的仍可以向法院起诉。我们认为：首先，《国家赔偿法》第十四条第二款是针对单独提起行政赔偿诉讼作出的规定。单独提起行政赔偿诉讼的前提是，行政行为已被确认违法。无论赔偿义务机关是否作出赔偿决定，赔偿请求人均可以在 3 个月内向法院起诉，不会影响赔偿请求人的合法权益。在单独提起行政赔偿诉讼的情况下，行政行为的违法性已经成为不争的事实，争议的焦点集中在赔偿的方式、项目或者数额以及不赔决定是否合法或不作为行为本身。其次，本案被诉行政行为未被任何程序确认违法，故本案属于一并提出赔偿请求，不适用《国家赔偿法》第十四条，而应适用第三十九条之规定。最后，本案采纳的是司法实践中的通行观点。例如，北京高院的裁定书："刘葆生系认为司法部作出的（2010）司复决 14 号《行政复议决定书》侵犯其合法权益向一审法院提起的行政赔偿诉讼。但该复议决定尚未被有权机关确认为违法，且 1 号决定仅是司法部先行处理刘葆生行政赔偿请求的程序性决定，在行政赔偿诉讼中不具有单独的可诉性，故一审法院裁定驳回刘葆生的起诉正确，本院应予维持。"综上，考虑到不予赔偿决定作为先行处理行政赔偿请求的程序性行为的性质，结合本案行政赔偿请求已经超过了法定最长起诉期限，我们认为本案的不予赔偿决定不具有脱离行政赔偿请求的独立可诉性。

四、本案实质争议分析

因本案纠纷起源于国有企业改制，涉案再审申请人人数众多，故虽进行的是程序性审查，但为避免程序空转，切实保障当事人权益，本院审查了一审经过实体审查的翁灿炘案材料，查明的事实能够形成内心确认，1998 年会议纪要没有侵害再审申请人的合法权益，相关法律、法规和政策性规定亦可作为同类案件裁判之参考。

公元公司原为国有企业，汕头市政府在国务院、省、市政府有关部门主导的公元公司与美国柯达公司合资合作、转让产权以及资产重组过程中，为贯彻落实国发〔1994〕59号《国务院关于在若干城市试行国有企业破产有关问题的通知》、国发〔1997〕10号《国务院关于在若干城市试行国有企业兼并破产和职工再就业有关问题的补充通知》和粤府办〔1994〕78号《广东省人民政府办公厅转发省经委关于帮助国有企业解困的若干意见的通知》和上级的要求，做好公元公司和美国柯达公司合资合作后职工的安置工作，经讨论研究于1998年4月6日形成了1998年政府会议纪要。该纪要第二条第二款“公元公司所有干部职工，除被柯达公司聘用的620人外，一律按照国家有关政策规定进行分流安置。具体分流安置办法由驻厂清算组协同公元公司制订方案并报市政府批准后执行。柯达公司聘用的职工不能领取安置费，由劳动局根据我国有关劳动条例与柯达公司签订协议，确保这部分员工在合资公司的合法权益”的内容没有违反当时的法律或有关政策规定。《国务院关于在若干城市试行国有企业破产有关问题的通知》（国发〔1994〕59号）第五条“破产企业职工的安置”中第一款规定：“破产企业所在地的市或者市辖区、县人民政府应当采取转业培训、介绍就业、生产自救、劳务输出等各种措施，妥善安排破产企业职工重新就业，并保障他们在重新就业前的基本生活需要。”第二款规定：“政府鼓励破产企业职工自谋职业。对自谋职业的，政府可以根据当地的实际情况，发放一次性安置费，不再保留国有企业职工身份……”《广东省人民政府办公厅转发省经委关于帮助国有企业解困的若干意见的通知》（粤府办〔1994〕78号）第八条规定：“推进产权重组。鼓励和支持困难企业通过产权重组进行解困。困难企业在清产核资、界定产权的基础上，可按照国家和省规定的审批程序转让部分或全部产权。转让产权的收益，主要用于原企业安置富余职工、弥补历年非经营性亏损、偿还历史债务、以及企业解困项目的投入。”根据上述规定，国企在破产和推进重组时，对职工的安置是多种渠道和形式的，其中一种是安排重新就业，另一种是自谋职业，对自谋职业的，才可发放一次性安置费，不再保留国有企业职工身份，并且对转让产权的收益，主要用于原企业安置富余职工。根据1998年政府会议纪要第二条第二款的内容体现的安排重新就业的安置方式，再审申请人不属于自谋职业职工，也不是企业富余职工。在合资合作中被柯达公司聘用的职工属于安排就业的职工，再审申请人不属于用转让产权的收益对其进行安置，按自谋职业的职工标准发放安置费的情形。另外，根据《劳动部关于实行劳动合同制度若干问题的通知》（劳部发〔1996〕354 号）第二十一条规定：“劳动者在劳动合同期限内，由于主管部门调动或转移工作单位而被解除劳动合同，未造成失业的，用人单位可以不支付经济补偿金。”本案中，公元公司和柯达公司签订的协议和公元公司的介绍信表明，柯达公司雇用620 名公元员工是政府以及公元公司在合资合作谈判中确认的，且再审申请人由公元公司到被柯达公司聘用，并未存在失业情形，1998 年政府会议纪要决定被柯达公司聘用的职工不能领安置费，没有违反上述规定，也未侵犯其合法权益。

此外，劳办发〔1995〕163 号《劳动部办公厅关于贯彻〈外商投资企业劳动管理规定〉有关问题的复函》、劳办发〔1996〕42 号《劳动部办公厅对〈关于贯彻《外商投资企业劳动管理规定》有关问题的复函〉中有关连续工龄如何解释的复函》中规定，由合资、合作中方单位安排到合资、合作企业工作的中方职工，其连续工龄按在原单位工作时间和在合资、合作企业工作时间合并计算。《劳动部关于贯彻执行〈中华人民共和国劳动法〉若干问题的意见》（劳部发〔1995〕309 号）第三十六条规定：“用人单位依据劳动法第二十四条、第二十六条、第二十七条的规定解除劳动合同，应当按照劳动法和劳动部《违反和解除劳动合同的经济补偿办法》（劳部发〔1994〕481 号）支付劳动者经济补偿金。”《违反和解除劳动合同的经济补偿办法》第五条规定：“经劳动合同当事人协商一致，由用人单位解除劳动合同的，用人单位应根据劳动者在本单位工作年限，每满一年发给相当于一个月工资的经济补偿金，最多不超过十二个月。工作时间不满一年的按一年的标准发给经济补偿金。”本案中，根据再审申请人与柯达公司签订的《劳动合同》《员工手册》及柯达汕头分公司总经理马勤致公元公司《关于员工手册与劳动合同答员工问》中的承诺，“公元公司员工的工龄分三年计入柯达公司”，若“解除员工合同时，柯达公司将进行补偿”。再审申请人受聘成为柯达公司员工后，其劳动关系和工龄已经由柯达公司承继，至解除劳动合同时，员工原在公元公司工作时段的经济补偿金计入柯达公司，在解除劳动关系时一并支付。而柯达公司和再审申请人协商解除劳动合同时，柯达公司支付给再审申请人的经济补偿金也是根据劳动合同约定，3 年分期带入公元公司工龄，加上在柯达公司的工作年限，合并计算补偿金额，但最多不超过12年。因此，柯达公司在支付经济补偿金时，已依照法律规定对再审申请人在公元公司的工龄也进行了补偿，再审申请人的合法权益实际并没有受到侵害。

【延伸问题】

一、赔偿诉讼中对行政行为的合法性审查问题

(一) 因事实行为提起赔偿诉讼是否需以该行为被确认违法为条件

1995年《国家赔偿法》第九条第一款规定：赔偿义务机关对依法确认有本法第三条、第四条（分别列举了行政机关及其工作人员在行使行政职权时因违法行为侵犯人身权和财产权的情形）规定的情形之一的，应当给予赔偿。该条款的立法本意至少包括以下两层：一是致害行为法定，必须属于本法第三条、第四条规定的范围；二是确认违法是给予赔偿的前提和条件，只有先确认违法才能决定是否赔偿及赔偿多少。

1995年《国家赔偿法》施行后，为了更好地保障受害人的权利，结合司法实践中遇到的实际情况，最高人民法院通过司法解释对立法者当时未能预料的情形加以规定。1997年《行政赔偿司法解释》第三条规定："赔偿请求人认为行政机关及其工作人员实施了国家赔偿法第三条第（三）、（四）、（五）项和第四条第（四）项规定的非具体行政行为的行为侵犯其人身权、财产权并造成损失，赔偿义务机关拒不确认致害行为违法，赔偿请求人可直接向人民法院提起行政赔偿诉讼。"第三十四条又规定："人民法院对赔偿请求人未经确认程序而直接提起行政赔偿诉讼的案件，在判决时应当对赔偿义务机关致害行为是否违法予以确认。"上述规定明确表明，因事实行为造成损害的，赔偿请求人可以直接向法院提起行政赔偿诉讼，无须以该行为被确认违法为前提。

2010年修改后的《国家赔偿法》第九条第一款将原条文中"依法确认"的字样删除。从上述变化中不难解读出，修改后的《国家赔偿法》第九条显然已经取消了"违法确认"这个"前置条件"。为什么会有这种变化呢？与修改后的《国家赔偿法》将事实行为纳入行政赔偿诉讼范围不无关系。实践中，事实行为在很多情况下违法性非常明显，如公务人员殴打他人，或未履行任何手续直接拆除相对人房屋等，这些情况下行为的违法性问题几乎没有

争议，对解决赔偿纠纷更有意义的问题已经从行为的违法性转变为该行为存在与否以及是否给相对人造成损害等问题。修改后的《国家赔偿法》第九条参考了相关法律、法规的规定，适应了实践的发展和需要。

（二）因行政行为提起赔偿诉讼是否需以该行政行为被确认违法为条件

2010 年国家赔偿法的重大修改内容之一，即取消了确认违法程序。不仅第九条取消了原条文中的“依法确认”，第三十九条（原第三十二条）关于国家赔偿请求时效的规定也将“依法确认”删除，并增加规定了特殊时效，即“在申请行政复议或者提起行政诉讼时一并提出赔偿请求的，适用行政复议法、行政诉讼法有关时效的规定”。

在一并提出赔偿请求的情况下，由于赔偿之诉附带在撤销之诉中，合法性审查、起诉期限等问题均有法律或司法解释的明确规定，故不存在争议。

然而，在因行政行为单独提起赔偿之诉的情况下，就如何理解违法确认与单独提出赔偿请求的关系存在不同认识。有观点认为，《国家赔偿法》第九条第一款所援引的第三条、第四条仍然坚持违法归责原则，而且实务中也鲜有单独赔偿的案例，所以取消“确认”字样对单独提起行政赔偿的程序没有影响。但也有观点认为，第三条、第四条并不是程序性的条文，而第九条作为规划整个行政赔偿程序的“路线图”，其第一款中的“确认”字样被删除等于改变了原第九条两款条文之间的逻辑关系，会给“单独提出赔偿请求”模式和行政复议、行政诉讼制度带来一定影响。

根据《行政赔偿司法解释》第二十一条的规定，赔偿请求人单独提起行政赔偿诉讼，应当符合下列条件：（1）原告具有请求资格；（2）有明确的被告；（3）有具体的赔偿请求和受损害的事实根据；（4）加害行为为具体行政行为的，该行为已被确认为违法；（5）赔偿义务机关已先行处理或超过法定期限不予处理；（6）属于人民法院行政赔偿的受案范围和受诉人民法院管辖；（7）符合法律规定的起诉期限。考虑到《行政赔偿司法解释》目前仍现行有效，且正在起草中的《最高人民法院关于审理行政赔偿案件若干问题的规定（二）》（送审稿）第二条“行政行为合法性先行处理程序的告知”规定，“公民、法人或者其他组织提起行政赔偿诉讼时，行政行为合法性未经审查的，人民法院应当告知其依法一并提起行政诉讼或者请求有权机关对该行政行为的合法性进行审查”，再次明确了行政行为的合法性审查是单独提起行政赔偿诉讼的前置条件。故我们倾向于认为，单独提起行政赔偿诉讼应当以行政行为已被确认违法为前置条件。

（三）赔偿争议如何处理

行政赔偿与民事损害赔偿一样，赔偿请求人与赔偿义务机关之间存在协商的余地。对于受害人而言，取得国家赔偿的权利是其个人权利，可以自由处分之，只要不违反法律及损害他人权益，任何人不得干预；对于赔偿义务机关来说，它对如何赔偿、赔偿多少等事项有一定的裁量权。双方能够在平等的基础上互谅互让，就赔偿问题达成协议[①]。修改前的《行政诉讼法》第六十七条第三款规定，赔偿诉讼可以适用调解。《行政赔偿司法解释》第三十条规定，人民法院审理行政赔偿案件在坚持合法、自愿的前提下，可以就赔偿范围、赔偿方式或赔偿数额进行调解。调解成立的，应当制作行政赔偿调解书。2014 年《行政诉讼法》修改时，由于《国家赔偿法》对行政赔偿已有专章规定，故将原第九章“侵权赔偿责任”整体删除，但是该款内容及相应司法解释仍继续适用。

《行政赔偿司法解释》第二十九条规定，人民法院审理行政赔偿案件，应当就当事人之间的行政赔偿争议进行审理与裁判。结合国家赔偿法和行政诉讼法的修改，上述条款应当辩证理解。在单独提起行政赔偿的案件中，由于行政行为的合法性已经行政先行处理程序或者行政诉讼程序予以审查并确认违法，故人民法院应就行政赔偿争议进行审理并作出判决。无论行政赔偿义务机关是否作出赔偿处理决定，人民法院仍然应当针对原告的赔偿请求能否成立进行审查。审查的重点是原告主张的侵权事实是否存在、要求赔偿是否有法律依据，以及损害结果与行政行为之间是否存在因果关系。被告的行政行为违法，且给原告造成了实际损失的，判决被告予以赔偿；被告的行政行为违法但尚未对原告合法权益造成损害的，或者原告的请求没有事实根据或法律根据的，应当判决驳回原告的赔偿请求。

二、赔偿之诉中关于行政行为的合法性审查是否仍受起诉期限限制问题

（一）行政诉讼法起诉期限与国家赔偿法请求时效之间的潜在冲突

根据我国现行法律规定，行政诉讼的起诉期限较短（6 个月），申请赔偿的请求时效较长（2 年）。这与两大法系主要国家或地区的立法例和司法实践具有共同性。为什么要这样规定呢？原因在于前者体现对行政效率的强调，

---

① 应松年、杨小军主编：《国家赔偿制度的完善》，国家行政学院出版社 2008 年版，第 283 页。

将当事人可以对行政行为提起司法审查（撤销诉讼）的起诉期限规定为一个相对短暂的期间，有利于维护法秩序的稳定。而后者强调公平正义原则，赔偿请求的时效规定相对宽松，往往与民事请求权的消灭时效相同，注重的是相对人合法权益的保护和救济。

于是，出现了一个具有典型意义的问题：如果已经超过对行政行为合法性提起诉讼的期限，但没有超过国家赔偿法规定的请求时效，在赔偿义务机关否认行政行为违法的情况下，受害人请求行政赔偿的如何处理？通说认为，如果允许受害人提起确认违法的程序，则意味着受害人可以对行政行为的合法性提出异议，从而将会使行政诉讼法、行政复议法关于行政诉讼、行政复议时效的规定失去意义。起诉期限的规定是为了免使行政行为长期处于不确定的、可受追诉的状态，保证在行政机关未对行政行为确认违法、又超过合法性审查时效的情况下，受害人丧失请求行政赔偿的权利。① 随着司法实践的发展需要，有观点认为，在行政撤销诉讼的起诉期限届满后，只要行政相对人在国家赔偿时效内启动国家赔偿程序，主张行政行为违法并提出赔偿请求，法院当然可以对相关的行政行为是否构成国家赔偿中的违法行为予以审查认定，并对赔偿请求作出相应的处理。②

笔者认为，根据现行法律及司法解释的规定，在一并提出赔偿请求的程序中，只要行政相对人在法定期间内申请行政复议或者提起行政诉讼，其所附带提出的赔偿请求往往不会发生时效适用方面的争议。在单独提起行政赔偿诉讼的程序中，若双方一致认为应当赔偿而仅对数额或方式有争议，基于当事人自认，法院无须对行政行为合法性进行审查，只需审查争议即可。若双方无法就行政行为违法达成一致，则法院无法回避对行政行为合法性的审查，应当本着实质解决行政争议的原则，根据个案的具体情况综合考虑并予以裁量。

（二）赔偿请求直接被相关行政行为的效力所拘束

在我国，行政赔偿诉讼属于一种特殊的行政给付诉讼，性质上属于向国家行使给付请求权。即使按照国际上较为通行的做法，不适用撤销诉讼的起诉期限规定，而适用请求权消灭时效的规定，也存在特殊情况下的例外情形。

---

① 林莉红：《行政诉讼法学》，武汉大学出版社 2009 年版，第 269 ~ 270 页。
② 林俊盛：《行政诉讼起诉期限制度研究》，法律出版社 2014 年版，第 196 页。

例外情形是指，行政相对人的赔偿请求直接被相关行政行为的效力所拘束。例如，行政相对人要求除去某项行政决定的处理结果，这里主要针对纯金钱给付内容的行政决定，如支付养老金决定、税收决定等。行政相对人的赔偿请求内容已经直接被该行政决定的效力所拘束，而针对这些决定的起诉期限已经届满。在这种情况下，超过了起诉期限该行政行为便具备了不可争力，该行为的法效果不再受到攻击。如果允许行政相对人提出挑战，其赔偿请求显然与被诉行政决定的法效果直接产生矛盾冲突。故为了维护行政行为在超过起诉期限后不可争的法效果，可以适用起诉期限的规定对该赔偿请求予以驳回，或者直接裁定驳回起诉。

就本案而言，本案被诉会议纪要的主要内容就是对不符合政策的部分员工不支付安置补偿费。不予赔偿决定的主要内容也是认为不支付安置补偿费合法有据，未侵害赔偿请求人的合法权益。行政相对人的赔偿请求直接被该会议纪要的效力所拘束，争议的焦点就是是否应当支付安置补偿费。因此，即使单独提起行政赔偿诉讼不以行政行为已被确认违法为前置条件，同时承认一般给付诉讼不适用撤销诉讼的起诉期限规定，也不能对此种情况下的行政赔偿诉讼适用请求权消灭时效的规定，而仍应受到行政诉讼起诉期限的限制。换句话说，即使再审申请人对本案被诉会议纪要单独提起行政赔偿诉讼，其起诉期限也不会比被诉会议纪要的撤销之诉的起诉期限长，因被诉会议纪要已超过法定起诉期限，故单独提起行政赔偿诉讼的起诉期限亦已超过。

（三）国家赔偿诉讼中的违法标准与行政撤销诉讼中的违法标准存在差别

行政行为违法是国家承担行政赔偿责任的一个重要构成要件。在我国行政赔偿司法实践中，目前的习惯做法是按照修改后的《行政诉讼法》第七十条的规定来界定是否违法，包括主要证据不足、适用法律法规错误、违反法定程序、超越职权、滥用职权、行政行为明显不当等情形。而确认违法的程序，既可以通过法院的行政诉讼程序来判决认定，也可以是行政机关自己确认自身行为违法并作出赔偿决定，或者行政复议机关予以确认并决定赔偿。确认行政行为违法，既可以单独提出，也可以在赔偿诉讼中一并提出。

有观点认为，行政撤销诉讼中的违法标准与国家赔偿诉讼中的违法标准不同。作为行政诉讼审查标准的违法，应在是否需要否定行政行为效力的基础上衡量，即使被诉行政行为违反法律法规的规定（如违反法定程序），也不一定被认定违法并撤销；而作为国家赔偿责任构成要件的违法，则出于在已经造成损害的情况下是否有可归责于行为主体事由的考虑。所以，行政诉讼中的违法侧重于对行政行为的评价和效力的对待，国家赔偿中的违法则侧重于对受害人损失的救济。① 笔者赞同这一观点。

在行政赔偿诉讼中，相对人主张加害行为违法往往只是作为支持其赔偿请求的事实根据，甚至有些当事人在起诉状中仅列明一项诉讼请求，即"要求判令某赔偿义务机关给予赔偿"，而没有将确认该加害行为违法列入请求事项。在此情况下，根据诉判一致原则，法院可以仅对其赔偿请求能否得到支持作出判决，而对于加害行为是否违法在判决理由中予以阐明和认定即可，无须在判决主文中予以确认。

三、法院能否依职权审查起诉期限

（一）起诉期限是否属于起诉条件之一

修改后的《行政诉讼法》第四十九条规定了起诉条件，即提起行政诉讼应当符合下列条件："（一）原告是符合本法第二十五条规定的公民、法人或者其他组织；（二）有明确的被告；（三）有具体的诉讼请求和事实根据；（四）属于人民法院受案范围和受诉人民法院管辖。"

《执行行政诉讼法司法解释》第四十四条第一款第（六）项规定，起诉超过法定期限且无正当理由的应当裁定不予受理，已经受理的，裁定驳回起诉。行政诉讼法修改后，2015 年最高人民法院出台《关于适用〈中华人民共和国行政诉讼法〉若干问题的解释》对前述条款重新修订，第三条第一款第（二）项规定，超过法定起诉期限且无正当理由，已经立案的，应当裁定驳回起诉。

在行政诉讼法修改和司法解释制定过程中，对于起诉条件的范围存在较大争议。第一种意见认为，起诉条件仅限于《行政诉讼法》第四十九条规定的四项内容；第二种意见认为，除包含四项内容外，还包括复议前置等内容，但不包括起诉期限；第三种意见认为，起诉条件除了四项内容之外，还应当符合包括起诉期限、复议前置等内容在内的其他起诉条件。② 在修改过程中，

---

① 参见杨小君：《国家赔偿》，载应松年主编：《当代中国行政法》（下卷），中国方正出版社 2005 年版，第 1845 ~ 1847 页。

② 江必新、梁凤云：《最高人民法院新行政诉讼法司法解释理解与适用》，中国法制出版社 2015 年版，第 37 页。

司法机关曾建议将起诉条件集中规定，立法机关虽认可这一意见，但考虑修法不宜对现有规定作大的调整，因此保留了原有的表述方式。同时认为，修改后的第四十九条并不是提起诉讼需要符合的全部条件，还要符合起诉期限、复议前置等其他条件。[①] 同时，修改后的行政诉讼法取消了不予受理的规定，代之以不予立案的规定。[②] 因此，从目前法律和司法解释的规定可以看出，起诉期限已经成为提起行政诉讼的条件之一。起诉必须在法定期限内提出，若无正当事由超过法定期限，行政相对人丧失的是诉权而非胜诉权。

（二）法院能否主动适用起诉期限规定

对行政机关告知起诉期限进行规定，意味着人民法院在受理过程中要对起诉期限进行审查。从该条文的文意上即可以看出审查相对人的起诉是否超过法定起诉期限既是人民法院的权利，亦是其职责。民法与行政法的立法目的不同。民法仅是为了保障公民、法人的合法民事权益，正确调整平等民事主体之间的民事法律关系。而行政法在处理公权与私权争议，保护公民、法人和其他组织的合法权益的同时，还肩负监督行政机关依法行使职权的责任。与民事主体自由处分自己的权利不同，行政机关无法律依据不能因为相对人的起诉，放弃法律规定之外的职责。被诉行政行为超过起诉期限，就意味着产生了公定力、不可争力，这一法律效果从某种程度上说，即使非经法定程序撤销或者变更，亦是有公示、公信效果的，作出行政行为的行政机关无权放弃超过起诉期限的抗辩。

在审判实践中，如果原告的起诉已超过法定期限，但被告并未就此答辩或提出异议，法院能否依职权审查起诉期限？有观点认为法院不应主动审查起诉期限。法院在诉讼中如果主动审查原告是否超过起诉期限，实质上免除了被告对该部分的举证责任，而直接将举证责任归于原告一方，人民法院如此的处理方式是不符合证据制度规律的，也影响了司法裁判的公正性。[③] 亦有观点认为，原告是否符合起诉条件是一审法院应主动审查的内容，超过诉讼时效，权利人丧失胜诉权，但起诉权并不丧失，对方不主张时效利益的，法官不能主动适用诉讼时效处理私权争议；但超过起诉期限，起诉人丧失诉

① 袁杰主编，全国人大常委会法制工作委员会行政法室编著：《中华人民共和国行政诉讼法解读》，中国法制出版社 2014 年版，第 134 ~ 137 页。

② 参见修改后的《行政诉讼法》第五十一条规定。

③ 窦家应：《行政诉讼起诉期限审查之检讨》，载《法律适用》2007 年第 10 期。

权，法院要依职权审查权利人起诉是否超过法定期限，并进而作出是否受理或驳回起诉的决定。①

有学者认为，既然起诉期限不是法律明文规定的起诉条件，那么起诉期限并不必然是起诉与受理条件，也可能是受理后审查的条件与对象。法院在审查起诉是否立案受理时，不应当审查起诉期限，如果被告尚未介入受案过程即对起诉期限进行审查，与法律规定相悖，而且还容易混淆法院自身的职能，导致受案过程中的不正当性。②

否认将起诉期限作为起诉条件更有利于保护相对人的诉权。笔者认为，法院可否依职权审查应当看起诉期限的性质，主要看起诉期限是否是起诉条件。根据现行行政诉讼相关的法律规定，法院对起诉期限是有主动审查权的，这一观点的法律依据在于《执行行政诉讼法司法解释》第四十四条规定：起诉超过法定期限且无正当理由的，法院应当裁定不予受理，已经受理的裁定驳回起诉。具体来说，在立案受理阶段，人民法院立案庭即应对原告起诉期限进行审查，如果经审查发现原告起诉超过法定期限的，应裁定不予受理。此阶段人民法院对起诉期限的审查只能是形式审查，对一些明显超过起诉期限的案件裁定不予受理或驳回起诉。如果说法院不应在立案受理时审查起诉期限，那么法律规定法院应当对超过法定起诉期限的裁定不予受理也就丧失了意义。如果在7日内难以确定，法院应先受理，至于存在原告可能不知具体行政行为内容或不知诉权或起诉期限情形的，则应在受理后结合被告提交证据作出认定，如果被告在答辩中提出原告起诉超过起诉期限，并在举证期限内提交了相关证据，人民法院在开庭审理时，首先应就原告起诉是否超过起诉期限进行审查，如果法庭认为被告的抗辩理由成立，原告起诉超过起诉期限，则应裁定驳回起诉。

【结语】

综上所述，赔偿请求人申请行政赔偿，可以选择两种不同的路径，即向赔偿义务机关提出申请和向人民法院提起诉讼，分别按照行政先行处理后单独提出赔偿诉讼和行政诉讼附带赔偿诉讼程序进行。需注意以下三点：第一，

① 武俊山：《有关行政诉讼起诉期限的几个问题》，载《理论探索》2011 年第 5 期。

② 张弘：《行政诉讼起诉期限研究》，载《法学》2004 年第 2 期。

在单独提起赔偿诉讼的情况下，行政机关的先行处理程序是必经程序，无论行政机关的处理结果如何，只要对行政处理结果不服，均可以向人民法院起诉。第二，在人民法院诉讼阶段，虽不以确认违法作为向法院起诉的前提条件，但行政行为是否已被确认违法是区别单独或一并提出赔偿请求的界限。在单独提起赔偿诉讼的情况下，需符合3个月的起诉期限。一并提出赔偿请求的，则适用行政诉讼法及其司法解释关于起诉期限的规定。由于目前在司法实践中，无论行政相对人提起行政撤销诉讼还是确认诉讼，均必须统一适用起诉期限的规定，使得行政相对人的国家赔偿请求权间接地受到行政撤销诉讼短暂起诉期限的限制。第三，鉴于行政赔偿责任系违法责任，在行政机关的先行处理程序和人民法院的诉讼程序中均涉及对行政行为违法性的认定问题。如果行政机关在先行处理阶段未确认行政行为违法，则无论当事人是否提出请求，人民法院在诉讼阶段均不可避免地需依职权审查原行政行为的合法性，否则无法对赔偿争议作出判断。

以本案为代表，当事人在诉讼中主张某行政行为违法侵害其权益要求赔偿，但是针对该行政行为提起撤销诉讼的起诉期限早已届满，法院能否在行政赔偿诉讼中对该行政行为是否违法予以审查认定，并作为支持当事人赔偿请求的理由？这个问题看似是个小问题，但在司法实践中对当事人寻求救济的实际影响却很大。比较赔偿诉讼中的请求时效与撤销诉讼中的起诉期限，行政相对人更希望适用前者而非后者。更为重要的是，在撤销诉讼起诉期限届满的情况下，行政相对人是否仍然可以在赔偿诉讼中主张行政行为违法并请求赔偿？从我国当前的相关立法规定和学术观点来看，结论是否定的。这个问题涉及我国行政赔偿制度设计是否完善的问题，在此不展开，仅从行政行为的效力中关于不可争力理论与起诉期限的关系角度加以说明。起诉期限的限制与行政行为的效力密切相关，是撤销诉讼制度的基本特征之一。行政行为不可争力理论就是讨论行政相对人提起撤销诉讼的起诉期间的限制。起诉期限届满的法律效果是行政行为具有不可争力，即形式确定力。起诉期限届满后，行政相对人便不能再对该行为提起撤销诉讼，消除该行政行为的效力。

（作者单位：最高人民法院）

不动产登记错误行政赔偿的若干问题

宋文胜　杜　谦

【摘要】行政赔偿责任是国家赔偿责任的重要组成部分，也是行政赔偿责任制度的基本内容和核心范畴，责任的划分与确定至关重要。作为多发的行政赔偿案件，不动产错误登记赔偿责任的确定一直以来给行政机关、司法机关造成了很大的困扰。一方面，不动产登记机关赔偿责任的性质决定着赔偿的归责原则、赔偿原则以及受到损害的物权人及其利害关系受救济的范围和程度等诸多方面，也决定着赔偿规范体系是否科学，以及如何规范和展开的问题，而要界定登记错误导致的赔偿责任的性质，首先必须明确不动产登记行为的性质。另一方面，不动产登记错误行政赔偿责任的实质急需厘定，究竟属于过错责任、无过错责任还是双重责任，责任承担原则不定，法律适用则无所适从。在上述两方面问题分辨厘定的情况下，结合学界的主张和实务界的不同认识，本文将《物权法》第二十一条规定中构成混合侵权的情形，分为“分别审理”“合并审理、一并解决”“择一起诉”“一并提起民事诉讼”四种解决方案，以化解法律适用之困。

【关键词】不动产登记　登记错误　行政赔偿

《物权法》第十九条第一款规定，权利人、利害关系人认为不动产登记簿的事项错误的，可以申请更正登记。第二十一条规定：“当事人提供虚假材料申请登记，给他人造成损害的，应当承担赔偿责任。因登记错误，给他人造成损害的，登记机构应当承担赔偿责任。登记机构赔偿后，可以向造成登记错误的人追偿。”从上述规定和司法实践中的做法来看，错误登记是指登记簿的登记状态与真实的权利状态不相一致的情形；而登记错误则是指由于登记机构自身的原因而造成登记簿登记状态与真实权利状态不一致的情形。二者的关系是包含与被包含的关系，登记错误是造成错误登记的原因之一。而造成登记错误的原因有：（1）单纯登记机构自身的原因。这是指在当事人提供登记申请材料没有过错的情况下，登记机构或者其工作人员故意或者过失没有尽到对申请材料的审查职责而造成的错误；（2）当事人与登记机构的混合过错[①]。混合过错主要包括两种情况，一是当事人与登记机构没有意思联络的侵权，如当事人故意或者过失提供虚假的登记材料，同时登记机构没有尽到审查职责而导致登记错误的发生，通常称为“结合的侵权情形”；二是当事人与登记机构的工作人员恶意串通违法登记而导致的登记错误，通常称为“共同侵权情形”。

一、民事与行政：不动产登记错误行政赔偿责任性质之辩

不动产登记错误赔偿指登记之权利状况与真实权利状况不一致，导致真实权利人所享有之不动产物权静的安全受损，或者第三人因信赖登记进行交易而给真实权利人不动产物权之动的安全或者第三人之利益带来损害而为赔偿之制度。[②] 不动产登记机关赔偿责任的性质决定着赔偿的归责原则、赔偿原则以及受到损害的物权人及其利害关系受救济的范围和程度等诸多方面，也决定着赔偿规范体系是否科学，以及如何规范和展开的问题。而要界定登记错误导致的赔偿责任的性质，首先必须明确不动产登记行为的性质。

（一）登记行为的性质

目前理论界对于不动产登记行为的性质，究竟是民事行为还是行政行为，存有很大争议。有学者认为，不动产登记行为的性质为私法性质，不动产登记行为并非出于行政管理目的，而是属于物权公示的民事行为的一部分。公权力的介入只是为了确保不动产交易的安全和登记秩序的稳定，但也并不能改变登记行为的私法属性。[③] 另有学者认为，不动产登记行政行为是一项必须由不动产登记机关行使的公权力行为。登记机构作为国家的职能部门是行政主管部门，它在登记审查过程中行使的是国家的行政管理权。[④] 还有学者认为，不动产物权登记应是一种公法介入私法领域的公私二重性行为，即不

---

① 王克稳：《我国不动产登记中的行政法问题》，载《法学》2008 年第 1 期。

② 楼建波：《域外不动产登记制度的比较研究》，北京大学出版社 2009 年版，第 132 页。

③ 李蓓：《论不动产登记机构损害赔偿》，载《中国矿业大学学报》（社会科学版）2009 年第 1 期。

④ 刘敏：《不动产登记机构赔偿责任研究——兼评〈物权法〉第 21 条》，西南政法大学硕士学位论文。

动产登记既是一种公法行为也是一种私法行为。[①]

我们必须承认，不动产登记行为是兼具公私法性质的复合性行为。从公法角度来看，各国的登记机关均为公权机关，登记反映的是国家以何种目的和方式介入不动产交易；从私法角度来看，登记具有法定的影响物权变动的地位，是一种保障民事主体不动产交易并因此产生民事法律效力的活动；从程序法的角度来看，登记表现为特定的手续、相应的材料和对申请和审查行为的规范；从实体法角度来看，登记是登记机构针对不动产而进行的记载或者不予记载并发生特定法律效力的事实状况。因此，在很大程度上，对登记性质的认定往往取决于从哪一个角度去看待。

（二）赔偿责任的性质

不动产登记有公法、私法之争议，登记机构的赔偿责任的性质也有民事责任与国家赔偿责任之区分。一种观点认为，由于我国办理不动产登记事务的机关属于行政管理机关，其以国家的公信力为基础为当事人提供不动产交易安全保障，所以在它因行使职权而给当事人造成损害时应承担的是国家赔偿责任。因此“因登记机关的过错，致不动产登记发生错误，且因该错误登记导致当事人或者利害关系人遭受损害的，登记机关应依照国家赔偿法的相应规定承担赔偿责任”。[②] 另一种观点认为，登记机关错误登记而给当事人造成损害的行为侵犯的是当事人的民事权利，这属于民法领域中的侵权行为，因此，登记机关承担的赔偿责任应是民事侵权责任。[③]

不动产登记的双重属性，并不影响我们作出登记机关赔偿责任乃行政赔偿责任的判断。登记的私法行为属性及因其产生的登记错误赔偿，主要是通过非登记机关承担的民事赔偿责任完成的，公法行为属性导致的登记错误则主要由登记机关承担赔偿责任，而这种建立在公法属性上的赔偿责任，无论是主体性质、行为特点还是效力基础，都决定其属于国家赔偿责任。

从主体上讲，不动产登记是不动产行政主管部门代表政府实施的行为，是行政主体实施的行为。从行政法的角度看，我国的不动产登记行为是一种

① 王卫国：《中国土地权利研究》，法律出版社 1997 年版，第 20 页。

② 梁慧星：《中国民法典草案建议稿及理由（物权编）》，法律出版社 2004 年版，第 45 页。

③ 李明发：《论不动产登记错误的法律救济——以房产登记为重心》，载《法律科学》（西北政法学院学报）2005 年第 6 期。

具体的行政行为。虽然大多数情况下登记的开始和登记的内容取决于当事人的申请，但是，登记机关在其后的审查处理过程中对申请事项拥有完全的判断和确认权力，而且登记机关在其后的审查处理过程中对申请事项拥有完全的判断和确认的权力，而且，登记机关的处理决定具有单向和不可逆性，无论是否符合申请人的欲求，均对其产生物权变动的法律效果，并形成以国家信誉为基础的公信力，这完全不同于民事行为。

登记机关的国家信誉是登记效力的保障，这是登记机关承担国家赔偿责任的根本原因。对登记公示公信制度的理解可以从两个层面出发，一是外观理论，即“权利外观即为权利”，登记作为一种权利外形，本身可以有效表彰外形。二是国家公信力理论，登记仅形成了权利外形，但权利外形未必是真实的权利，需要登记对这种权利外形提供某种信用的支持，对此，包括我国在内的多数国家均采取由政府确保登记记录内容正确，以政府行为的严肃性和国家的信誉为登记的权利外形提供真实性保障。[①] 这种保障是登记机关代表的国家提供的，而不是登记机关自身产生的。

我国法律规定及司法的实证依据肯定不动产登记错误的国家赔偿性质。《国家赔偿法》第二条规定，国家机关和国家机关工作人员行使职权，有本法规定的侵犯公民、法人和其他组织合法权益的情形，造成损害的，受害人有依照本法取得国家赔偿的权利。在不动产登记法、新的法律法规以及司法解释出台前，在不动产登记机构管理体制没有作出调整之前，人民法院在审理涉及不动产登记机构赔偿责任案件时仍应适用现有的法律法规、司法解释以及参照部门规章，来正确认定登记机构赔偿责任，而我国司法实践中一直认同的也是国家赔偿的方式。

从以上分析我们可以看出来，不动产登记赔偿责任应该认定为行政赔偿责任，适用国家赔偿法有关行政赔偿的归责原则，而不适用民法有关赔偿原则的规定。

二、面相与本相：不动产登记错误行政赔偿责任实质之辩

（一）赔偿责任承担原则

赔偿责任归责原则，就是确定侵权行为人侵权损害赔偿责任的一般准则。

---

① 马栩生：《登记公信力研究》，人民法院出版社 2006 年版，第 26 ~ 31 页。

它是在损害事实已经发生的情况下，为确定侵权行为人对自己的行为所造成的损害是否需要承担赔偿责任的原则。目前，我国学术界对不动产登记机关赔偿责任适用哪种归责原则，从理论上分析的学说很多，但是归纳起来，主要存在以下四种不同的学术观点：（1）过错责任说。这种观点认为不动产错误登记损害赔偿责任的性质是过错责任。登记机关的赔偿责任是一种国家赔偿责任，应适用过错责任原则。如果登记机关没有过错，则不应承担责任。[①]（2）无过错责任说。从我国《物权法》第二十一条第二款的规定来看，我国关于登记机关的赔偿责任采纳的是无过错责任原则。即只要有登记错误和损害发生，不管这种错误是由登记机关工作人员的故意或者过失造成，还是其工作人员与登记申请人恶意串通所致，登记机关都要首先承担赔偿责任，而不问该登记机关主观上是否具有过错。[②] 当然，登记机关赔偿后，可以向造成登记错误的人追偿。（3）过错推定责任说。这种主张认为，只要登记机关有违反登记制度的行为，就推定其有过错，如果主张没有过错，登记机构应当自己举证证明，能够证明的才能免除责任，否则就应当承担责任。[③]（4）双重责任说。这种主张认为，登记机构的责任既可能是过错责任，也可能是严格责任。登记机构出于各种原因造成登记错误，给当事人造成重大损失的，登记机构应当依法承担赔偿责任，分为两类：一类是《物权法》第二十一条第一款所规定的过错责任，即当事人提供虚假申请材料，如果发生登记错误，申请人首先应当承担责任，属于过错责任；另一类是严格责任，严格责任出现在《物权法》第二十一条第二款，即登记机构因登记错误的，都要负责，属于严格责任，而不是过错责任。[④]

《最高人民法院关于审理房屋登记案件若干问题的规定》第十二条规定：申请人提供虚假材料办理房屋登记，给原告造成损害，房屋登记机构未尽合理审慎职责的，应当根据其过错程度及其在损害发生中所起作用承担相应的赔偿责任。该条用“过错”的字眼明示了不动产登记机构承担责任的范围应根据其过错的程度，有过错才承担责任，由此笔者认为，不动产登记机关错误登记的损害赔偿责任的归责原则应适用过错责任归责原则。采用这一归责

---

① 杨立新：《侵权法论》，人民法院出版社 2005 年版，第 127 页。

② 李宇：《不动产登记机构登记错误的责任研究》，载《法制与社会》2009 年 4 月（上）。

③ 许明月：《财产权登记法律制度研究》，中国科学出版社 2002 年版，第 314 页。

④ 王利明：《物权法研究》，中国人民大学出版社 2007 年版，第 368 页。

原则，首先是为登记机关的行为确立了一个标准，它要求登记机关在进行不动产登记时尽到对所登记事项的谨慎和注意义务，避免损害后果的发生；其次它还有防止错误登记频繁、预防损害发生的效果，通过让登记机关对其过错行为承担侵权责任，引导登记机关工作人员行为时要谨慎小心，努力避免损害的发生，减少错误登记发生的可能性，降低交易成本。

结合最高人民法院对中国银行江西分行诉南昌市房管局办理抵押登记案分析：在本案中，南昌市房管局违反职业规范，未尽必要的注意义务，为持有假房产证实施诈骗的天龙公司办理抵押登记手续，并明示信托公司可以办理贷款。中国银行江西省分行（信托公司前身）基于对房产登记机关所办抵押登记行为的信赖，为天龙公司发放贷款，致使信托公司遭受了财产损失。按照过错责任的归责原则，被告南昌市房管局是存在过错的，故南昌市房管局对其违法办理抵押登记而酿成信托公司财产损失的后果，在天龙公司无法偿还贷款的情况下，应当承担相应的过失赔偿责任。最高人民法院的终审判决明确了抵押登记机关未尽审查注意义务所应承担的行政赔偿责任，其中暗含了赔偿责任的归责原则，实行过错责任归责原则具有典型意义。

（二）赔偿责任承担方式

在不动产错误登记赔偿责任的承担方式问题上，如果错误登记纯粹由于登记机构的过错所致，则其当然应当承担全部责任。但如果错误登记的结果中存在申请人提供虚假材料因素，那么登记机构的赔偿责任该如何确定？关于登记机关和非登记机关共同侵权时的责任方式，学者之间有几种不同的观点。

连带责任说，即当事人提出赔偿请求时，由登记主管机关先赔偿全部损失，然后登记机关再向民事侵权行为人追偿其所应承担的份额。[①] 由于不动产登记机关的行政赔偿有国家赔偿金作为保障，所以这种做法有利于切实保护受害当事人的合法权益。但是，它并没有解决登记机关和民事侵权人的责任分担问题，而且登记机关向民事侵权人追偿缺乏相应的制度保障。《国家赔偿法》只规定了“赔偿义务机关代表国家向赔偿请求人支付赔偿费用后，可以责令负有故意或者重大过失的公务员、受委托的组织或个人负担部分或者

---

① 王达：《对不动产登记的行政法思考》，载《行政法学研究》2007年第2期。

全部赔偿费用”，但未对民事侵权共同加害人的追偿予以规定。

份额责任说，即法院根据案件的具体情况，依据自由裁量权确定登记机关应当承担的责任份额，判令其承担相应的损失。这是目前司法实践中较为通行的一种做法。《最高人民法院关于公安机关不履行法定行政职责是否承担行政赔偿责任问题的批复》（法释〔2001〕23号）规定：“在确定赔偿的数额时，应当考虑该不履行法定职责的行为在损害发生过程和结果中所起的作用等因素。”这就要求法院在处理案件时，应充分考虑登记机关在损害后果发生过程中所起作用的大小，据此来确定其所应承担的赔偿数额。如果不动产登记机关及其工作人员基于一般过失对材料审查不严而导致登记错误，则承担次要赔偿责任；如果不动产登记主管机关具有重大过失或故意，则应承担主要赔偿责任。但这一制度将登记机关应承担的赔偿数额完全交由法院酌情确定，缺乏较为详尽的法律依据。

补充赔偿责任说。受害人优先通过其他途径获得赔偿，在穷尽其他求偿手段均无法获得实际赔偿时，方可提起行政赔偿之诉，由不动产登记机关承担补充赔偿责任。即受害人原则上应先对民事侵权人提起民事诉讼来寻求救济，当程序不能满足当事人的救济要求或赔偿不能得到履行时，受害人才可以提起行政赔偿诉讼；或者说受害人虽然可以同时启动民事和行政诉讼，但是只有当民事判决不能完全被执行的情况下，才可以执行行政判决。此种处理方式对行政诉讼起诉期限提出了挑战。

补充加份额责任说。物权法关于善意取得的规定中，原所有权人只能寻求债权保护，这种债权保护首先向无处分权人主张，也可能是由于登记机关违法登记，同时原所有权人也存在过错，属于典型的三因一果法律关系，这种责任方式就属于补充加份额赔偿责任。

不承担责任。根据《物权法》第十二条关于登记机关履行职责的规定，凡符合该条规定，即可视为房屋登记机构已经审慎尽善履行了法定审查职责，由于其他原因造成错误登记的，房屋登记机构不承担赔偿责任。房屋登记机构根据人民法院裁判文书、协助执行通知书、仲裁机构作出的仲裁书、行政机关作出的征收决定等生效法律文书进行的房屋登记，在上述法律文书被撤销后而导致有关登记被撤销或更正，当事人起诉要求登记机构承担赔偿责任的，人民法院不予支持。

在不动产登记行政侵权赔偿中确定登记机关所应承担责任的种类和性质

时，笔者认为，国家赔偿制度是一种最终的救济制度，只有当受害人无法通过其他方式获得对自己权利的救济时，才能通过国家赔偿的方式取得赔偿。由于当事人受侵害的权利只有一个，当他通过其他方式和途径得到赔偿时，就不能再通过国家赔偿途径向侵权的登记机关要求赔偿，否则，就会出现对同一权利多次赔偿的情况。在错误登记行为和民事侵权共同导致损害结果发生的情况下，登记机关应当承担补充赔偿责任。当然也可能存在连带责任和份额责任。例如，登记机关工作人员和加害人恶意串通造成损失的，承担连带责任；原告自身存在重大过错的，承担份额责任。

结合陈某诉房管局“一房二证”行政赔偿案分析，本案中陈某的损失除因曹某实施诈骗犯罪外，还与房管局在产权登记过程中审查不严、管理混乱、违法颁证的行为有关。陈某提起民事诉讼以及对曹某的刑事判决，因曹某已丧失履行判决的能力，故陈某的合法权益并未真正得到维护。因此，陈某有权要求房管局予以国家赔偿。关于赔偿的份额问题，房管局的违法登记行为只是为曹某行骗提供了便利条件，陈某借款过程中没有对曹某的资信情况和履约能力进行认真审查，虽约定抵押但未办理抵押登记，因此其对造成的财产损失也负有一定的责任，法院最终判决房管机关赔偿陈某借款损失的 40% 。

三、归责与承担：不动产登记错误行政诉讼救济途径之辩

学界及实务界对不动产登记行为、不动产登记机关错误登记的行为性质及赔偿责任的理解不同，直接影响不动产登记错误赔偿的诉讼途径，表现为民事诉讼及行政诉讼两种诉讼方式的对立。根据学界的主张和实务界的不同认识，大致可将《物权法》第二十一条规定中构成混合侵权（申请人提供虚假材料申请登记、登记机构疏于审查而导致错误登记）的情形分为四种解决方案。

其一，“分别审理”模式。受害人可以且只能分别依民事诉讼程序起诉登记申请人、依行政诉讼程序起诉登记机构，法院亦相应地只能分别就其责任作出判决。[①] 这一方案虽不失为解决问题的一种路径，但这种依不同的程

---

① 李明发：《论不动产登记错误的法律救济——以房产登记为重心》，载《法律科学》（西北政法学院学报）2005 年第 6 期。

序“分别起诉、分别裁判”的解决方案，不利于一并查明全部案情、明确各方的过错及明确造成损害的原因力之大小。分别裁判的结果，也不能完全排除判决后重复执行的情况发生。尤其是，如果登记机构和登记申请人依法应共同承担责任乃至应承担连带赔偿责任，如何在不同的诉讼程序和两个裁判文书中确定两者的责任关系和责任份额？此外，登记机构承担行政赔偿责任后，又应依何种诉讼程序向造成登记错误的人追偿，也是一个难以回答的问题。

其二，“合并审理、一并解决”模式。受害人起诉登记机构要求赔偿并请求一并解决涉及登记申请人的民事赔偿问题时，法院在审理行政赔偿诉讼案件时可以合并审理（将其作为共同被告或者第三人），一并解决。① 这种行政附带民事诉讼或者合并审理的模式，为行政法学界和实务界的多数人所主张。《最高人民法院关于审理房屋登记案件若干问题的规定》起草过程中曾经规定：当事人请求一并解决涉及的民事赔偿问题的，可以合并审理。② 这一方案系出于诉讼经济和及时保护相对人权利的需要，主张对登记申请人的民事赔偿责任问题在审理登记机构的行政赔偿案件时“合并审理，一并解决”，《最高人民法院关于审理行政许可案件若干问题的规定》中已采纳了这种观点。但因为审理房屋登记行为涉及的混合侵权情形非常复杂，涉及民事赔偿的部分虽然可以一并解决，但是实践中审理时间可能较长，甚至第三人逃匿、案件中止审理情形时有发生，反而不利于诉讼正常进行。基于实践客观情况，《最高人民法院关于审理房屋登记案件若干问题的规定》最终删除了该规定。

其三，“择一起诉”模式。受害人只能选择登记申请人或者登记机构中的一方起诉，不能对二者一并起诉（因二者构成“不真正连带责任”）。至于选择登记机构要求赔偿时，其责任性质及诉讼程序如何，则另有不同主张。③ 在这种方案中，如果认为受害人无论是选择登记机构还是选择登记申请人请求承担赔偿责任，其责任性质都是民事赔偿责任，都应适用民事诉讼程序，这种“不真正连带民事责任”的认识尚可自圆其说，但这存在是否符合立法

---

① 王达：《对不动产登记的行政法思考》，载《行政法学研究》2007 年第 2 期。

② 杨临萍：《〈关于审理房屋登记案件若干问题的规定〉理解与适用》，中国法制出版社 2012 年版，第 137 页。

③ 张品栩：《不动产登记机关的赔偿责任》，上海交通大学硕士论文。

本意、是否最有利于受害人利益保护的问题。而如果认为选择起诉登记机构或者登记申请人，其责任性质和诉讼程序也相应地有所差异，则同样存在行政赔偿责任主体与民事赔偿责任主体二者之间可否构成不真正连带责任的逻辑自洽问题。此外，这种主张还将会使受害人陷于如何选择的两难境地：如果选择登记机构索赔，胜诉后获赔的可能性大，但其可能获得的最高赔偿额不得超过“直接损失”的范围，且受害人自身的过失还可能成为减轻被告责任的抗辩事由；如果选择登记申请人索赔，其虽然可以对全部损失要求赔偿，但出于赔偿能力的原因，其最终往往得不到应有的赔偿。而如果认为受害人对获赔不足的部分可以另行起诉另一个责任人，则实际上等同于第一种方案。尤其是在登记机构和登记申请人构成共同侵权应承担连带责任的情况下，此种只能择一起诉的方案无法解决问题。

其四，“一并提起民事诉讼”模式。受害人可以一并依民事诉讼程序起诉登记申请人和登记机构，要求其共同承担民事赔偿责任（至于二者的责任形态如何，另做讨论）。这一处理方案是以登记申请人和登记机构都应承担民事侵权责任为前提的。如此，登记机构和登记申请人二者的责任，可以在同一个民事诉讼程序和同一个民事判决中一并解决；登记机构承担赔偿责任后向造成登记错误的人提起的追偿之诉，同样亦应适用民事诉讼程序。此种解决方案在逻辑上和程序上不存在无法解决的问题，最值得赞同。但其遇到的最大质疑和必须回答的问题可能是：登记机构的赔偿责任之性质可否被认定为民事责任？相关的法律依据是否充分、扎实？

综合上述分析与论证，笔者主张采用扩大的行政赔偿诉讼模式，即采用“合并审理，一并解决”的方式解决登记错误的赔偿责任。理由主要有以下3点。

1. 登记机关和非登记机关赔偿责任的连带性要求必须将二者责任关系合并处理。在混合原因造成登记错误的情况下，登记机关和非登记机关通过登记行为实现共同侵权，二者的责任具有连带性，在诉讼中属于统一诉讼标的，将一个诉讼标的分隔在两个完全不同的程序中不符合诉讼原理，也容易造成因民事、行政诉讼衔接问题导致审理和裁判的低效和矛盾，应当将其作为一个共同侵权行为在单独的诉讼程序中予以解决。[①]

---

① 张海棠、吴偕林、李涛：《不动产登记赔偿责任问题研究》，载《行政执法与行政审判》2010年第1集，中国法制出版社2010年版，第125页。

2. 民事赔偿诉讼和行政赔偿诉讼制度分立决定了登记机关赔偿责任应当通过行政赔偿诉讼解决。无论是登记机关的行政赔偿责任还是非登记机关的民事赔偿责任，其本质都是侵权责任，因此在制度上存在共同之处，但并不表明二者可以通用。登记错误首先是认定登记机关的违法行为，其次才是登记机关和非登记机关的责任划分问题，而民事赔偿诉讼无法解决登记机关的违法性问题，且国家赔偿责任是侵权行为法的特别法，因此，从责任性质和法律适用归责上，应当采用行政赔偿诉讼。

3. 行政赔偿诉讼适用范围和程序制度的局限性需要采取扩权的行政赔偿诉讼方式予以弥补。行政赔偿诉讼以行政机关违法侵权为对象，在程序设计上没有民事诉讼完备和灵活，采用行政赔偿方式一并解决登记赔偿中的民事侵权主体的赔偿问题，必须充分借鉴民事诉讼的部分制度，适当扩大行政赔偿诉讼的权限。

扩大的行政赔偿诉讼，在程序上应当具有以下特点：

1. 在登记行为没有被确认违法之前，应当首先向登记机关申请确认更正或者在提起行政赔偿诉讼时一并提出。登记行为已被确认违法或者错误的，可以直接提起行政赔偿诉讼。

2. 法院受理赔偿诉讼后，经审查发现导致登记错误的还有行政机关之外的其他主体的原因或者还有其他受损人，应当通知其他主体作为第三人参加诉讼，第三人的诉讼权利义务参照民事诉讼中有独立请求权第三人的规定。

3. 在证明规则上，登记违法性问题适用行政诉讼规则解决，各主体的过错程度适用民事诉讼中的过错推定原则和相应的证明规则，但受损人应当对其损害存在和损害程度承担证明责任。

4. 在审理程序上，涉及登记行为违法性问题的，先审理登记行政行为的违法性问题，后审理赔偿责任问题。对赔偿责任问题，因为其诉讼标的、责任性质具有同一性，法院在同一程序中一并解决，不宜采取先确定登记机关行政赔偿责任，再确定非登记机关民事赔偿责任的方式。

5. 在判决方式上，在同一判决中一并明确登记行为的违法性问题及登记机关和非登记机关各自的赔偿责任的承担方式、责任份额，不采取分别判决的方式。

四、结语

不动产登记错误的赔偿制度是不动产登记错误的一项重要的权利救济制度，不动产登记机关赔偿责任的认定及其落实，直接关系到受害人的利益能否得到弥补。然而，《物权法》只是对不动产进行了粗略的原则性的规定，并未详细规定相关的配套制度。《物权法》作为民事基本法律，并不是不动产登记的专门法律，也就不可能详尽地对不动产登记制度进行细致入微的规定，而且理论界的争议也一直持续，理论上所有的争议即为一个目的——服务实践。在此，我们期待着立法部门加紧制定《不动产登记法》，全面建立起完善的不动产登记错误赔偿责任制度，因此我们的路还很长。

（作者单位：安徽省马鞍山市花山区人民法院）

原因竞合时房屋登记机关的国家赔偿责任思考

范卓娅

【摘要】房屋权属登记作为法定的物权公示方法，宣告了权利人对房屋依法享有的所有权及他项权利，与群众的生活息息相关，往往涉及相对人重大权利义务。近年来，房产市场的快速发展使房屋权属登记行为的影响面日益扩大。房屋权属登记中的客观制度不完善与主观审查不到位，在遭遇了第三人侵权的原因竞合后，因房屋登记违法行为导致的国家赔偿案件呈现出不断增多的趋势。

此类案件涉及多方当事人，司法理论中各种观点并存，司法审判尺度也往往不一，既不利于相对人合法权益的及时有效救济，也不利于国家赔偿制度的健全，更有损于司法公信。本文试图在分析审判实例的基础上，总结分析各类学术观点利弊，平衡各方利益和风险，针对原因竞合时房屋登记机关的国家赔偿责任认定、责任种类及责任范围三个问题，分别提出可行的解决思路。

【关键词】房屋登记　原因竞合　国家赔偿

一、原因竞合时房屋登记机关的责任认定

（一）原因竞合概述

《民法通则》第一百二十一条规定："国家机关或者国家机关工作人员在执行职务中，侵犯公民、法人的合法权益造成损害的，应当承担民事责任。"这一规定之后，才有《行政诉讼法》及《国家赔偿法》对国家赔偿的相关规定，故我国的民事赔偿制度与国家赔偿责任存在一定程度的渊源关系。根据民事侵权一般理论，共同侵权包括直接结合与间接结合两种类型。间接结合是指数个原因间接结合发生同一损害结果，也就是所谓的多因一果，又称原

因竞合。

本文论述的违法房屋登记行为与其他行为原因竞合应满足以下条件：一是登记机关与其他主体间无共同的意思联络；二是各自行为对损害结果的发生具有独立的作用；三是各原因单独发生不足以造成全部损害。

本文特选取以下四个真实案例，分析原因竞合的主要类型。

1. 房屋登记机关违法与第三人伪造行为竞合。

【案例一】天龙公司向信托公司申请贷款700万元，南昌市房管局为持有假房产证实施诈骗的天龙公司办理抵押登记手续后，明示信托公司可以办理贷款。信托公司据此支付700万元贷款给天龙公司，最终导致贷款大部分无法追回的损失。①

2. 房屋登记机关违法与申请人手续不全的申请行为竞合。

【案例二】重庆市国土资源和房屋管理局根据张金钟（涉案房屋原所有权人）、冉隆贞（张庆生继母）及张庆生填写的房屋所有权登记申请书等材料，将房屋所有权人由张金钟变更登记为张庆生，并颁发房产证。后渝中区人民法院以不能证明冉隆贞在《重庆市房屋所有权登记申请书》和《重庆市房改住房再交易合同登记申请表》上加盖指纹为由，撤销该房屋所有权证。②

3. 房屋登记机关违法与第三人欺骗行为竞合。

【案例三】民权县房管局将岳玲菊的住宅家属楼一套登记在其原夫郭建民名下，郭建民将该套住宅转让给韩清玉后，民权县房管局又为其办理了过户手续，并为韩清玉颁发房屋所有权证。③

4. 房屋登记机关违法与第三人隐瞒行为竞合。

【案例四】法院查封张澄清房屋后，将协助执行通知书及民事判决书、民事裁定书送达玉环县房地产管理处。张澄清与孙宁平签订《房屋转让协议书》，将被查封房产转让给孙宁平，双方分别缴纳契税后，孙宁平将全部房款付清。玉环县人民政府向苏宁平颁发了涉案房屋所有权证后，因接到法院协助执行通知书，又作出《关于注销孙宁平房屋所有权证的决定》。④

---

① 本案例选自中国司法案例数据库（2002）行终字第6号行政赔偿判决书。

② 本案例选自中国司法案例数据库（2008）渝五中行赔终字第213号行政赔偿判决书。

③ 本案例选自中国司法案例数据库（2005）民行初字第3号行政判决书。

④ 本案例选自中国司法案例数据库（2005）浙行再字第4号行政赔偿判决书。

（二）房屋登记机关违法之认定标准

2010 年《国家赔偿法》第二条第一款规定："国家机关和国家机关工作人员行使职权，有本法规定的侵犯公民、法人和其他组织合法权益的情形，造成损害的，受害人有依照本法取得国家赔偿的权利。"对照 1995 年的《国家赔偿法》，新《国家赔偿法》在总则中取消了对"国家机关和国家机关工作人员行使职权"中"违法"性的要求，但在第二章"行政赔偿"中，确立的依然是违法归责原则。关于房屋登记机构的登记行为在何种情形下应被认定为违法，审判实践及学术讨论中始终存在争议。

1. 形式审查标准与实质审查标准之争议。形式审查指仅对申请人提交申请材料是否符合法律规定的要件进行审查，审查方法以对照式为主，审查方式以书面审查为主，主要关注申请材料的数量及形式是否符合规定，对权属依据是否存在瑕疵等不予审查。形式审查顺应房产交易市场对效率的需求，也在一定程度上照顾到房产登记机构工作人员客观认知水平的有限性，极大缩减了两方的时间成本。但形式审查标准一旦遭遇第三人故意欺瞒、伪造等侵权行为，其结果的公正性便很难保证，这极大提高了房屋登记机关承担国家赔偿责任的风险，对真实权利人的保障也稍显无力。

实质审查指房屋登记机关除履行形式审查职责外，还应对申请材料内容的真实性及权属的合法性、完整性等进行审查，审查方式除书面审查外，还包括询问及实地查看等。实质审查注重房屋登记行为的实体公正性，故有观点主张，实行市场经济必须建立在交易安全的前提下提高交易效率，我国交易主体民风不纯、道德缺失、不讲诚信的现象时有发生。为了市场经济的稳步发展，要求政府构建诚信制度，不动产登记的实质审查是构建诚信的内容之一。[①] 但该标准在实践操作中存在一定的困难。首先，行政机关作出具体行政行为的首要前提便是于法有据，而关于如何进行实质审查及实质审查的程度，至今无明确的法律规定。其次，实质审查将极大降低房屋登记机关的工作效率，不利于房地产交易市场的高效运作。此外，也有学者从房屋登记机关有无进行实质审查的职权依据角度提出了质疑，认为其无权对物权变动

---

① 参见王达：《对不动产登记的行政法思考——对物权法中不动产登记问题的理解》，载《行政执法与行政审判》2007 年第 1 集，人民法院出版社 2007 年版，第 47 页。

的基础法律关系进行实质要件审查[①]。

在形式审查标准与实质审查标准之外，还有一种观点主张房屋登记机关在作出相关行政确认时，可采用形式主义的审查标准，而在司法审查的过程中，则应采用物权主义的审查标准，即进行登记权利与真实权利是否一致的实质审查。[②]

2. 确立合理注意义务下的形式审查标准。要确定此类国家赔偿案件中对房屋登记机关行为违法的审查标准，应首先明确以下前提：第一，司法审查的对象是房屋登记行为而非结果。登记结果错误并非一定由房屋登记机关违法行使职权造成，同时，登记行为违法也不必然导致结果错误，以结果正确与否论行为的合法性，未免超出了司法对具体行政行为进行合法性审查的职责范围，这一观点与《最高人民法院关于审理房屋登记行政案件若干问题的解释》（征求意见稿）的相关精神也是契合的[③]。虽然《物权法》第二十一条的规定似乎确立了以登记结果错误作为赔偿依据的标准，但该条的"登记错误"应当是指房屋登记机构办理登记过程中所犯的错误[④]。同时，审判实践中，适用本条要考虑到本条规定过于原则的特点，在不动产登记法、新的法律法规及司法解释出台之前，在不动产登记机构管理体制没有作出调整之前，人民法院在审理涉及不动产登记机构赔偿案件时仍应适用现有的法律法规、司法解释以及参照部门规章，正确认定登记机构赔偿责任。[⑤] 第二，司法审查的标准不宜高于行政机关的审查标准。国家赔偿案件中，司法机关往往掌握着房屋登记机关在作出登记行为时无法掌握的其他法律事实，司法审查标准高于行政审查标准，便是于法律规定的职责外加重了房屋登记机关的风险

---

① 参见刘承娜：《房屋权属登记民事行政交叉案件审理困境与出路——现有法律框架下的路径选择》，载《审判权运行与行政法适用问题研究——全国法院第 22 届学术讨论会论文集》，人民法院出版社 2011 年版，第 1067 页。

② 参见赵锋：《房屋转移登记案件的审查标准研究——以不动产善意取得制度为视角》，载《行政执法与行政审判》2012 年第 2 集，中国法制出版社 2012 年版，第 28 ~ 31 页。

③ 《最高人民法院关于审理房屋登记行政案件若干问题的解释》（征求意见稿）第七条：……房屋登记机构因其职责、能力、条件所限，没有查验出登记材料违法、虚假、无效而予以登记的，不认定房屋登记行为违法，但对登记结果错误应当予以认定。

④ 赵大光、杨临萍、王振宇：《〈最高人民法院关于审理房屋登记案件若干问题的规定〉解读》，载《法律适用》2011 年第 1 期。

⑤ 最高人民法院物权法研究小组编著：《〈中华人民共和国物权法〉条文理解与适用》，人民法院出版社 2007 年版，第 109 页。

防控责任，也易对具体行政行为的公定力产生不良影响。

因此，笔者认为，司法审查标准仍应坚持形式合法性审查的标准，同时兼以合理性考量，以形式要件范围内房屋登记机关有无尽到合理注意义务为审查重点。审查对象主要包括：程序上，手续是否完备、材料是否齐全；内容上，身份证明及权属证明、印章、合同等是否真实可信；同时，对事实不清或是存有疑点的申请事项，有无依法履行询问及实地调查核实等职责。例如，【案例二】中，房屋登记机关未对材料手续是否完备进行审查，其行为合法性是值得商榷的；【案例一】和【案例三】中，房屋登记机关未对材料的真实性及权属依据尽到合理范围内的审查义务；而【案例四】中，房屋登记机关未对涉案房屋是否存在法律规定不能转让的情形尽到核实职责，故均应认定为违法。反之，如果房屋登记机关对以上事项均能提供有效证据予以证明，即使登记结果错误，也不应判决其行为违法，可在判决主文中对其结果错误予以认定，但对当事人要求确认登记机关行为违法的诉讼请求，不予支持。

（三）原因竞合时房屋登记机关国家赔偿责任的依据

第一，体现了对公民、法人和其他组织重大经济权益的保护，有助于监督和促进国家机关及其工作人员依法行使职权。第二，实现了对相对人信赖利益的保护。“当物权之上覆盖了公权力，善意第三人对登记就产生信赖利益”①，相对人基于该信赖利益而遭受损失，理应获得相关救济渠道。第三，弥补善意第三人制度下相关权益人的损失。《物权法》实施后，《房屋登记办法》取代原《城市房屋权属登记管理办法》，在第八十一条中增加关于善意取得的规定，《最高人民法院关于审理房屋登记案件若干问题的规定》第十一条第三款也规定了善意取得的内容。为维护交易秩序的稳定，保护善意第三人的权益，原应撤销的房屋登记行为仅被确认违法，原房产权利人丧失对房屋的相关权利，通过国家赔偿的形式，可在一定程度上对其损失予以弥补。第四，具有明确的法律依据。《物权法》《房屋登记办法》等对此均有规定。

① 杨临萍：《行政审判中的物权观念》，载《人民司法》2007 年第 3 期。

二、原因竞合时房屋登记机关的责任种类

(一) 关于责任种类的认定分歧

1. 补充赔偿责任。补充赔偿责任是指当损害结果发生时，房屋登记机关只有在当事人穷尽其他所有救济手段后，才对未获赔部分承担国家赔偿责任，这也意味着在程序选择上，当事人只能先选择民事诉讼程序，在民事判决执行后，其所受损失仍无法得到全部赔偿的情况下，再启动国家赔偿程序。实践中，一些法官就坚持这样的审理思路，如【案例一】审理过程中，江西省高级人民法院就在判决主文中认定："鉴于天龙公司法定代表人颜桂龙已无偿还贷款的能力，南昌市房管局应对因违法办理抵押登记造成原告抵押权不能实现的部分依法承担补充责任。"

域外模式：美国的国家赔偿责任中也有这一理论的应用。例如，在公共场所发生打架斗殴事件，警察在场不加以制止，警察局对其造成的伤害或损失应负赔偿责任，但这种赔偿责任是以受害人无法向加害人求偿（如加害人逃跑或无力支付）为前提。[①]

评析：补充赔偿责任模式明确以民事侵权行为人为直接责任人，在民事侵权人有赔偿能力的情况下，有助于受害人及时得到补偿，同时对民事侵权人的行为予以最大限度的责任追究，但在无法找到民事侵权人或是其无赔偿能力的情况下，却又不当加大了房屋登记机关的赔偿责任，有违过责相当的原则。同时，程序选择上的限制也对当事人及时提起行政赔偿诉讼造成了一定困扰。审判实务中，最高人民法院也在【案例一】的审理过程中对该思路予以了否定。

2. 不真正连带责任。民事侵权理论中的不真正连带责任是指多数行为人对一个受害人实施加害行为，或者基于不同行为人的不同行为而致使受害人的权利受到损害，各个行为人对产生的同一内容的侵权责任，各负全部赔偿责任，并因行为人之一的履行而使全体责任人的责任归于消灭的侵权责任形态。[②] 该理论应用到房屋登记机关的国家赔偿责任中时，应理解为当事人可自主选择民事赔偿程序和行政赔偿程序，如房屋登记机关承担了全部赔偿责

---

① 廖海：《中外国家赔偿制度之比较》，载《法学评论》1996 年第 1 期。

② 杨立新：《侵权法论》，人民法院出版社 2004 年版，第 564 页。

任，则其可向民事侵权行为人进行追偿。《物权法》第二十一条第二款规定：“因登记错误，给他人造成损害的，登记机构应当承担赔偿责任。登记机构赔偿后，可以向造成登记错误的人追偿。”该规定即采用了不真正连带责任的思路。

评析：不真正连带责任的优点在于减轻了受害人的诉累，使其无须分别行使请求权。但因我国行政赔偿与民事赔偿在诉讼范畴及程序上均有很大区别，不真正连带责任应用到实践中仍存在一定的问题：第一，法律规定了行政机关具有对民事侵权行为人的追偿权，却未明确侵权行为人承担全部赔偿责任后是否具有对行政机关的追偿权，如侵权行为人提起相关诉讼，法院如何处理；第二，在民事侵权赔偿范围大于行政赔偿范围的前提下，受害人一般只会在民事赔偿无法实现的情况下才会优先考虑行政赔偿，则房屋登记机关在赔偿后实现追偿目的的可能性极小，即使能够追偿，多次履行司法救济途径一定程度上也浪费了行政及司法资源；第三，关于追偿的程序及数额，相关法律无明确规定，这为追偿的实行带来一系列问题，如《国家赔偿法》规定赔偿义务机关可以与赔偿请求人就赔偿方式、赔偿项目和赔偿数额依照该法第四章的规定进行协商，则在房屋登记机关按协商数额进行赔偿后，如果赔偿数额小于全部应赔损失，赔偿请求人还能否向民事侵权行为人追偿。

3. 按份责任。行政机关与侵权行为人各自承担与其行为在损害结果发生过程和结果中所起的作用相应的赔偿责任。此类模式下，当事人可以自主选择民事赔偿或者行政赔偿，甚至同时或者先后选择民事赔偿和行政赔偿。[①]审判实务中，最高人民法院的相关司法解释及裁判文书均较为支持这一责任模式。2011 年 11 月 18 日起施行的《最高人民法院关于审理房屋登记案件若干问题的规定》第十二条关于“申请人提供虚假材料办理房屋登记，给原告造成损害，房屋登记机构未尽合理审慎职责的，应当根据其过错程序及其在损害发生中所起作用承担相应的赔偿责任”的规定，便体现了这一责任模式。同时，最高人民法院在【案例一】的审理过程中，也于判决主文中明确“南昌市房管局对其违法办理抵押登记而酿成信托公司财产损失的后果，在天龙

---

① 参见王雪梅：《民事行为与违法行政原因竞合之侵权的国家责任分担及路径——以〈侵权责任法〉及〈国家赔偿法〉的适用为视角》，载《行政执法与行政审判》2012 年第 1 集，中国法制出版社 2012 年版，第 35 页。

公司无法偿还贷款的情况下，应当承担相应的过失赔偿责任”。

域外模式：法国在行政法官存在行政过错的情况下，实行的原则是“损害全面赔偿”，但如损失的全部或者部分是由公共主体之外的第三者造成，或者在偶然情况中，损失的原因无法确定，则可限制或减轻公共主体因为过错而需给予的赔偿数额。[①] 这也是按份责任模式应用的体现。

评析：按份责任最大的优点便是充分体现了“过责相当，违法必究”的原则，但因行政赔偿及民事赔偿在诸多方面存在不同，实践操作中对法院提出了更高的要求，故有观点认为，“这一制度将登记机关应承担的赔偿数额完全交由法院酌情确定，缺乏较为详尽的法律依据，而且法院的自由裁量权过大，势必会增加社会对法院裁判的压力，在目前司法公信力权威性不高的情况下，法院难以胜任如此众望”[②]。同时，在当事人同时提出民事赔偿和行政赔偿的情况下，应以何种判决作为确认责任承担比例的最终依据，也有待进一步明确。

（二）原因竞合时房屋登记机构的责任模式建构

根据前文分析，在合理认定原因竞合情形下房屋登记机构的国家赔偿责任种类，建构处理程序时，应考虑到以下因素。

一是有效保障受害人的程序权利。避免当事人在程序选择上顾此失彼，最大限度地保证其受损权益得到及时有效救济。

二是切实保护受害人的实体权益。充分考虑民事诉讼及行政诉讼在责任方式、归责原则、赔偿范围、证据规则等方面的不同，为受害人寻求受损权益弥补程度的最大化。

三是真正体现国家赔偿功能定位。《国家赔偿法》第一条即明确，该法的制定实施系“为保障公民、法人和其他组织享有依法取得国家赔偿的权利，促进国家机关依法行使职权”，故房屋登记机关应对其违法行为造成的后果承担责任。

四是理顺国家赔偿与其他侵权人赔偿的关系。国家赔偿的优势在于有国

---

① 参见最高人民法院行政审判庭编：《中法行政审判高级研修班会议手册》（2011 年 6 月 22 ~ 23 日），第 20 页。

② 参见王达：《对不动产登记的行政法思考——对物权法中不动产登记问题的理解》，载《行政执法与行政审判》2007 年第 1 集，人民法院出版社 2007 年版，第 50 页。

家财政为依托，由房屋登记机关作为赔偿责任主体有助于受害人损失得到必然救济，但在原因竞合的情况下，第三人侵权所造成的损害后果部分不宜由国家全部埋单。

五是明确赔偿范围。竞合情形下各方责任的种类，仅针对受害人直接损失部分，至于其他间接损失，受害人应通过民事救济途径向房屋登记机关以外的第三人主张。

基于以上考虑，笔者提出如下责任种类建构模式：房屋登记机关在按份责任原则下承担有限度的补充责任。受害人提出赔偿请求后，法院应明确各侵权人所应承担的责任比例，房屋登记机关按份承担责任。仅在判决时其他侵权人死亡、宣告失踪、破产且确无财产可供执行的情况下，由房屋登记机关承担一定比例的补充责任，并保留追偿权利。

为保证该模式能顺利施行，笔者设计此类情形中国家赔偿案件的处理程序如下：如当事人首先以其他侵权人为被告提出民事损害赔偿，由民事判决确认其他侵权人应承担责任份额，国家赔偿诉讼审理过程中，法院如认为房屋登记机关应承担责任，则责任份额一般依据民事判决确认，受害人认为民事判决关于责任确定比例确有错误而申请再审时，中止国家赔偿案件审理。如当事人直接向法院提起国家赔偿诉讼，则法院应主动追加其他侵权人为第三人参加诉讼，并在判决中明确各方应承担的责任比例；如不存在其他侵权人，如【案例二】，损害结果系房屋登记机关与原告自身行为竞合造成，则同样应在判决中明确各方承担的责任份额。

三、原因竞合时房屋登记机关的责任范围

（一）损害结果的表现形式

根据《城市房屋权属登记管理办法》第三条规定，房屋权属主要包括房屋所有权以及由上述权利产生的抵押权、典权等房屋他项权利，笔者将上述权利受损的表现形式归纳为以下三种。

1. 房屋所有权丧失。房屋所有权丧失既可能因第三人善意取得，房屋登记行为不能被撤销造成，也可能因申请时申报不实、登记违反相关法律强制性规定等，由房屋登记机关注销原所有权登记所致，【案例四】中所述情形便是如此。

2. 办理登记时依法缴纳的税款、交易手续费、测绘费、工本费等。如【案例四】中孙宁平缴纳的办理房屋所有权证所需的契税 4524 元。

3. 因他项权证不能实现导致的其他损失。受害人的其他财产损害主要是指债权人因登记机关的登记错误导致债权无法实现或者无法全部实现。[①] 如【案例一】中，法院最终认为信托公司作为金融机构，需要支付储户的存款利息，故对信托公司提出贷款利息损失属于直接损失应予赔偿的主张予以支持。

（二）直接损失的认定方法

损害结果并不必然纳入国家赔偿的责任范围，二者相互联系却并不等同，虽然随着国家赔偿理论的不断发展，国家赔偿范围可能会逐渐扩大，但在如今的实践中，对国家赔偿范围还是应作合理限制。笔者粗浅地归纳以下方法，以期通过综合运用最终确认房屋登记机关的责任范围。

1. 因果关系考量法。因果关系实质上是一种引起与被引起的关系，在考虑房屋登记机关违法行为与损害后果间是否存在因果关系时，第一，应考虑时间上的先后关系。受害人因登记行为付出的成本、因违法登记造成的损失与受害人为取得登记在其他法律关系中付出的价款等系两个概念，前者与登记行为具有因—果顺序，而后者则为果—因顺序，如【案例四】中，法院最终认定孙宁平与张澄清签订房屋转让协议时，就负有按照合同约定履行支付房屋价款的义务，这种义务不受房屋主管机关颁发房屋所有权证行为的影响，且事实上孙宁平在颁证行为前就已向张澄清履行了支付房款的全部义务，故孙宁平的房屋价款损失与违法颁证行为之间没有因果关系。第二，应考虑因果关系的直接性和必然性。受害人为权利救济而付出的律师费、交通费、因误工导致的损失等，虽与违法登记行为之间存在因果关系，但并非直接结果，在现有国家赔偿框架下，确定为直接损失缺乏法律依据。在【案例四】中，孙宁平曾就房屋装修款等损失主张国家赔偿，法院最终以孙宁平未提供相应证据予以证明为由，对该项诉讼请求不予支持。那么，如果类似案件中，国家赔偿请求权人提供了相关证据，房屋登记机关应否予以赔偿呢？笔者认为该项损失与违法登记行为之间不存在必然联系，故也不属于赔偿范围。

---

① 参见程啸：《不动产登记法研究》，法律出版社 2011 年版，第 606 页。

2. 排除法。主要是指排除仅房屋权益形态改变的情形。例如，丈夫单方将双方共有的房屋转让给善意第三人后，妻子对房屋的使用、处分等权益被剥夺，但因房屋转让所得款项仍为夫妻共有财产，且房屋以合理价格转让，故实践中一般认定妻子的合法权益未受实质损害。

四、结语

房屋登记案件中原因竞合后的赔偿问题之所以复杂，是由于国家赔偿制度仍处于不断健全的过程中，且国家赔偿与民事赔偿在功能定位及程序上均存在差异。笔者以实证分析为基础，根据现有法律规定，总结评析各类学术观点，综合利弊，就此类情况下房屋登记机关的责任认定标准、责任种类及责任范围提出了一些可行的思路，以期对实践工作能有所启发。

（作者单位：浙江省绍兴市中级人民法院）

行政诉讼庭审现状剖析及优化路径

——以C市两级法院行政诉讼庭审运行现状为样本

李燕　　范聪

【摘要】行政审判是人民法院运用司法审判权对行政机关作出的行政行为是否合法、是否适当进行审查，以此解决行政争议的重要司法活动。而庭审又是行政审判公正、高效的核心，通过庭审对证据去伪存真，查明案件事实，并最终实质性化解行政争议。因此，庭审是行政诉讼活动的中心环节，也是行政审判法官形成内心确信的必经阶段。设置科学的行政诉讼庭审系列规则，提高庭审的质量和效率，充分发挥法庭审判在事实和证据认定中的决定性作用，在行政诉讼程序中显得尤为重要。近几年，最高人民法院围绕“优化行政诉讼庭审程序”在部分地区法院进行了庭审改革的试点工作，为我国行政诉讼庭审程序的改革提供了现实基础。笔者从我国行政诉讼庭审面临的困境出发，通过审视我国西部地区C市两级法院近三年来行政诉讼庭审程序运行的相关数据，归纳出我国目前行政诉讼庭审程序运行的基本情况及存在的弊端，并分析原因。在实践调查的基础上，借鉴域外行政诉讼庭审程序相关制度的优秀经验，提出具有中国特色且符合司法实践要求的行政诉讼庭审程序改革思路。

【关键词】行政诉讼　庭审　改革

一、行政诉讼庭审程序的界定及立法情况

庭审程序是指人民法院受理案件后开庭审理案件的程序和规定。庭审程序与诉讼程序并不是同一概念，但两者之间又存在密切的联系。一般而言，诉讼程序是对整个诉讼活动的概括，包含了庭审程序。我国民事诉讼法中明确规定了民事诉讼开庭审理程序的有关问题，其内容包括庭审的形式、开庭的通知、庭审的步骤、当事人在庭审中的权利义务、庭审笔录的制作以及宣

判等方面。行政诉讼是在民事诉讼的基础上建立起来的，从新《行政诉讼法》及相关司法解释规定的内容来看，它们并没有对行政诉讼庭审程序作出具体规定。立法上的缺失导致在司法实践中行政诉讼庭审程序几乎是将民事诉讼的庭审程序照搬过来。而民事、刑事、行政三大审判的庭审改革（过去通常称为审判方式改革）虽已开展多年，但最高人民法院关于行政诉讼庭审改革、庭审程序的规则却没有正式颁布。[①]

二、行政诉讼庭审程序司法实践

（一）样本的选取与调查方式

笔者选取的考查样本为我国西部C市两级法院近三年的行政诉讼庭审情况，原因主要有以下几个方面：首先，C市作为省会城市，也是西部最大、经济最发达的城市，其经济总量在全国也位居前列，常住人口1500万左右，行政审判工作在城市的发展建设中发挥着日益重要的作用。其次，C市20个辖区的经济发展并不平衡，有的位于全国前列，有的发展一般，也有较为落后的。样本辖区经济发展的多样性能够最大限度地接近我国各地不平衡的真实经济发展情况，也就能够尽可能真实地反映我国行政诉讼庭审现状。最后，通过提取3年的行政审判数据作为我国行政诉讼庭审程序运行片段，能够较为全面客观地反映新《行政诉讼法》颁布后庭审的状况。[②]

样本选取后主要从以下几个方面展开调查：

首先，以间隔一定数字抽样的方式查阅C市辖区内部分基层法院2015年至2017年上半年审理的部分行政诉讼案件的书面卷宗及电子案卷。笔者主要查阅了G区法院及S区法院的行政诉讼案件卷宗。因为C市几乎所有的市级行政机关住所地均在G区。根据新《行政诉讼法》第十八条关于行政诉讼地域管辖的规定，[③] G区法院每年的行政案件数量都占C市总量的三分之二。而

---

① 主要原因可能是行政审判相对于民事审判和刑事审判而言是比较新的制度，实践还不够充分，如果过早地制定行政诉讼庭审相关制度，可能会跟不上发展的需要。不成熟的规定反而会影响行政审判方式改革的进一步深化。

② 本文分析主要针对一审行政诉讼庭审程序，但同样适用于二审，本文所述原告之情形多适用于上诉人和再审申请人，文中不再赘述。

③ 《行政诉讼法》第十八条第一款规定：“行政案件由最初作出行政行为的行政机关所在地人民法院管辖。经复议的案件，也可以由复议机关所在地人民法院管辖。”

S区则处于城乡接合部，涉及土地类行政案件偏多。由于上述法院近3年间的行政诉讼案件数量较大，因此在查阅卷宗时采用了按间隔一定的数字比例对案件卷宗进行抽样查阅。

其次，查看司法统计报表。据此获得行政诉讼案件的审理时限（从受案到结案的时间点来计算审理时限）、上诉率、撤诉率、当庭宣判率等信息，从而归纳出目前行政诉讼庭审程序的运行对行政审判的影响。

最后，旁听不同法院对同类型及不同类型行政诉讼案件审理，对法官及当事人进行访谈并做问卷调查。具体操作包括选取C市经济发达辖区的G区法院、城乡接合部辖区的S区法院、离市区较远的经济欠发达辖区的P区法院以及C市中级人民法院受理的共计10件行政诉讼案件进行旁听；向C市21个基层法院及C市中级人民法院行政审判庭发送共计21份调查问卷（每份问卷涉及24个问题），并对部分行政审判人员进行访谈形成10份访谈记录；向部分行政诉讼当事人发放调查问卷共计87份，其中行政相对人48份，行政机关39份。

（二）样本的表征：行政诉讼庭审程序运行状况

1. 庭审程序规范化水平不高，庭审质量、效率较低

表1　行政诉讼庭审程序规范调查表

庭审程序规范情况	法院数量
庭审围绕行政行为合法性进行审查	12
先进行程序问题审理，再就实体问题进行审理	7
设置庭前准备程序	2 （只有案情复杂时采取该措施）
庭审采取“三段式”审理方式	21

表2　行政庭审效率调查表

案件平均开庭次数	2.1次
庭审平均耗时	3.06小时
案件当庭宣判率	16.8%

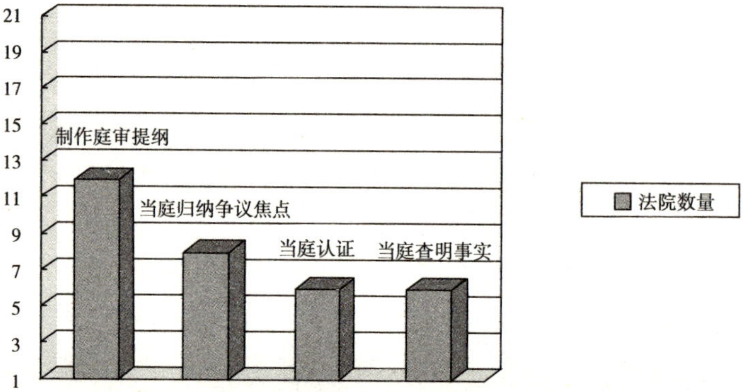

图 1　行政诉讼庭审质量调查情况图

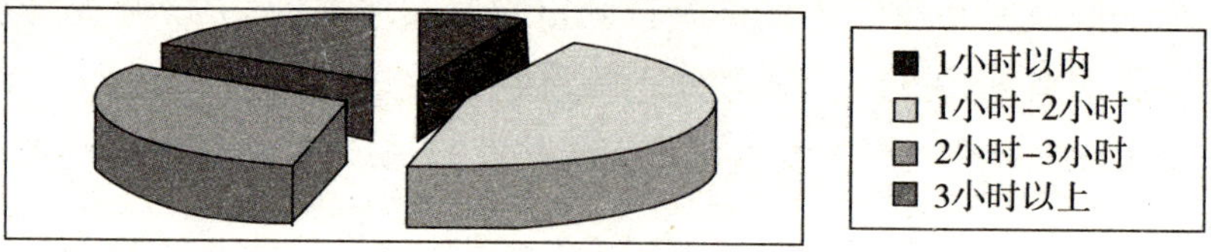

图 2　庭审耗时调查结果图

从上文数据和表 1、表 2 及图 1 可看出，C 市范围内两级法院行政诉讼庭审程序规范化水平并不高，庭审质量和庭审效率均不理想。大多数法院在庭审中能做到围绕行政行为的合法性进行审理，但对于庭前准备程序（即庭前证据交换等）几乎都没有做到。法官在庭前都会制作庭审提纲，但由于大多数法官在开庭前并未熟悉案件当事人的诉讼请求及归纳争议焦点，导致无法做到当庭归纳争议焦点及当庭认证。另外庭审中合议庭对案件的程序、实体问题审查的先后顺序安排上存在不统一的做法，有的法院甚至直接忽略程序问题的审查。由此导致很大一部分行政诉讼案件在庭审程序已完成后法官才意识到案件在程序上不符合行政诉讼法的相关规定，从而让已完成的庭审程序失去价值和意义。这也直接影响了行政审判的效率和质量。

从表 2、图 2 中可以发现，几乎所有法院的行政诉讼庭审用时都较长，并且都存在不规范操作现象。而庭审用时长、开庭次数多、当庭宣判率低直接影响到行政诉讼的效率与质量。从调查的样本看，C 市两级法院的庭审程序分为开庭前的准备和开庭审理。通过旁听一部分案件的庭审，庭审程序也基本按照庭审预备、宣布开庭、法庭调查、法庭辩论及最后陈述这几个流程进行，但平均每次开庭审理时间都在 2 个小时以上，而在原告人数较多的案件中，仅核实原告身份就用了近 1 个小时。庭审程序冗长、耗时长、当庭宣判极少、开庭次数多的现象在样本地区法院普遍存在。

2. 当事人对抗性差，庭审功能失效

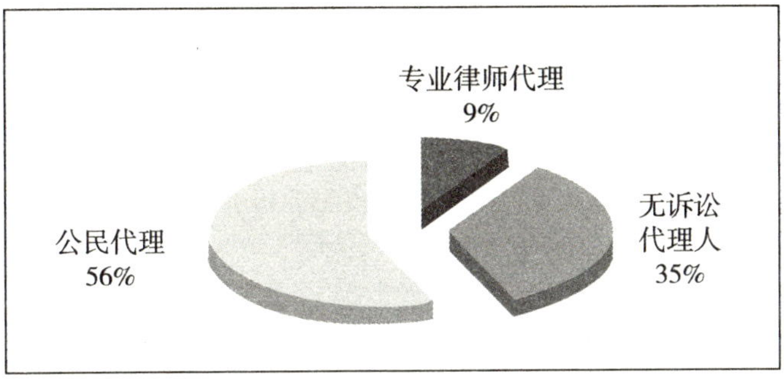

图 3 原告代理人构成情况图

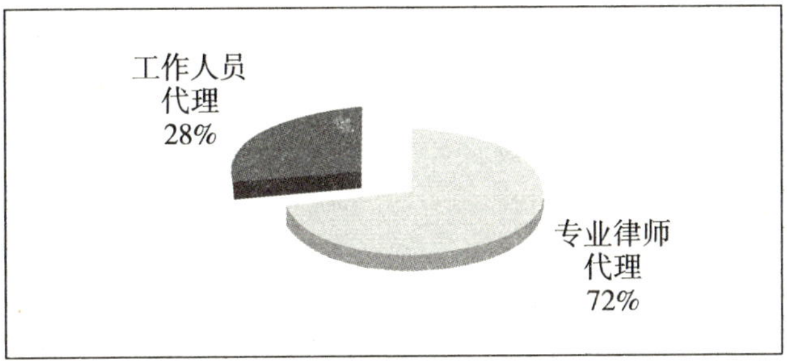

图 4 被告代理人构成情况图

通过图 3、图 4 的调查数据可以得知，行政诉讼案件中诉讼主体的诉讼能力差距悬殊。原告无诉讼代理人的情况在相当程度上存在，即便有诉讼代理人，也大多为非专业律师。而与之形成鲜明对比的是被告大多都有专业律师代理。由于诉讼能力不同，原告往往会因为缺乏专业的法律知识，在庭审过程中不能合理、有效地主张自己的诉求，对被告方出示的证据也不能从法律的角度发表质辩意见，甚至偏离案件争议焦点，从而不能充分全面地保障自己的权利，并进而导致对庭审结果不满意，法官基于涉稳考虑也不敢当庭宣判。

3. 庭审模式单一，“两高一低”现象普遍存在

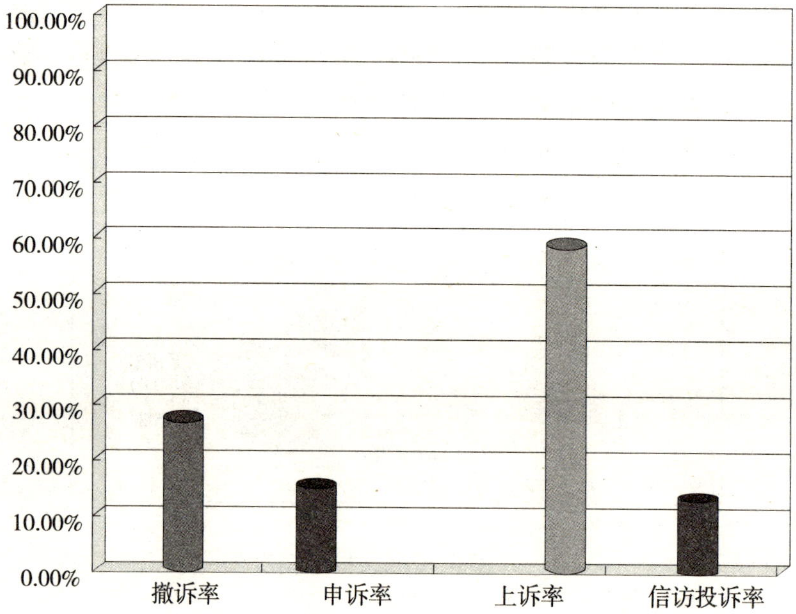

图5　全市法院行政审判撤诉情况与审判效果比较图

通过查阅卷宗、旁听庭审及分析调查问卷，笔者发现样本区的所有法院在审理行政诉讼案件时均采用撤销之诉的模式来审理。而对于行政诉讼类型化及庭审类型化的问题，在与部分法官的交谈中得知，他们都希望能够有以行政诉讼的类型制定相应庭审流程的具体的行政诉讼庭审程序规则。同时，图五显示的数据说明，行政诉讼庭审程序的不良运行状态直接导致行政诉讼案件撤诉率低、判决数量及上诉案件数量高，庭审功能失效导致当事人对法院裁判结果认同感低，法院裁判的社会效果不佳。随之而来的申诉率、信访投诉率也会走高。行政争议也并未通过诉讼得到有效的实质性化解，反而造成当事人将矛头指向法院，引起缠诉缠访的现象。

（三）反思：制约行政诉讼庭审程序运行的原因

1. 相关立法缺失，制约行政诉讼的职能实现①

由于我国现行立法中对行政诉讼庭审程序并没有进行规定，导致我国行

① 陈勤吉：《试论我国行政审判存在的问题及完善》，山东大学硕士学位论文。

政诉讼庭审程序“先天不足”。虽然一些较发达地区已经相继出台了行政诉讼庭审规则，但这些规则制定时未经司法实践验证，在具体规定上也不具有普遍适用性，比如庭审采取何种模式进行、证据的认证质证如何安排等，导致庭审的功能定位不准确，影响了行政诉讼实质性化解行政争议的目的实现。

2. 行政诉讼庭审结构不科学，偏离行政诉讼的价值目标

我国目前的行政诉讼庭审结构与民事诉讼庭审结构几乎是一致的，并没有关注到行政诉讼区别于其他两大诉讼的独有特点。对于所有的行政诉讼，均采用先法庭调查后法庭辩论的方式就行政行为合法性进行审查。庭审并未围绕当事人的诉讼请求、案件的争议焦点进行。各法院在审理行政诉讼案件时，出于地域不同、审判人员司法能力有别等原因，对性质类似的行政诉讼案件的审理方式及裁判结果也不尽相同，行政诉讼庭审结构的不科学导致庭审职能虚化，以致很多原告在打过几场官司甚至打赢官司后，其实质性问题仍未得到解决。这就偏离了行政诉讼维护公民、法人和其他组织的合法权益的价值目标。

3. 当事人诉讼能力悬殊，行政诉讼庭审重心失衡

行政审判实践表明，在行政诉讼中行政相对人大多文化素养不高，且有的无诉讼代理人，或多为公民代理。而与此同时，行政机关的代理人一般为律师，且大多数行政机关有自己的法务部门，拥有具有专业法律知识的工作人员。代理人的差别导致双方的诉讼能力悬殊。集中表现在行政诉讼庭审程序中当事人的诉讼能力呈一边倒的态势，甚至形成法官和行政机关一起纠问原告的局面。在庭审中处于劣势的行政相对人面对强大的行政机关，无法充分、有效、合理地表达诉求及举证、质证，行政诉讼庭审重心严重失衡。行政相对人若想在行政争议中得到公正的说法，维护自身权益，其难度可想而知。

4. 法官庭审驾驭能力欠缺，行政诉讼庭审形式化

法官的办案水平直接关系到法律的实现和人民对法律的信赖程度。在司法实践中，把控庭审，归纳争议焦点，组织各方当事人进行质证、辩证，分配证明责任等，都要求法官拥有系统全面的知识储备（包括程序法和实体法），并具备良好的法律职业素养及丰富的审判实践经验。而行政诉讼案件相对于民事诉讼案件，其涉及的法律、法规、规章较多，需要对行政审判领域相关知识进行系统的学习才能掌握。而业务能力不够，将导致行政审判法官

在庭审中对争议焦点的整理意识不够，对案件事实无法进行清晰的梳理及归纳。法官庭审驾驭能力不高，将无法充分发挥其在庭审中的主导作用，大大降低了庭审功能的发挥，直接影响了行政审判的公正与效率。

通过上述样本调查的数据，能够发现我国行政诉讼庭审程序正处于一种不正常的运行状态，要对行政诉讼庭审程序进行改革就需要结合我国国情实际，对改革需要遵循的原则以及庭审程序的具体构建进行研析，这样才能确保重构的行政诉讼庭审程序具有可操作性和普遍适用性。

三、改革方向：推进以庭审为中心的行政优化庭审改革

行政诉讼庭审程序的改革是实践性、可操作性很强的问题。上述对样本地区行政诉讼庭审程序运行状况的调查，反映出我国行政诉讼庭审程序在实践中的困境及原因。笔者将立足于我国现实，结合司法实践的要求，对重构符合我国国情及法律体制的行政诉讼庭审程序提出若干设想和建议。

（一）行政诉讼庭审程序改革应遵循的原则

1. 依法改革原则

在目前行政诉讼庭审功能发挥不全、行政争议化解效果不佳的现实困境下，行政诉讼庭审程序改革及优化步骤都应当在法律法规的框架下进行。程序的合法是司法公正的外部保障，是形式公正的体现。在行政诉讼庭审程序的优化中，如果舍弃了程序合法性的原则，盲目追求效率而致使程序违法，其结果不是司法的进步，而只能是枉法裁判。[①] 遵循依法改革的原则是因为行政诉讼庭审程序改革涉及全国所有法院，需要具有普遍性及合法性。如果脱离法律法规的框架，违背法制原则和精神，则势必会导致改革与法律法规相冲突，让审判工作陷入混乱状态。因此，在行政诉讼庭审程序改革的过程中，应当在现行法律法规的框架下，从庭审程序的具体操作流程及方式方法上进行大胆的改进和创新。

2. 保障当事人诉讼权利原则

行政诉讼“最终归结于行政诉讼的终极目的——基本人权的保障”。[②] 新

---

① 吴亦贝：《优化行政诉讼庭审程序的实践与探索》，载《法制与社会》2013 年第 6 期。

② 胡肖华、谢忠华：《论行政诉讼目的的多维性》，载《湖湘论坛》2010 年第 5 期。

《行政诉讼法》对行政诉讼中法权结构和证据制度的改造，偏重于保护行政相对方的合法权益，加强了对行政相对人的人权保障。但由于行政机关与行政相对人在行政诉讼期间存在主体不平等的特点，导致行政诉讼案件中行政相对人往往处于弱势地位。在行政诉讼庭审中，当事人诉讼能力悬殊及行政机关在庭审中的强势，使得保障当事人诉讼权利成为行政诉讼庭审程序改革不可忽视的一点。只有充分、全面地保障了当事人的诉讼权利，庭审才能实现其功能价值。因此行政诉讼庭审程序应当充分全面地保障当事人诉讼权利的行使，其改革过程也应始终贯彻保障当事人诉讼权利的原则。

3. 公正与效率原则

公正与效率是现代司法理念的核心，是行政诉讼追求的目标。所谓公正，是指在行政诉讼庭审程序中，法院始终保持中立的态度，法官在庭审中始终以公道正直的态度对待各方当事人，不偏不倚，公平、公正地分配各方的举证、质证权利义务。所谓效率，是指设置科学的庭审结构，优化庭审质量，通过提高庭审效率、合理配置司法资源，以高效的庭审让司法公正最大化。因此，高效率的庭审是实现审判公正的重要保障，公正的庭审是司法高效的前提。正所谓“迟来的正义非正义”，公正与效率相辅相成，是庭审程序改革必须坚守的原则，也是指引庭审改革方向的探路灯。

4. 符合我国司法实践原则

由于我国特殊的国情和宪政体制，以及目前行政诉讼庭审实践的窘困现状，我们在对行政诉讼庭审程序进行改革时必须结合我国特有的国情及司法环境，才能确保我国行政诉讼庭审程序的改革不是纸上谈兵。目前，我国公民的法律素养还偏低、法官能力参差不齐、律师水平也有待提高，整体环境距离法治国家的理想要求还有差距。因此，在对我国行政诉讼庭审程序进行改革时，必须充分考虑我国行政诉讼庭审程序产生的历史背景及目前的司法环境。要根据我国的实际国情，将我国的政治、经济、文化及法律体制等各方面的因素进行综合考虑，结合目前司法实践进行改革。

（二）行政诉讼庭审程序的重构

1. 建立繁简分流机制，保障庭审的高效性

建立行政诉讼繁简分流机制，分类处理行政案件。按照“简案快审、难案精审”的原则，在举证期满后、开庭前对案件实行繁简分流，找准争议焦

点，快速化解行政争议。

一方面，简案快审。对于采取简易程序审理的行政诉讼案件可提前排期开庭，庭审时当事人无争议事实及证据的可当庭进行认定，法官在庭审中积极引导当事人围绕争议焦点及有异议的证据材料进行质证、辩论。对于通过庭审能够查明案件事实的，可当庭对证据、事实进行认定，并当庭宣判，从而提高庭审质量和效率，减少当事人诉累，节约司法成本，将行政诉讼化解行政争议的效果最大化。

另一方面，难案精审。对于案情复杂、争议较大或涉众案件，通过固定争议焦点、先行证据交换、初审行政行为的方式充分做好准备工作，为提高庭审效率、有效化解行政争议创造条件。对于特别复杂的案件也可视情况采取预备庭审。[①] 预备庭审主要包括以下内容：(1) 明确诉讼请求和答辩意见。充分听取当事人的诉讼请求、答辩意见，并固定诉讼请求。(2) 组织证据交换。固定各方证据目录，确定无争议及争议的证据；对证据进行质证，听取各方当事人的质证意见。(3) 明确无争议事实及争议焦点。归纳案件无争议的事实和争议焦点，为合议庭在预审评议程序中认定证据打下基础。(4) 初步审查程序性事项及被诉行政行为。根据案件的具体情况，对当事人主体资格、被告职权依据、受案范围、起诉期限等程序性要点及被诉行政行为的实体合法性进行审查。(5) 进行预审评议。承办法官应就预备庭审的情况拟定预审决定，决定包括是否符合立案条件、是否需要追加或变更当事人、是否需要传唤证人到庭、证据的初步认证情况、正式庭审的审理对象和审查重点等。对上述内容应当进行口头或书面裁定或决定。[②] 预备庭审中当事人达成的合意及法官作出的决定对正式庭审具有相应效力，在预备庭审中确定的审理内容和争议焦点，不得随意变更。通过预备庭审，能将复杂案件在正式庭审前梳理清晰，便于开庭时高效、准确地审理案件，提高办案效率。

2. 设置类型化庭审结构，增强庭审的科学性

新《行政诉讼法》颁布实施以来，由于扩大了行政诉讼的受案范围，行

---

① 关于预备庭审，有的叫“庭前证据交换”，有的称“庭前预备会议”，有的名之为“庭前预备程序”。笔者主张称“预备庭审”。因为“庭前证据交换”只讲了庭前准备程序中的一个内容，有以偏概全之嫌；“庭前预备会议”不是规范的法律语言；“庭前预备程序”容易与开庭预备相混淆。

② 在相当一部分国家，对这些裁定或决定，当事人有权提起抗告，我国也应完善这方面的程序制度，要允许当事人提出合理的异议。

政诉讼案件的类型也呈现多样化，仅以单一的庭审结构来审理所有的行政案件已显得捉襟见肘。目前，我国行政诉讼包括撤销之诉、确认之诉、变更之诉、给付之诉、禁令之诉等。[①] 因此，在行政诉讼中应当根据案件的类型设置类型化的庭审结构，因为不同的诉讼类型所要完成的任务不同，庭审所需要解决的问题不同，当事人的举证、质证权利分配也不同。例如，审理撤销之诉就必须先明确被诉的行政行为；变更之诉审理的重点就应集中在行政处罚是否显失公正，或者行政合同是否符合变更的条件等；确认之诉的核心则是解决行政行为或合同是否合法或是否有效的问题；给付之诉的被告往往未实施任何行为，庭审必须先确定不作为是否存在，再确定被告是否应当有所作为或者即将实施某种行为，继而查清是否具备阻止的条件；在赔偿之诉中，庭审要解决的主要问题是是否造成损害、损害强度、损害与被告的行政行为是否有因果关系，以及赔偿的标准等。对于诉讼客体为被告已经作出的行政行为的，被告应当就其实体主张承担举证责任，并有义务先陈述、举证和发表辩论意见。[②]

3. 构建优化的庭审流程，推进庭审的实效性

行政诉讼庭审程序改革应着重优化庭审流程，充分发挥庭审功能，通过优化的庭审流程查明案件事实、辨明是非曲直，从而为化解争议提供有力的基础保障。

一是重新定位法官角色，确保庭审优质高效。法官在庭审中不仅仅是中立的裁判者，还应当是庭审的主导者。庭审中应充分发挥法官的诉讼引导、法律释明和辨法析理等作用，突出法官的主导地位。在法庭调查、辩论或调解等程序中，以审判长为核心，对当事人进行引导和阐明；及时对案件事实、争议焦点和证据进行归纳综述，对双方辩论意见进行提炼总结，并适时根据庭审情况调整和突出庭审重点；有效控制和驾驭庭审过程，对违反庭审纪律和法律规定的扰乱法庭秩序的行为，依法果断处理；根据庭审情况，科学组

---

① 从《最高人民法院关于审理政府信息公开行政案件若干问题的规定》第十一条第一款“被告公开政府信息涉及原告商业秘密、个人隐私且不存在公共利益等法定事由的，人民法院应当判决确认公开政府信息的行为违法，并可以责令被告采取相应的补救措施；造成损害的，根据原告请求依法判决被告承担赔偿责任。政府信息尚未公开的，应当判决行政机关不得公开”的规定中可以看出，该规定明确了禁令判决的类型。

② 江必新：《中国行政诉讼制度的完善：行政诉讼法修改问题实务研究》，法律出版社2005年版，第253页。

织庭审中的各个环节，确保庭审程序的优质、高效。

二是发挥法官诉讼引导职能，保障当事人诉讼权利。法官在庭审中应充分发挥其诉讼引导职能，保障当事人的诉讼权利。首先在开庭时固定当事人的诉讼请求及所诉的行政行为，针对案件性质的不同，适时引导当事人。在作为案件中，引导当事人对行政行为的事实证据及依据进行举证、质证并发表各自的意见；在不作为案件中，除被告依职权主动履行法定职责外，应当引导原告提供其向行政机关提出请求作为的证据；在审理行政赔偿案件时，应及时引导原告就是否存在损害事实、损害事实与已被确认违法的行政行为之间是否存在因果关系，以及提起行政赔偿的具体内容进行举证，并提供相应的依据。法官在庭审中充分发挥对诉讼当事人的引导职能不仅可以有效地把控庭审流程、避免当事人随意散漫地拖延诉讼进程，更能为当事人能够全面行使诉讼权利提供保障。

三是优化庭审流程，让庭审回归科学有效。首先，让庭审重心围绕当事人争议焦点及证据质辩展开，淡化庭审调查、法庭辩论的划分。合议庭应当组织各方当事人围绕证据是否能够相互印证、是否存在瑕疵、是否有证明效力及证明力大小、证明的事实是否与案件有关等多方面发表质证意见，而不仅仅是针对证据的“三性”发表意见。对于合议庭存疑的内容，应当作为重点调查、审理的对象。同时，合议庭应对与案件无关的证据材料予以当庭排除并说明理由，当事人对与案件无关的证据进行质证的，合议庭应当加以引导，避免当事人对无关证据进行重复质证，降低庭审效率，模糊争议焦点。其次，优化庭审辩论方式，实现争议明晰化、事实清楚化。根据查明的事实及各方当事人的举证质证情况归纳案件的辩论焦点，引导当事人围绕辩论焦点及被诉行政行为的合法性阐述各自的意见，对各方当事人无争议的事实不再进行辩论。在辩论过程中有效引导当事人，避免当事人发表攻击性语言或与争议焦点无关的言辞，对于重复已阐明的观点和理由，应及时提醒制止。

四是简化经预备庭审案件的庭审流程，重点审查争议焦点及争议证据。对于在预备庭审中已进行并记录在案的诉讼权利义务告知、询问流程不再重复进行。庭审可直接针对经过预备庭审后仍存在争议的事实及证据进行重点调查，对于无争议的事实、证据或虽有争议但经合议庭评议足以认定的事实、证据不再进行调查。庭审归纳新的争议焦点后，引导各方当事人主要围绕新的争议焦点进行质辩，当然也可包括对合议庭预备庭审的评议意见的看法。

五是规范庭审秩序，强化庭审的中立性。在以往的庭审程序中，庭审秩序的维护主要是通过法官的主动干预。这种做法常常使法官与一方当事人处于对立，损害了法官的中立性。因此，如何规范庭审秩序是庭审改革中强化庭审中立性的重要保障之一。笔者认为，可在庭审中设立当事人及其代理人抗议制度。所谓抗议制度，是指一方当事人或代理人违反庭审规则、证据规则或庭审秩序，另一方当事人可以依法提出抗议，主持庭审的法官居间对抗议进行裁断的制度。这样可以使一方当事人得以及时阻止对方当事人违反庭审规则、证据规则或庭审秩序的行为。法官处于居间裁决的地位，有利于维护法官的中立性，能有效避免法官与当事人及其代理人之间的正面冲突。当然，这种抗议制度应当包括抗议的时机和条件、抗议的方式、法官对抗议的裁决方式和形式以及裁决的法律效力，等等。

四、结语

行政审判的目的不仅是裁判而且是化解行政争议，而行政审判庭审活动是整个行政审判程序中的重要阶段，很大程度上决定着案件审理的质量、效率和效果。健全的庭审机制是妥善处理各类案件的重要保障，也是推动行政审判取得效果的关键环节。因此，除了建立配套的案件繁简分流、诉讼引导、类型化庭审结构、庭审程序规范等常规性制度以外，还应积极探索完善审级职能优化、裁判文书优化、陪审员参审改革等相关工作机制。

（作者单位：四川省成都市高新区人民法院）

论行政审判领域的类推适用

——以行政诉讼案件的平衡与控制解决思路为视角

曹荣刚

【摘要】行政法领域不可避免地存在法律漏洞，类推适用有其存在的正当性与合理性。类推适用是法官填补法律漏洞的一种重要方法和衡平手段，其主要作用是实质性化解行政争议及实现个案的实体公正。类推适用在行政审判中有其必要性和可行性，公正原则、平等原则与法官不得拒绝审判原则是行政审判领域类推适用的法理基础。行政审判领域的类推适用分为授权式类推适用和非授权式类推适用两种类型。行政审判领域类推适用的范围受法律保留原则的限制，在允许类推适用的范围内，类推适用应符合其特定的条件，并应从实体和程序上予以规范和制约，以防止类推适用的滥用、失范。

【关键词】行政法　行政审判　行政争议　法律漏洞　实体公正　类推适用　法律保留原则

目前，“法律必有漏洞”已成为世界各国法律界之共识。我国现行的行政审判体制运转效果并不乐观，在行政审判中经常出现“上诉率高、申诉率高、服判息诉率低、老百姓胜诉率低”的“老大难”问题，主要原因之一就是行政法律规范存在法律漏洞，行政审判经常无法实现行政争议处理结果的实体公正，行政相对人的权益难以得到维护与保障。为了实现行政审判的实体公正，发挥行政审判的定分止争职能，法官基于法律的立法精神、基本原则和公平正义的要求，有必要运用类推适用的方法来裁判案件。类推适用在行政审判中有其必要性和可行性，然而，由于立法缺失及法学理论的研究不够，法律理论界及实务界均对在行政审判中是否应当运用类推适用或如何运用类推适用存在模糊认识。因此，对行政审判领域类推适用的法律价值和制度设计进行深入研究就显得十分紧迫和重要。

本文从两起行政诉讼案件引发的思考入手，提出了类推适用的问题，创造性地概括了行政审判领域类推适用的基本理论，界定了行政审判领域的类推适用的概念，归纳了公正原则、平等原则与法官不得拒绝审判原则是行政审判领域类推适用的法理基础，总结提出行政审判领域的类推适用分为两种类型即授权式类推适用和非授权式类推适用。行政审判领域类推适用的范围受法律保留原则的限制，在法律允许类推适用范围内，类推适用应当符合特定条件才可适用，并应从实体和程序上予以规范和制约，以防止类推适用的滥用、失范。

一、问题的提出：两起行政诉讼案件引发的思考

【案例1】从“能动司法”到“类推适用”

2004年9月，李绍乾在砖厂工作期间突发疾病，经抢救无效死亡。因李绍乾生前未婚，已无父母且无子女，其胞妹李绍兰作为其唯一近亲属承担了其医疗及丧葬费用，李绍兰遂申请认定李绍乾属于工伤。L市劳动和社会保障局以工伤认定的申请主体错误为由不予受理。李绍兰不服，遂提起行政诉讼。

本案的争议焦点为：工伤职工已死亡且无直系亲属时其旁系近亲属能否申请工伤认定。对此，行政法并无明确的规定。二审法院经审理认为，《工伤保险条例》第十七条第二款规定，工伤职工或者其直系亲属可以依法申请工伤认定，并且对工伤职工死亡且无直系亲属的工伤申请作出规定，即工伤职工的其他亲属可以申请相关的工会组织提出工伤认定申请。然而，在工会组织未提出工伤认定申请的情况下，法律对于工伤职工死亡且无直系亲属时其旁系近亲属能否申请工伤认定未作规定，存在法律漏洞。李绍兰作为李绍乾唯一的近亲属且承担了李绍乾的医疗及丧葬费用，与依法可享受工伤保险待遇的直系亲属具有类似的法律地位，基于“同等情况同等处理”的法律原则，应当类推适用该款关于工伤职工直系亲属可以申请工伤认定的规定，认定李绍兰享有工伤认定申请资格。①

---

① 周公法：《职工死亡后其旁系近亲属可申请工伤认定——聊城中院判决李绍兰诉聊城市劳动和社会保障局工伤认定行政复议案》，载《人民法院报》（案例指导周刊）2005年10月18日C2版。

【案例2】“小官司”引出“大问题”

2004年6月，杨庆峰在从事汽车修理工作时左眼不慎被溅入铁屑，当时感觉左眼疼痛，滴入眼药水后疼痛缓解，未去医院检查。2006年10月，杨庆峰感觉左眼剧烈疼痛、视觉模糊，遂去医院治疗，经诊断左眼存在外伤性白内障、铁锈沉着综合征等疾病。医生诊断认为杨庆峰左眼所受伤害与涉案事故存在因果关系，从医学角度看此类事故伤害可以存在较长的潜伏期。2007年4月9日，杨庆峰向W市劳动和社会保障局提出工伤认定申请，该局以其提出的工伤认定申请超过规定的申请时效为由不予受理。杨庆峰不服，遂提起行政诉讼。

本案的争议焦点为：伤害结果发生之日与事故发生之日不一致，应当如何确定工伤认定申请时效的起算时间。对此，行政法并无明确的规定。二审法院经审理认为，事故伤害发生之日是指伤害结果实际发生之日，工伤认定申请时效的起算时间应当参照民事诉讼时效起算时间的规定。上述的“参照”应当视为类推适用，即法官在行政法未规定工伤认定申请时效起算时间的情况下，类推适用民事诉讼时效的起算时间以填补法律漏洞。但是，二审判决对这一跨法域的类推适用只是一笔带过，该判决既没有说明类推适用的法律理由，也没有论证类推适用的合法性。由此，上述判决引发了以下问题，即行政审判领域的类推适用究竟是一种法律规则还是一种法律理论？行政法出现法律漏洞时，能否类推适用民法规范或其他法律规范予以填补法律漏洞？类推适用应当符合什么条件才可适用？行政审判领域的类推适用应当如何予以规范、制约？等等。①

二、行政审判领域类推适用的基本理论

（一）行政审判领域类推适用的概念界定

行政审判领域的类推适用，是指在行政法规范对某项行政法律关系没有作出规定或相关规定存在歧义的情况下，为了实质性化解行政争议、实现个案的实体公正及保护行政相对人的合法权益，人民法院对相关行政法规范穷尽字面文义范围内的解释方法仍不能涵盖该项行政法律关系，为了填补应予

---

① 徐军、江厚良：《论行政法上的类推适用：以类推适用民法规范为中心》，载《全国法院系统第二十二届学术讨论会论文集》2011年版，第4~5页。

规定而未规定的法律漏洞，通过对法律条文含义的类推或援引适用最相类似法律规定的法律适用方法。

（二）行政审判领域类推适用的法理基础

1. 公正原则要求类推适用

公正原则是行政法的一项基本原则，要求公民权利受到侵害时应当予以公平救济的机会。公正原则主要解决的是行政主体与行政相对人之间如何分配权利、权力、义务和责任的问题。行政法律条款的设定都是为了实现社会正义，在行政法律对某项行政法律关系应予规定而未规定或相关规定存在歧义的情况下，类推适用顺应了矫正社会公正的需要。当行政相对人的合法利益受到行政行为影响或侵害时，在对法律条文进行合理解释之后仍不能填补法律漏洞时，法官应当以公正原则为价值取向进而运用类推适用予以保护和救济受到损害的行政法律关系。

2. 平等原则要求类推适用

平等原则作为行政法的基本法律原则，其基本要求与理念是“相同之事物，应为相同之处理；不同之事物，应依其特性，为不同之处理”。[①] 行政法长期以来被误认为是“不平等的法”，为了改变人民群众对行政审判的负面看法，作为行政法的基本原则之一的平等原则更是迫切需要发挥类推适用在行政审判中的衡平与建设性作用。平等原则要求行政法律规范平等保护行政主体与行政相对人的合法利益，客观上要求公平处理行政争议，并要求法官正确适用法律，积极填补法律漏洞，以求实现行政诉讼案件的实体公正，实质性化解行政争议，平等保护各方当事人的合法权益。因此，基于“同等案件同等处理”的平等原则的要求，法官必须保证裁判结果的实体公正，积极进行类推适用填补法律漏洞，以求有效解决行政纠纷，实质性化解行政争议。

3. 法官不得拒绝审判原则要求类推适用

1804 年颁布的《法国民法典》作为 19 世纪以来世界上第一部成文民法典，首次确立了法官不得拒绝审判原则。近现代以来，基于法典不完备的思想和对公民权利保护之需要，法官不得拒绝审判原则得到其他各国法典的认同，成为所有文明法治社会所普遍承认的法律原则。[②] 该原则要求通过司法

---

① 林腾鹞：《行政法总论》，三民书局出版社 2000 年版，第 79 页。

② 屈茂辉：《类推适用的私法价值与司法运用》，载《法学研究》第 1 期。

机关来最终解决当事人之间的纠纷乃至社会冲突，法官不得以法无明文规定或法律规定不完备为由拒绝审判。鉴于法律不可避免地存在漏洞，而法官又不能拒绝审判，因此，法官作为法律的具体适用者，补充法律漏洞是其应有的权限，同时，法官补充法律漏洞的行为又具有义务的性质。[①] 由于行政法领域的立法缺失、法律法规相互冲突的情况大量存在，如果法官可以因法无明文规定或法律规定不明确而拒绝审判，部分行政纠纷的解决就失去了国家强制力的保障，行政相对人的合法权益和依法行政都会受到影响，法治社会的建设也将无法实现。因此，类推适用已成为行政审判的必然要求。

（三）行政审判领域类推适用的类型

1. 授权式类推适用

授权式类推适用，又称为“立法类推”或“类推立法”，是指由特定法律条文明文授权法官准许适用其他法律条文的规定对法律事实作出裁判的法律适用方法。[②] 这种法律规定在我国行政审判领域立法中普遍存在。此类行政法律条文及其所指引的被援引的行政法律条文针对将要适用的某一案件类型而言，都属于不完全性法条，需要二者结合起来一并适用才能完整处理行政争议。授权式类推适用依其功能与作用又可分为以下几种形式：

（1）适用××的规定。这种法律用语主要为了避免烦琐的重复规定，用于特定法律对某一案件类型存在应予规定而未规定的情形，由法律明文授权法官对拟处理的案件可以援引适用另一最相类似的案件类型的法律规定。例如，《行政诉讼法》第一百零一条规定：“人民法院审理行政案件，关于期间、送达、财产保全、开庭审理、调解、中止诉讼、终结诉讼、简易程序、执行等，以及人民检察院对行政案件受理、审理、裁判、执行的监督，本法没有规定的，适用《中华人民共和国民事诉讼法》的相关规定。”《行政许可法》第五十一条规定：“实施行政许可的程序，本节有规定的，适用本节规定；本节没有规定的，适用本章其他有关规定。”

（2）依照××的规定。这种法律用语主要用于行政法律规范冲突的情形，在特别法与普通法的规定不一致时，由法律明文授权法官按照“特别法优于一般法”的规则来援引适用特别法的规定处理某一案件类型。例如，

---

① 黄茂荣：《法学方法与现代民法》，台湾大学出版社1993年版，第350页。

② 黄茂荣：《法学方法与现代民法》，台湾大学出版社1993年版，第343页。

《行政诉讼法》第四十四条第二款规定："法律、法规规定应当先向行政机关申请复议，对复议决定不服再向人民法院提起诉讼的，依照法律、法规的规定。"《行政许可法》第五十三条第一款："实施本法第十二条第二项所列事项的行政许可的，行政机关应当通过招标、拍卖等公平竞争的方式作出决定。但是，法律、行政法规另有规定的，依照其规定。"

（3）参照××的规定。该法律用语是特定行政法律规范对拟处理的案件未作法律规定，由法律明文授权法官可以援引与特定行政法律规范最相类似或近似的其他法律规范的规定。"参照"是人民法院审理行政案件法律适用的一种提法。从立法本意上看，"参照"是指人民法院在审理行政案件时可以参考、依照规章的有关规定。由于行政规章和法律、法规在性质、内容、制定依据、法律地位、效力等级等方面存在明显的差异，为了和"依据"加以区别，行政诉讼立法时选用了"参照"这一法律术语，其实质是赋予人民法院对规章的"类推适用权"。例如，《行政诉讼法》第六十三条第三款规定："人民法院审理行政案件，参照规章。"又如《合同法》第一百七十四条规定："法律对其他有偿合同有规定的，依照其规定；没有规定的，参照买卖合同的有关规定。"《最高人民法院关于执行〈中华人民共和国行政诉讼法〉若干问题的解释》第九十七条规定："人民法院审理行政案件，除依照行政诉讼法和本解释外，可以参照民事诉讼的有关规定。"

（4）视为××。这种法律用语规定的是法律拟制的情形，具体是指对拟处理的案件，在形式上缺少某个要件或对缺少的要件未作约定，由法律明文授权以明示或默示行为填补该要件，将原本不符合某种行政法律规范的行为也按照该行政法律规范处理。在此情形下，拟规范的缺少某个要件的案件与法律明文规定要件齐备的案件所产生的法律效果相同。例如，《行政诉讼法》第三十四条第二款规定："被告不提供或者无正当理由逾期提供证据，视为没有相应证据……"《最高人民法院关于执行〈中华人民共和国行政诉讼法〉若干问题的解释》第二十一条第一款规定："行政机关在没有法律、法规或者规章规定的情况下，授权其内设机构、派出机构或者其他组织行使行政职权的，应当视为委托。"

（5）"兜底条款"的类推适用。"兜底条款"是指立法者为了避免法律规范的不周延性以及因社会情势的变更而导致的行政法律规范滞后，将所有其他条款难以包括的或者难以预测到的情形，概括规定在某一法律条款中的一项立法技术。特定行政法律规范在立法上经常会遇到拟规范的事项难以全部囊括或是全部囊括过于烦琐的难题，立法者这时通常采用规定“兜底条款”的立法技术，用概括的规定对某一行政法律关系可能出现的所有情形予以涵盖。例如，《行政诉讼法》第十二条第一款第（十二）项作出“认为行政机关侵犯其他人身权、财产权等合法权益的”可以提起行政诉讼的概括性规定。《国家赔偿法》第三条第（五）项作出“造成公民身体伤害或者死亡的其他违法行为”的受害人有取得赔偿权利的概括性规定。立法者用规定“兜底条款”的立法技术，赋予了行政法律规范更大的灵活性和生命力，保留了行政法律规范较大的弹性适用空间，防止行政法律规范的不周延性以及因社会情势的变更导致的行政法律规范滞后进而导致损害社会公平正义情况的发生，实际上为类推适用提供了条件与法律依据。

2. 非授权式类推适用

非授权式类推适用，又称为“非正式立法类推”或“非正式类推立法”，是指特定行政法律规范对拟处理的某一案件类型无法律明文规定，也无授权式类推适用的法律规范可以适用时，法官直接采用诚实信用原则作为类推适用的依据，以求公正裁判某一类型案件的法律适用方法。诚实信用原则是现代法治的基本原则之一，具有道德规范和法律规范合为一体的双重调节功能，因适用范围广泛、灵活而被法律界称为“帝王条款”。审理行政案件时，在不同法律规定的理念或价值取向发生冲突时，为了化解这种冲突与纠纷，法官就可以适用诚实信用原则阐述理由、辨法析理；在法律对有关行为、问题没有进行明确的规定或界定，但法官又不得拒绝裁判时，可以依据诚实信用原则作出公正、合理的裁判。因此，行政审判以诚实信用原则作为类推适用的依据之一，可以有效规范行政法律行为，促进行政法领域的司法和行政执法机制良性运行。

三、行政审判领域类推适用的条件

在行政审判领域允许类推适用的范围内，类推适用作为法官填补法律漏洞的重要方法，开辟了法官在法律存在漏洞的领域释法、造法的道路，但在“法律必须遵守”的法治原则下，类推适用必须满足以下条件才能适用。

（一）确认法律漏洞的存在

行政法作为一个独立的法律部门，产生较晚，规范各种行政关系的基本原则尚未完全形成，加之行政法所调整的行政关系过于广泛且多种多样，其实际上很难以成熟、完善的法律规范对所有行政法律关系加以调整。由于行政法有其自身难以克服的缺陷与局限，行政法的理论研究与司法实践均较为落后，其外延与内涵均无法避免地存在法律漏洞。为了填补这些法律漏洞，实质性化解行政争议，行政审判就需要发挥类推适用填补法律漏洞的功能与作用。存在法律漏洞是允许类推适用的前提，判断是否存在法律漏洞，应依立法目的及平等、公正的法律原则，对法律规定作出肯定性或批判性的评价，确认是否存在立法者本应规范而未规范或未作妥当规范的情形，且法律允许类推适用填补法律漏洞。类推适用实质上是为了实现个案的实体公正，基于平等、公正的法治原则，将相类似的法律规定适用于讼争案件，而对于相类似的法律规定而言，属于扩大该法律规定的适用范围于未有规定的案件类型。因此，类推适用所填补的法律漏洞只能是所谓的开放性的法律漏洞。

（二）符合“同类案件同等对待”的类似性判断

类推适用条件的最终确认，取决于对相类似的法律规范进行价值判断，以判断该法律规范是否应扩大适用到讼争案件所述的事实类型。在类推适用的过程中，对类推适用条件的确认与“同类案件同等对待”的类似性判断其实是同一过程，能否类推适用取决于相似的法律规范规定的事实与讼争案件所述的事实类型是否类似，如果符合“同类案件同等对待”的类似性判断，就意味着可以将该法律规范类推适用于该讼争案件。类推适用的确认过程并非进行纯粹形式推理，而是对最相类似的法律规范进行评价，即基于平等原则与公正原则，“同类案件同等对待”的类似性要求讼争案件请求裁判的事实与拟援引的相似法律规范的规定须在实质内涵上一致或属于追求同一价值目标，类推适用的意义在于实现个案处理的实体公正。

（三）存在可以援引的相类似的法律规范

法律适用的前提是寻找对拟处理案件可适用的各种法律规范，法官应当实现的一个非常复杂的使命是从制定法中获得法律的大前提。[①] 由于类推适用是在拟处理的案件缺乏法律明文规定或无可适用法律规则的前提之下，比照最相类似的其他法律规定或法律规则处理纠纷的法律漏洞补充方法之一，

① ［德］卡尔·恩吉施：《法律思维导论》，郑永流译，法律出版社2004年版，第71页。

因而类推适用援引的相类似的法律规范已经超出最初拟适用的法律规定文义可预测性的“大炮射程”之外。在待处理案件缺乏法律的明文规定或法律规定不明确的情况下，类推适用的工作方法就是通过讼争案件的事实构成与相关法律条文规定的事实构成进行综合分析、类比，找出二者具有的相似性，从而确定可适用于待处理案件的法律条文。只有存在并获得可适用的法律规范，才可以用其对拟处理的案件作出裁判。类推适用的前提条件就是存在可以援引的相类似的法律规范，只有找到契合现行法秩序的相类似的法律规范，才能类推适用相类似的法律规范来填补法律漏洞。

（四）不属于法律禁止类推适用的范围

一般来说，法律原则上禁止类推适用，但不排除特殊情况下的类推适用。即使法律在特殊情况下允许类推适用，也是仅准许在非属于法律保留事项的范围内才能类推适用。所谓法律保留事项，是指从立法层面来说，特定领域、事务、权力、权利或公民的人身自由等事项只能由全国人大及其常委会制定的法律规定，不得授权其他机关制定规范加以决定，更不得允许司法机关类推适用。与民法领域类推适用的范围较为广泛相比，行政审判领域类推适用的范围受到更多限制。探究行政审判领域的类推适用问题，首先需要解决的是行政审判领域是否允许类推适用的问题。在行政法的某些特定领域，出于对某些特定行政权力、价值和利益的保护，实行行政法中的“法定排他主义”，从而在行政法律保留事项上拒绝类推适用。因此，行政审判领域类推适用的范围主要受法律保留范围的限制，类推适用的援引对象必须不属于法律保留事项规定的内容和事项。

四、行政审判领域类推适用的规制

类推适用犹如一把“双刃剑”，正确进行类推适用有助于将形式意义的公正转化为特殊案件上的个案公正，但类推适用容易造成法官的主观擅断、不当裁判，可能会破坏法律秩序的统一和权威性。因此，对于行政审判领域的类推适用，应在程序和制度上予以规范、制约，以求防止类推适用的滥用、失范。

（一）公正原则与平等原则的规制

法律最基本的价值取向是公正与平等，并以公正与平等作为规范目标。

在法治社会，公正原则与平等原则对形式化法律体系和法治建设来说，是事关全局的基本原则，所以法律规范的内容及履行的过程均应当体现公正、平等的原则与精神，并应当受公正原则与平等原则的拘束、制约。而类推适用是遵循公正原则与平等原则进行价值判断的法律适用方法，符合公正原则与平等原则是类推适用最基本的要求。在司法实践中，法律天生就要遵循的公正原则与平等原则，可以有效地防止司法的随意性、擅断性，促使法官在特殊案件中积极找法、用法，在法律存在漏洞的情况下还要类推适用类似的其他法律规定，以便法律所追求的公正与平等价值在现实生活中得以实现。法官在类推适用时，最基本的要求就是类推适用的结果不得违背公正、平等的原则，以使行政争议能够得到实质性化解，实现个案的实体公正。

（二）限制法官行使自由裁量权的规制

“在法律适用中，没有任何一种体制能够在规定法律内容的同时排除自由裁量权的行使。这表明即使在法治国家，法治同样也存在局限性。从某种程度上说这是法治的失败，但它也是人类语言和预见能力局限性的必然产物。”① 在支持法官克服法律的局限性、填补法律漏洞的同时，由于法官的主观偏见、认知能力、个人利益和意识形态倾向等因素的介入，类推适用可能会被滥用。这样一来，类推适用就会变成一把“双刃剑”。② 因为“如果没有规则，自由裁量权的行使就是暗箱操作”。③ 因此，必须对法官进行类推适用的自由裁量权进行限制，才能保证裁判的正当性和合法性。类推适用条件不仅应包括裁判文书的释明理由，还应包括正确运用类推适用程序和推理过程的要求，尽可能剔除法官行使自由裁量权过程中的非理性因素，敦促法官正确行使自由裁量权，依法作出公正的裁判。

（三）限制审判权，扩大当事人诉权的规制

审判权就其性质而言，是一种救济性、监督性和判断性并重的国家权力。在审判权与当事人诉权的制度和程序设计上，类推适用的规制还需要用当事人的诉权制衡审判权，弱化法官行使自由裁量权的绝对性，加大当事人诉权

① ［美］凯斯·R. 孙斯坦：《法律推理与政治冲突》，金朝武等译，法律出版社2004年版，第125页。

② 周少华：《“类推”与刑法之“禁止类推”原则——一个方法论上的阐释》，载《法学研究》2004年第5期。

③ ［美］凯斯·R. 孙斯坦：《法律推理与政治冲突》，金朝武等译，法律出版社2004年版，第137页。

对审判权的制约力度。限制审判权、扩大当事人诉权的客观要求，就是法官和当事人以庭审为中心共同完成类推适用，让当事人主导法律发现的程序和结果，法官不得主动适用当事人在诉讼主张中未涉及的法律规范，不得将庭审中未涉及的法律规范作为裁判的依据，当事人有权在各阶段诉讼程序中阐明己方的类推适用主张，法官应在庭审中充分释明并听取当事人对相类似的其他法律规范的意见。因此，类推适用应当是在各方当事人充分参与的条件下完成的，为保证类推适用符合诉讼规律和审判规律，类推适用的结果、过程和理由应当向当事人和社会公开，以增强裁判结果和类推适用的公信力和可接受性。

（四）上级法院的审级监督对类推适用的规制

世界上的法治国家，均存在上级法院基于审判监督权对下级法院审判质量与裁判结果的监督与规制。在我国现行的审判体制下，二审程序和再审程序是上级法院监督下级法院审判工作的基本途径，其实质就是上级法院通过审理二审案件和再审案件，实现对下级法院审判质量与裁判结果的监督。上级法院通过作出撤销判决、发回重审或直接改判的裁判方式，对下级法院的裁判结果给予否定性评价，所以下级法院在作出裁判结果时，需要考虑上级法院的意见或看法，以求规避案件被发回重审、改判的风险。建议发展和完善上级法院对类推适用的审级监督制度，引导下级法院的法官在审级监督下合法、合理裁判，强化对类推适用条件的严格遵守，并有条件地推行案例指导制度以及类推适用案件层级报告制度，从而有效实现对类推适用的规范、制约。

（五）裁判文书的说理要求与法律论证的规制

裁判文书的说理和法律论证是正当程序原则的客观要求，也是法官在裁判案件时内心确信和自由心证过程的反映。裁判文书是否客观公正地适用法律，事实、证据的认定是否充分，法律的类推适用是否公正、合理等有关案件的程序和实体问题，法官都应当在裁判文书中论述清楚。法官还需要明确告诉当事人胜诉或败诉是否基于法律的类推适用，法律的类推适用如何适用于争议事实，是否遵循先例等。加强裁判文书的说理和法律论证，一方面可以使当事人明晰法官对法律、证据及经验法则的评价，从而更好地行使上诉权或其他法律救济权，另一方面也有助于上级法院对类推适用的监督和制约，从而防止法官在类推适用范围内的恣意和专横。因此，裁判文书按照要求进行充分的说理与法律论证，可以有效实现对类推适用的有效制约、监督。

（六）加强对类推适用的法官培训工作，提高司法人员的法律素养

法官培训是审判人才工作的基础和重要组成部分，随着法官队伍“职业化、正规化、专业化”建设的有序推进，法官培训工作在促进司法公正方面的重要性进一步凸显。通过培训手段教导法官遵循诉讼规律、行政审判工作规律和法官成长规律，对法官进行系统整合涉及类推适用的各项法律、司法解释的培训工作，特别是对有关类推适用的经典性案例和指导性案例的学习、培训，可以全面提高司法人员尤其是法官的法律素养，帮助行政法官深入了解类推适用的意义与作用，进而防止法官行使自由裁量权时的恣意、专横，促使法官作出裁判结果时更加谨慎。因此，加强对类推适用的法官培训工作，提高司法人员的法律素养，才能为类推适用提供合格的人力资源和智力保障，从而在根本上实现对行政法领域类推适用的规范、制约。

五、结语

行政法所调整的行政关系过于广泛且多种多样，很难以统一的法律规范加以调整。由于行政法有其自身难以克服的缺陷与局限，其外延与内涵均无法避免法律漏洞的存在。类推适用是法律漏洞填补的基本方法之一，其作用是弥补法律缺陷，使行政法律规范未规定的事实与行为有法可依。类推适用在行政审判中有其必要性和可行性，类推适用的目的实质上是保证行政争议处理的实体公正，实质性化解行政争议。法律保留原则并未全面排斥行政审判领域的类推适用，法官不得拒绝审判原则更是要求行政审判领域进行类推适用。行政审判领域类推适用的范围受法律保留原则的拘束，在行政审判领域允许类推适用的范围内，类推适用应符合特定条件才可适用，并应从实体上和程序上予以规范和制约，以防止类推适用的滥用、失范。

（作者单位：海南省第二中级人民法院）

工伤认定职权分配模式的重塑

——以工伤认定职权分配现状为出发点

柳雨青　熊娇娇

【摘要】《工伤保险条例》实施以来，工伤保险基金向省级统筹的趋势逐步推进，在此工伤认定职权变革进程中，将省级社保部门进行认定的事项交由地级市社保部门办理已成为立法上所允许的政策“选项”，但就地级市工伤认定事权是否允许交由县级社保部门行使并无法律法规明确规定。“法无授权即禁止”，因此有观点认为不能将地市级工伤认定事权进行“下放”。然而，在目前社会制约条件下，不少地市出于自身各种情况的考虑而采取了一种非常实用的手段，即通过行政委托或行政授权的权限配置模式交由县级社保部门行使工伤认定职权，从而导致在实际行政执法过程中，出现了运行的困惑与衍生理解上的偏差。本文抽取省与市之间、市与县之间将自身工伤认定有关事项“交由下级社保部门办理”的共性，以市、县之间工伤认定职权分配模式为视角展开探讨。通过对行政委托、行政授权两种职权配置工具的利弊分析，提出以多阶段行政行为工具构建工伤认定职权分配新模式：由所在地县区级人社部门具体承办，在其参与调查后形成建设性结论意见向统筹市一级人社部门报送，由市一级人社部门核准后，以市一级人社部门的名义向申请人作出工伤认定决定（或是不予认定工伤决定）。

【关键词】 工伤认定　职权分配　多阶段行政行为

一、引言

根据《工伤保险条例》有关规定，工伤认定职权由统筹地区社会保险行政部门行使。该规定即将何层级的社会保险行政部门享有工伤认定权限与工伤保险基金统筹层次直接挂钩。1996 年国家建立企业职工工伤保险制度时，囿于当时经济社会发展水平，工伤保险基金实行的是县级统筹，即县级以上社会保险基金经办机构负责工伤保险基金的筹集、管理和待遇支付。相应地，彼时工伤认定权限机关为“当地劳动行政部门”。2004 年国家出台统一的工伤保险条例时，工伤保险基金在直辖市和设区的市实行全市统筹，其他地区的统筹层次由省、自治区人民政府确定。据此，工伤保险基金形成“市级统筹+县级统筹”的并存局面，工伤认定权限也由地市级社保部门和县级社保部门分享。至 2010 年工伤保险条例修订前夕，“由于多种原因，目前仍有相当一部分地区工伤保险实行县级统筹”①。

即使在工伤保险条例修订的过程中，立法者似乎也未追求改变既有的工伤保险基金统筹层次，市、县两级社保部门在各自行政区域内行使工伤认定职权之局面仍得到延续。这一点可从 2009 年 7 月 24 日国务院公布的《关于修改〈工伤保险条例〉的决定（征求意见稿）》中看出端倪，该征求意见稿并未就提高工伤保险基金统筹层次作出安排，但 2010 年修订《工伤保险条例》之时，国家决定工伤保险基金逐步实现省级统筹。而根据《人力资源和社会保障部、财政部关于工伤保险基金省级统筹的指导意见》，省级统筹包括省级统收统支，也包括建立省级调剂金。换言之，在省级统筹模式下，仍允许各地市留有工伤保险基金。目前，全国大部分地区实现了工伤保险基金市级统筹，而北京、天津、上海、重庆、河北、贵州、西藏等省（自治区、直辖市）属于统收统支管理方式，甘肃、海南、安徽、宁夏、江西等省（自治区）则建立了省级调剂金。

工伤保险基金实现省级统筹后，如工伤认定职权全部集中至省级社保部门，由省级社保部门经办全省所有的工伤认定案件，对于一省幅员之广阔、情况之复杂、行政资源之有限，其实践可行性几乎为零。据此，《工伤保险条例》规定将省级社保部门进行认定的事项交由至地级市社保部门办理几乎成为唯一的“选项”。但是，从该项规定表述看，将该事项交由下级办理似乎与职权“下放”仍不能等同而论。在工伤保险基金实现省级统筹的情况下，地市级社保部门办理工伤认定事项完毕后，是直接以自己的名义对外作出行

---

① 见《人力资源和社会保障部关于推进工伤保险市级统筹有关问题的通知》（人社部发〔2010〕20 号）。

政决定，还是经批准后以自己的名义作出决定，抑或报由省级社保部门作出决定，条例并未明确，在执行中仍有可能衍生出诸多理解。何况，有些地方工伤保险基金仍然是市级统筹，严格意义下建立了省级调剂金的省份工伤保险基金仍应归入市级统筹范围。市级社保部门承担全市工伤认定职能亦同样存在行政资源有限等一些市级困扰，在市与县之间仍有“市级社保部门进行认定的事项交由县级市社保部门办理”的需求。在此，本文抽取省与市之间、市与县之间将自身工伤认定有关事项“交由下级社保部门办理”的共性，以市、县之间工伤认定职权分配模式为视角展开探讨。

二、工伤认定职权分配模式的现状分析

笔者登录所在单位“法信”搜索平台，检索各省、市、自治区及有关城市出台的有关法规、规章、规范性文件，从中选择2010年以后出台的相关法律及文件30篇，以概览当前我国工伤认定职权分配模式的现状（见表1）。

表1　我国工伤认定职权分配模式现状表

序号	地区	文件		工伤认定职权部门
		类别	名称	
1	贵州	地方性法规	贵州省工伤保险条例	市、州人民政府社保部门
2	广东		广东省工伤保险条例	统筹地区所在地社保部门
3	海南		海南经济特区工伤保险若干规定	参保所在地社会保险部门
4	辽宁	规章	辽宁省工伤保险实施办法	社会保险部门
5	山西		山西省实施《工伤保险条例》办法	设区市社保部门（中央驻晋、省直用人单位）；参保登记地社保部门（其他用人单位）
6	广西		广西壮族自治区实施《工伤保险条例》办法	社会保险部门
7	江苏		江苏省实施《工伤保险条例》办法	设区市人民政府确定的社会保险行政部门
8	湖北		湖北省工伤保险实施办法	统筹地区所在地社保部门
9	湖南		湖南省实施《工伤保险条例》办法	统筹地区所在地社保部门
10	吉林		吉林省实施《工伤保险条例》办法	统筹地区所在地社保部门，可以委托县级社保部门承担具体工作

续表

序号	地区	文件		工伤认定职权部门
		类别	名　称	
11	安徽	规章	安徽省实施《工伤保险条例》办法	统筹地区所在地社保部门
12	江西		江西省实施《工伤保险条例》办法	统筹地区所在地社保部门
13	新疆		新疆维吾尔自治区实施《工伤保险条例》办法	州、市社会保险部门，可以委托有条件的县（市）社保部门承担有关工作
14	上海		上海市工伤保险实施办法	区、县社保部门
15	天津		天津市工伤保险若干规定	市社保部门负责（职业病等），区县社保部门（其他工伤认定）
16	北京		北京市实施《工伤保险条例》若干规定	区、县社保部门
17	甘肃		甘肃省实施《工伤保险条例》办法	市、州社保部门
18	青海		青海省实施《工伤保险条例》办法	统筹地区所在地社保部门
19	陕西		陕西省实施《工伤保险条例》办法	统筹地区所在地社保部门
20	西藏		西藏自治区实施《工伤保险条例》办法	
21	武汉		武汉市工伤保险实施办法	统筹地区所在地社保部门
22	广州		广州市人力资源和社会保障局关于实行广州市工伤认定业务属地管理的通知	各区（县级市）社保部门
23	无锡	规范性文件	无锡市工伤保险实施办法	市人民政府确定的社保部门
24	厦门		厦门市实施《工伤保险条例》规定	市社保部门，区社保部门受委托具体负责
25	贵阳		贵阳市工伤保险实施办法	市或区（县、市）社保部门
26	青岛		青岛市人力资源和社会保障局关于进一步规范工伤认定工作有关问题的通知	市社保部门（市南区等四区），区、市社保部门（其他区、市）
27	南昌		南昌市人力资源和社会保障局关于进一步委托县区做好工伤认定工作的通知	市社保部门，区社保部门受委托具体负责

续表

序号	地区	文件		工伤认定职权部门
		类别	名称	
28	吉安	规范性文件	吉安市人民政府办公室关于调整工伤认定职责范围的通知	市社保部门（在市本级参保、注册），区、县社保部门（其他工伤认定）
29	抚州		抚州市人民政府办公室关于调整工伤认定职责范围的通知	
30	萍乡		萍乡市人民政府办公室关于调整工伤认定职责范围的通知	

上表以部分地区出台的有关法规、规章、规范性文件为蓝本，仅代表所涉省份、地市工伤认定职权分配模式现状的一般性描述。所涉地区通过直接授权、明示委托等多种分配模式重置工伤认定职权，呈现多种表现形式。

（一）以直辖市为代表的工伤认定职权分配模式

直辖市因其行政职权层级划分的特殊性、所辖地区相对集中等特征，在统筹过程中受到客观实际操作的影响较小，已经基本实现设区市一级的工伤认定事权统筹。北京、上海分别出台《北京市实施〈工伤保险条例〉若干规定》《上海市工伤保险实施办法》等规章文件规范工伤认定行政程序，将工伤认定职权部门设定为区、县社保部门（直辖市所辖区、县行政级别为设区市一级），与《工伤保险条例》第十七条关于工伤认定办理部门统筹的规定一致。

（二）其他省份形式不一的工伤认定职权分配模式

为进一步加快工伤保险事业区域统筹的发展，各省社会保险行政部门对重新配置三级工伤认定职权范围进行积极探索，采取不同形式的工伤认定职权分配模式。

1. 未就工伤认定职权分配模式作实质更改

部分省份因人员配置等客观因素并未对原来的工伤认定职权分配体制进行大的变革，仍然在现行法规、规章中规定社会保险部门作为认定机关负责本行政区域内工伤认定工作，未对统筹政策进行明确阐述。

2. 概况性规定

从列表分析可以看出，大部分省份沿用了《工伤保险条例》及《人力资源和社会保障部关于推进工伤保险市级统筹有关问题的通知》等人社部相关文件的表述，将认定机关概括界定为统筹地区所在地社保部门，未对统筹层级、统筹方式等具体职权配置模式进行规定。一方面，为工伤认定统筹政策设计留有空间，待各地结合自身实际进一步探索创新，但另一方面，因为缺乏统一的方针导向，易造成工伤认定职权配置的混乱，不利于工伤保险省级统筹的推进，对政策稳定可行性产生潜在影响。

3. 直接授权

贵州、江苏等省份通过地方性法规、规章等地方立法的方式授权市、州人民政府社保部门或设区市人民政府确定的社会保险行政部门作出工伤认定决定，通过立法形式直接对三级工伤认定职权重新配置。在职权配置统筹的基础上，将原来的县、市、省分级分别认定事权变为市一级社会保险行政机关作为工伤法律关系中的责任主体。

4. 明示委托

部分省份人社部门在规章文件中允许将“上收”的工伤认定事权委托县级人社部门行政主体以委托人的名义代行工伤认定事务，其行为效果归属于委托人。例如，《吉林省实施〈工伤保险条例〉办法》规定可以委托县级社保部门承担具体工作；《新疆维吾尔自治区实施〈工伤保险条例〉办法》允许统筹的州、市级人社部门委托有条件的县（市）社保部门承担有关工作。

（三）部分设区市对工伤认定职权分配模式的探索

对于规定统筹地区所在地社保部门进行工伤认定但标准并不明确的，部分设区市自行出台规范性文件明确工伤认定的责任主体。例如，抚州市2015年出台《抚州市工伤保险实施办法》，依据该办法第三条、第九条的规定，市人力资源和社会保障行政部门负责全市的工伤保险工作，县（区）人力资源和社会保障行政部门负责本行政区域内的工伤保险工作；《广州市人力资源和社会保障局关于实行广州市工伤认定业务属地管理的通知》明确规定以各区（县级市）社保部门作为工伤认定主体。

三、对现行工伤认定职权配置行政法上的分析

应对工伤认定事权的“上收”与执法现实困境之间产生的冲突，势必面临三级人社部门工伤认定执法权限的重新分配问题。那么，通过何种途径、

运行何种模式将执法权限合理分配，才能达到行政法治效果与社会管理效果的有效统一？如上文所述，部分省市对工伤认定职权分配重置的创新，围绕行政授权、行政委托两种权限配置模式展开，两种模式均是就工伤认定事权统筹管理的再次配置。但是在实际执法行政运用过程中，两种配置模式也出现了运行的困惑与衍生理解上的偏差。

（一）行政授权

1. 工伤认定职权分配的行政授权模式

行政授权即国家通过法律、法规赋予某个社会组织以某些行政职权的活动。行政授权规定实际上是权限的再次分配，行政机关作为行政职权的承受者，其自身显然无权也不能擅自将职权授出。一个真正能够成立的、合法的授权，一般必须有法律规范（法律、法规、规章等）的规定，但这不是授权能否成立的本质要件，最本质的要件是：授权法律规范必须是合法的、有权的。统筹地区一级人社部门通过授权形式将工伤认定职能全部交给下级人社部门，此时的工伤认定职权由被授权行政机关完全行使，并对外发生法律效力。被授权行政机关是工伤认定行政案件中的独立诉讼主体，承担相应的法律责任。在行政授权模式下的职权分配，行为主体和责任主体明确统一，既有利于统筹管理下工伤认定行政事权的明确划分，也使得在工伤认定法律关系中被告角色相对稳定，便于当事人维护自身合法权益。

2. 行政授权模式存在的问题

由于行政授权要求国家以法律、法规赋予，所以这种模式运行难度大，且不利于政策灵活变化。目前，我国有权确定职权范围的主要是全国人大及国务院，两者通过法律和行政法规对行政权力的行使作出规定，虽然规章（甚至规章以下规范性文件）同样可以规定行政授权，但仅以规章有权设定的行政职权为限。

且如前文所述，法律授权是对行政职能的再次分配。工伤保险区域统筹的目的在于进一步统筹区域内工伤保险职权，是工伤保险事权的“上收”，但是法律授权将工伤保险职能再次“下放”，与工伤保险区域统筹的改革目标相矛盾。对原有的工伤认定职能改革变化不突出，对工伤保险事业统筹发展的建设意义不大。

（二）行政委托

1. 工伤认定职权分配的行政委托模式

行政委托是出于管理上的需要，某一行政主体（委托人）委托另一行政主体或其他组织及个人（被委托人）以委托人的名义代行职权或其他事务，其行为效果归属于委托人的法律制度，其带有行政合同的性质，是一种外部行政行为。统筹地区一级人社部门将归属于其本身的工伤认定职能委托给被委托机关行使，被委托机关必须依照委托的范围以委托机关的名义对外作出行政行为，不具备主体性。

2. 行政委托模式存在的问题

为了及时有效地为行政相对人提供救济，我国《行政诉讼法》第二十六条第五款明确规定，行政诉讼中，行政相对人以委托主体作为被告，体现行政便宜主义。根据上诉规定，统筹地区社会保险行政部门作为委托主体，在工伤认定过程中发生的行政诉讼应当由委托人承担责任，作为诉讼的适格被告。但在本院审理的一起工伤认定行政案件中，面临在以行政委托作为职权分配模式情形下，法院却产生如何界定行政诉讼适格被告的困惑。

案例：X 学校教师李某向 J 县人社局申请工伤认定，J 县人社局作出李某符合工伤情形的工伤认定决定书，并加盖“J 县人社局工伤认定专用章”。X 学校就李某的工伤认定书向 J 县法院起诉。J 县法院认为市人社局已通过向各县、区（开发区、新区）人社局下发《关于进一步委托县区做好工伤认定工作的通知》的形式，将市人社部门的工伤认定决定权委托给县（区）人社部门，因此，J 县人社局作为工伤认定确认主体不妥，J 县人社局随后撤销了该工伤认定决定书，不再对李某申请工伤认定一事作出回应。李某不服，就 J 县人社局撤销其工伤认定书的行为向 J 县法院起诉，一审 J 县法院以被告不适格为由驳回李某的起诉，在本院二审审理过程中针对受委托主体即 J 县人社局是否为本案适格被告产生不同意见。

根据委托的归责理论，受委托主体是委托行政主体的代理人，在实施行政行为时，受委托主体代表委托行政主体，以委托行政主体的名义行使权力，其违法行为所引发的外部法律责任也由委托行政主体承担。受委托主体在其代理权限的范围内，依照委托行政主体期望达到的行政目的做出法律行为，其法律行为的效果归属于行政委托主体。因此，只能以委托机关作为本案的适格被告。但是在本案二审过程中，法院并未简单地以委托主体承担责任的理论进行审理，J县人社局是受理原告李某工伤认定申请的直接行为主体，在其受委托的行政职权范围内，其有权依法履行工伤认定的职责。市人社局作为统筹地区社会保险行政部门，将J县范围内的工伤认定的行政职权委托给J县人社局行使。如果受委托的主体在其应当作为的权限范围内不作为，产生行政行为事实上的终止效果，则必然影响到相对人的实体权益，构成独立的不作为情形，其法律责任属于受委托主体。受委托主体作为实际的行政职权行使主体，必须受到行政法律责任的约束，并不能因其不具备职权资格而忽视其应承担的行政法律责任。本案确定受托主体为适格被告，对于受托主体来说，依靠委托“面纱”来规避法律已无可能，只有严格依法行政，才能避免自己承担不利后果。因此，在工伤认定案件当中，具体实施工伤认定行为的社会保险行政部门，作为受托人不实施工伤认定行为，对行政相对人的权利产生影响的，该社会保险行政部门应当为适格被告。

相关制度予以明确的只是被委托主体在权力界限内以委托主体的名义行使职权时的责任问题，对于被委托主体的其他大量存在的不合法行政活动并没有予以明确规定。受委托主体作为实际的行政职权行使主体，必须受到行政法律责任的约束，并不能因其不具备职权资格而忽视其应承担的行政法律责任。

除此之外，工伤保险正在逐步推进区域统筹，依照行政委托的诉讼原则，诉讼过程中或将所有的应诉责任集中至统筹地区社会保险行政部门，这无疑将对统筹地区人社部门产生巨大的应诉压力。且客观来讲，具体实施工伤认定的行政行为大多数是由受委托的县级社会保险行政部门完成，由统筹区域人社部门应诉不仅增加中间环节，也不利于纠纷得以及时解决。

四、基于现状适用职权配置新工具的思考

随着工伤保险事业统筹发展，立法对工伤认定职权分配却没有与时俱进地“统筹”发展。究竟适宜采用何种适用模式，归根结底在于哪种模式更能契合统筹发展与权益救济的统一。应当突破现行职权配置思考，通过行政法律关系新角度来构建工伤认定事权配置的新模式。

（一）多阶段行政行为概述

多阶段行政行为是指行政机关作出行政行为，需要有其他行政机关批准、

附和、参与始能完成之情形。各行政机关之间，既可以是平行关系，也可以是垂直关系。后者一般如下级机关的行政行为须经上级机关批准才能对外生效。一般情况下，在存在复数行政行为的情况下，以最终对外发生法律效力的行为作为成熟性行为，对行政相对人的具体法益产生实质性影响，其他阶段的行政行为属于行政机关之间的内部程序。

（二）以多阶段行政行为工具构建新模式的理由

1. 立法目的、工伤统筹政策的要求

从行政诉讼法的立法看，行政诉讼制度的目的在于保护公民、法人和其他组织的合法权益，维护和监督行政机关依法行政。多阶段行为模式在多个阶段充分给予当事人救济权利，同时促进各级社会保险行政部门依法行政。从多阶段行政行为模式角度设计新模式符合工伤保险逐级统筹的发展趋势与政策方向，将工伤案件认定的事权集中至统筹地区人社部门。

2. 工伤认定行政机关执法的需求

为应对统筹层次低、基金规模小、化解风险能力差的问题，人社部门实施工伤认定统筹管理。但是在工伤认定实际处理过程中因受申请对象、调查询问等客观因素的影响，具体实施工伤认定的行政行为大多数仍然需要由县级社会保险行政部门完成，这与逐级统筹管理产生矛盾。通过上下级行政机关共同参与完成，形成最终工伤认定结论性判断的多阶段行政行为可以契合政策精神，也可以缓解统筹一级人社部门的人力、物力方面甚至工伤案件审理应诉的压力。

3. 法院审理的需要

工伤认定行政诉讼案件中，关于行政诉讼被告资格的争议日益显现冲突，法官在裁判作出时规则机制的匮乏，法官自身的知识素养及对工伤保险统筹区域被告认定的主观认识不统一，均有可能导致司法在相关判断标准认定上出现一定偏差，进而影响人民法院裁判尺度的统一和司法公信力的树立。多阶段行为模式更符合工伤保险区域统筹的需要，能调动各级工伤保险部门的工作能动性，自觉履职，同时能更好兼顾维护个案平衡问题。

4. 行政相对人权益保护的需求

统筹区各地市改革方式多样，法定职责不明，统筹区人社部门是否通过法律意义上的授权、委托或其他方式让下级人社部门负责或参与办理具体工

伤认定业务，界定不清，有待审查。同时，囿于行政相对人自身法律知识的不足，其一旦认为自身合法权益受到损害时，难以判断该起诉谁，也易造成上下两级人社部门互相推诿，不利于行政相对人权益的保护。

以从中国裁判文书网选取的工伤认定行政案件为样本，当事人对被告资格认定态度统计数据反映：43%的行政相对人以实际侵害其权益的行政主体为被告；19%的行政相对人以委托或授权的行政主体为被告；24%的行政相对人以受委托或受授权的实际实施被诉行政行为的行政主体为被告；14%的行政相对人对于被告资格认定表示无所谓，认为其起诉谁，谁就是被告。

行政诉讼案件行政相对人对被告资格判断是存在疑惑的，同时大多数行政相对人往往以“谁侵害，我告谁”，即行政机关的行政行为是否损害自身权益为最直观的判断标准。这在一定程度上反映了行政相对人对工伤认定权益保护的诉讼需求，也侧面反映了工伤认定职权配置新模式的现实需求。只有构建工伤认定职权配置新模式，充分给予行政相对人合法的救济权利，保障他们的合法权益，同时监督行政机关依法行政，才能促进社会的良性发展。

五、构建工伤认定职权配置新模式

法律是化解社会矛盾的缓冲带，司法是促进社会进步的风向标。纷繁复杂的世界，任何一种模式都或多或少存在缺陷，难以完美契合发展现状。但为满足统筹发展与立法目的的需求，以多阶段行政行为来构建工伤认定权限配置的模式尤为必要。工伤认定职权配置新模式为：工伤认定行为由上下级行政机关共同参与完成，形成最终工伤认定结论性判断的多阶段行政行为。由所在地县区级人社部门具体承办，在其参与调查后形成建设性结论意见向市一级人社部门报送，由市一级人社部门核准后，以市一级人社部门的名义向申请人作出工伤认定决定（或是不予认定工伤决定）。

多阶段行政行为是由具有前后关系的分阶段行为构成，需要由其他行政机关参与表达意见，同意或者核准方能作成的行政行为。因此，原则上前阶段行为只向后阶段行为机关作出，不具有外部效力，因此行政相对人只能针对最后的“成熟”行政行为提起诉讼。但是，在例外情形中，根据最高人民法院公布的典型案例（22号），多阶段行政行为中的前阶段行为也具有可诉性，可诉的基础必须符合两个要件，即外部效力和行为效果。外部效力是行政法权利义务的基本要素，如果一个行为不对外发生效力，就不可能影响到某一项具体的法律权益，改变某一种法律权利义务关系，也就不存在行政诉讼应当介入保护的理由。除此外部效力外，前阶段行为是否可诉，则仍需确定该行为是否符合《行政诉讼法》有关受案范围的规定，明确该行为是否对特定行政相对人的权利义务产生了实际影响，也就是所谓的行为效果。在同时具备外部效力和行为效果的要件下，多阶段行政行为中的前阶段行为即具有可诉性。

县一级人社部门的初审调查阶段形成的行政行为在正常情况下并不对外发生法律效力。但是如果在具体承办中发生对外表示的意义，应当认定该行为属于独立且确定的机关意思，从而产生外部效力。且如果该行为在整体或者特定事项上对行政相对人权利义务的影响产生了确定性，那么承办过程中的前程序行为造成了阻却行政相对人权益的实质效果，进而构成独立的可诉行政行为，此时具体承办的区县级人社部门形成的行为也应当作为可诉行为。

以上述李某诉J县人社局工伤行政确认一案为例，如图1，原则上，市人社局承担对外的法律责任，有利于工伤保险市级统筹地区的发展趋势，也能发挥上级的监督管理作用。同时，如图2，例外情形下，如案例中的J县（区）人社局不作为，损害行政相对人的合法权益时，则该局为被告。多阶段行为模式更大程度地赋予了行政相对人救济保护权，同时有效地制约和监督了行政机关的权利，促进他们在各自的权限范围内互相履职，否则将承担法律后果。

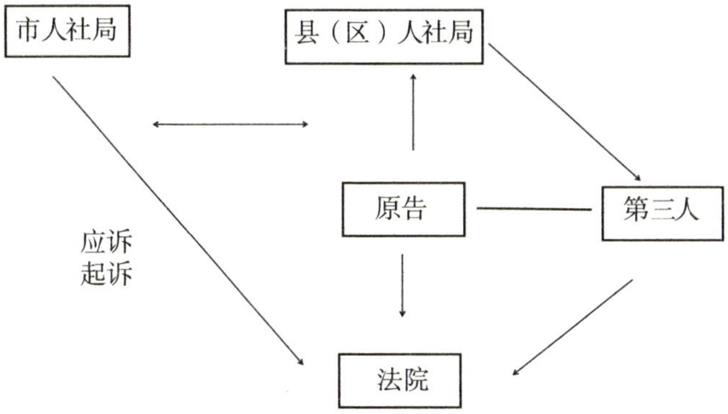

图1　市人社局作为被告（原则）时的诉讼关系图

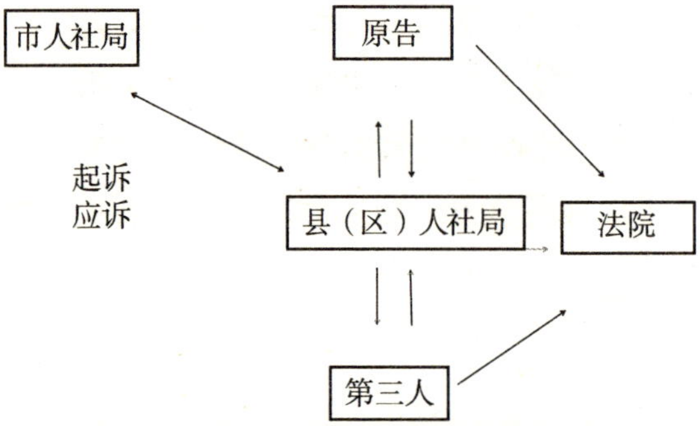

图2 县（区）人社局作为被告（例外）时的诉讼关系图

当然，多阶段行政行为需要依照成熟性标准来区分前阶段行为与后阶段行为，前阶段行政行为的可诉性认定标准也相对抽象。行政机关难以区分何种行为属于前阶段行为、何种行为属于后阶段行为。如果市、县（区）两级工伤保险机构职责划分不明确，不仅易造成两级工伤保险机构行政机关的职权交叉重叠、管理混乱，也容易导致前后程序性行为归责不明确，造成应诉主体的混乱。新模式下的工伤认定行政行为由具体实施县区级社会保险行政部门与市一级社会保险行政部门前后关系的多阶段行为共同完成，需要建立健全上下联动、紧密衔接的工伤认定业务管理制度。规范明确劳动保障行政部门的职责分工，应当出台有关省、市、县区各级统筹的具体政策，明确哪些方面是必须统一的，哪些方面可以灵活决定，并强调在实现省、市级统筹后，县（区、市）基层劳动保障行政部门对本地工伤保险具体认定工作仍负有责任，在相应权限范围内需承担相对应的职责义务。建立健全业务管理制度包括为适应社会保险事业发展的需要，提高各级劳动保障行政部门的管理水平和队伍的政治、业务素质。

（作者单位：江西省南昌铁路运输中级法院）

论行政案件立案审查“二维”机制的重构*

郑　刚

【摘要】诉权保障语境下行政案件立案审查机制的法律定位应该考虑到审查“度”的因素和立案分流及规制的功能作用，使当事人诉诸司法时遵循比例原则和有限原则，将那些不具有可诉性，不符合法律规定条件的行政诉讼排除在立案范围之外，从而促进司法资源合理配置和依法利用，这也是保障诉权、制止滥诉、维护当事人诉讼利益应有之义。本文从改革与规制语境下立案审查机制嬗变、登记要件和诉讼要件“二维式”的立案审查机制定位和特征，以及“二维式”立案审查机制完善三个方面阐述行政案件立案审查“二维”机制的构建这一命题。

【关键词】行政案件　立案审查　二维机制

引　言

诉权的广泛性、便捷性是现代社会司法文明的重要标志，体现为公民权利保障充分性与国家权力规制科学性实现互动并存的一种和谐完美的状态。立案则具有确认诉权、保障诉权，确保当事人诉之利益实现的功能。[①] 但诉、

* 本文通例：《中华人民共和国行政诉讼法》简称《行诉法》，《中华人民共和国民事诉讼法》简称《民诉法》，《最高人民法院关于适用〈中华人民共和国行政诉讼法〉的解释》（法释〔2018〕1号）简称《行诉法解释》，《最高人民法院关于适用〈中华人民共和国行政诉讼法〉若干问题的解释》（2015年4月20日最高人民法院审判委员会第1648次会议通过）简称《若干问题解释》。

① 李德思：《民事立案制度之重构——以保障当事人程序主体地位为视角》，载《上海政法学院学报》2012年第6期。

诉权和诉之利益法律上应有严格区分。[①] 诉表现为当事人为自己的利益强制启动诉讼的愿望和请求。诉权则是当事人“可以为诉的权利”。“从本质上讲是实体权利义务纠纷的司法救济权”。[②] 诉权构成有法律上明确的要素内容。一是当事人适格，即英美法系中所称“正当当事人”；二是有诉的利益。[③] 此是构成诉权的核心要义，[④] 也是诉权形成的最基本的要件。明确诉权要件的目的在于通过对诉权要件的审查排除不必要的诉讼，让有限的司法资源解决最需要诉讼救济的诉讼利益，防止滥用诉权。

一、问题提出：改革与规制语境下立案审查机制嬗变

（一）博弈的挑战：基于安徽黄山法院等的实证分析

立案登记制的制度改革，一方面消除了地方保护主义和功利性的避让主义等人为设置的立案“篱笆”，根本解决“立案难”问题，另一方面各级法院也面临诉讼案件剧增压力。

2015 年 5 月 1 日起全面实施立案登记制的一个月内，全国法院共登记立案 1132714 件，同比增长 29%；增幅最大的则是行政案件，全国同比增长 221%。[⑤] 2017 年，安徽省法院受理案件 1053349 件，案件量历史性突破百万

---

① 日本的原田尚彦教授指出，“诉乃发动审判权的本质性前提。然而，是不是只要诉具备了法定形式并符合程序，也就是说具备了形式上的诉讼要件，实体审判就一定能够得以实施呢？其实，绝非如此。诉最终能否获得审理判决取决于诉的内容，即当事人的请求是否足以具有利用国家审判制度加以解决的实际价值或者必要性”。耿宝建：《立案登记制改革的应对和完善——兼谈诉权、诉之利益与诉讼要件审查》，载《人民司法》（应用）2016 年第 25 期。

② 耿宝建：《立案登记制改革的应对和完善——兼谈诉权、诉之利益与诉讼要件审查》，载《人民司法》（应用）2016 年第 25 期。

③ 《法国民事诉讼法典》第 31 条规定：“对某项诉讼请求之胜诉或败诉有正当利益的人均享有诉权。”换言之，当事人所主张的事项，如果没有一定的利益，也就没有必要对其进行是否正当或合法性的评价，法院也不必接收该案件。1907 年《瑞士民法典》第 2 条第（2）项则明文规定：“权利之显然滥用，不受法律保护。”

④ 耿宝建在《立案登记制改革的应对和完善——兼谈诉权、诉之利益与诉讼要件审查》中指出：“诉的利益理论的核心在于：一个已经系属的诉，如果要进入实体审理，必须存在诉的利益，法院有实体审理的必要性和实效性；如果在诉讼程序中发现并不存在诉的利益，则案件将不再继续审理。一言以蔽之，‘无诉的利益，则无实体审理’。”

⑤ 朱恒顺：《如何应对立案登记改革带来的诉讼“诉讼爆炸”》，载《中国青年报》2015 年 6 月 19 日第二版。

件。[①] 其中，受理各类行政诉讼案件14428件，审结12492件，同比分别增长18.72%、21.67%。[②] 安徽省黄山市两级法院2017年受理案件2.8万件，与2005年受理数的4428件同比，增加540%，[③] 全市在编人员增加幅度仅为12.6%。这“表面是法院压力的增加，背后则带来司法资源的浪费、社会纠纷解决成本的提升等诸多问题”[④]，具体表现在五个方面。

一是当事人滥诉和虚假诉讼现象增多。“个别当事人曲解立案登记制的立法含义，滥用诉权、恶意诉讼，极大浪费了司法资源和行政成本，甚至阻碍中国法治建设，抹黑中国法治形象”。[⑤] 安徽省黄山市两级法院自2015年5月1日实施立案登记制以来，受理一审行政案件同比上升88.89%，而一人多诉和一案多诉约占50%（见表1）。

表1　2015—2017年黄山市行政诉讼案件中一人多诉、一案多诉统计表

案件类型 \ 年度	2015年（件）	2016年（件）	2017年（件）
信息公开	57	19	11
不履行法定职责、行政不作为	18	12	21
确认行政行为违法并要求撤销	16	14	6
行政处罚	20	14	6
行政复议决定	8	2	4
国家赔偿（行政赔偿）	1	4	3
共同多诉	2	31	19
其他	1	28	39
合计	123	124	109

① 安徽省第十三届人民代表大会第一次会议：《安徽省高级人民法院工作报告》，载《安徽日报》2018年2月2日第三版。

② 《安徽高院发布行政案件司法审查报告》，载《人民法院报》2018年5月15日。

③ 黄山市第七届人民代表大会第一次会议《黄山市中级人民法院工作报告》，载《黄山日报》2018年1月8日第三版。

④ 《全国法院实施立案登记制改革以来收案数大幅上升》，载《法制日报》2015年11月15日。

⑤ 罗书臻：《最高人民法院行政庭负责人就〈关于进一步保护和规范当事人依法行政行使行政诉权的若干意见〉答记者问》，载《人民法院报》2017年9月14日第三版。

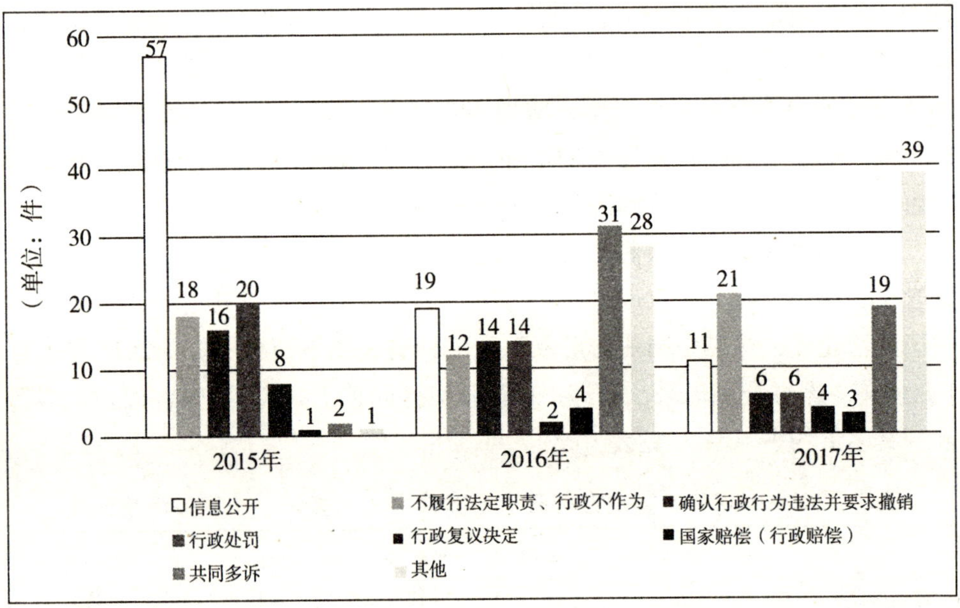

图 1　一人多诉行政诉讼案件分类变化（2015—2017 年）

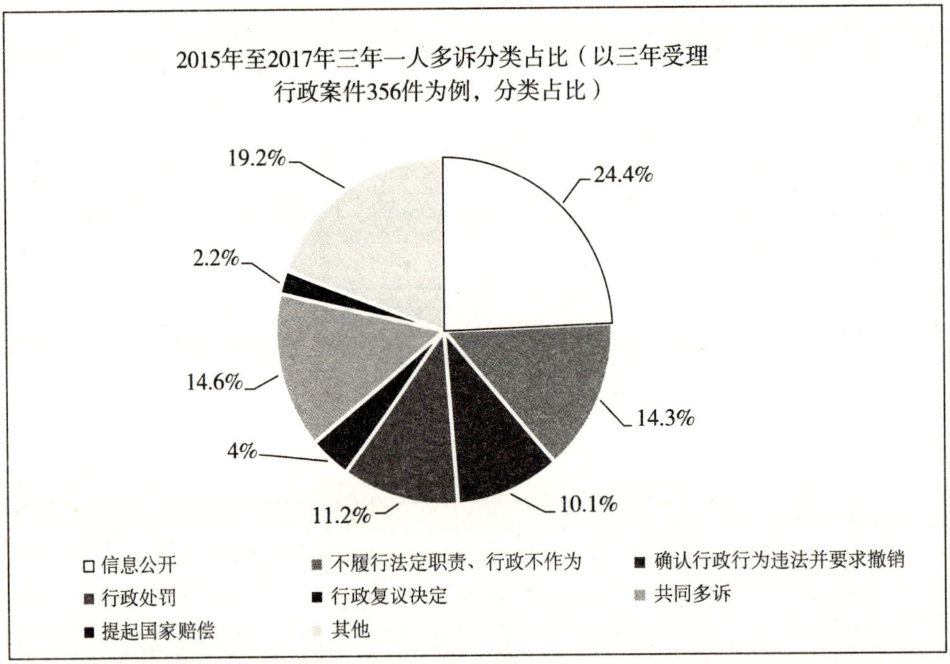

图 2　356 件次一人多诉案件类型占比图

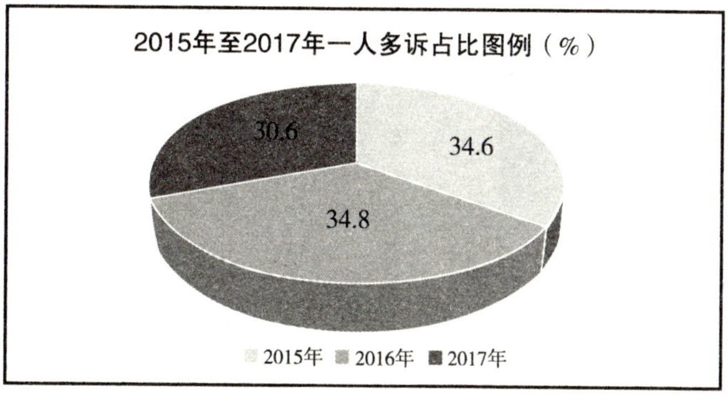

图3　356例行政案件一人（案）多诉案件年度占比图

上述图表数据显示，三年来，一人多诉或一案多诉占比均在50%左右。其中，信息公开属一人多诉案件主要类型，占24.4%，不履行法定职责和行政不作为等诉讼占比较高，为14.3%。值得注意的是征地拆迁引发的一案多诉或一人重复诉讼、抱团共同多诉现象突出，占14.6%，且呈上升趋势。

例如，吴某诉某区政府房屋征收行政纠纷案件，从2012年不服自家房屋征收决定诉讼开始，吴某随后7年间在安徽省包括省高院在内5家法院以不同案由和诉讼主体提起不同诉讼达137件，涉及主要权利义务内容均源于房屋征收同一事实（见表2）。

表2　吴某历年提起行政诉讼数量统计表　　单位：件

年度	2012年	2013年	2014年	2015年	2016年	2017年	2018年8月
案件数	3	3	13	75	13	21	9

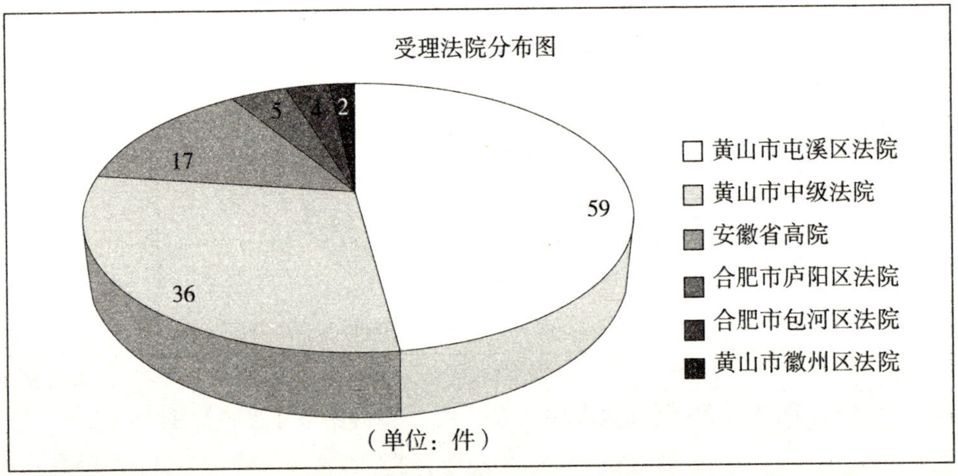

图 4　吴某提起诉讼法院分布图

二是降低当事人接受非诉讼调解的积极性。登记立案制推行后，便捷低廉诉讼大大激发了当事人诉讼积极性，一些本可以通过行政机关组织和行政复议机关协调的案件或非诉仲裁案件，当事人基于法律效果和执行效力的考虑，往往不再愿意协调。

三是增加法院申诉复查和再审审查的压力。占一定比例的滥诉被驳回起诉或驳回诉讼请求后，当事人往往申请再审，使得法院申诉复查和再审审查的压力增大。而当事人对申述和再审适用立案审查制不理解，以“官官相护”为由将矛头对准法院和办案法官，出现闹访缠访甚至非法访和群体访，严重影响了社会稳定。

四是带来一定的负面风险。实行登记立案制后，有的当事人难免会将某些历史遗留问题、涉行政争议的企业改制和非法的政治诉求以及其他敏感问题带到诉讼中，而法院立案工作人员对立案登记制误解，出现行政案件立案登记收材料走程序过流程“照单全收”状况，此类案件“流入”因无法律依据或因司法无终局性裁决效力变成积案，带来诉讼风险，损害司法权威。[①]

所以，构建“二维式”立案审查机制对于预防和制止滥诉、分流和引导不必要诉讼、化解法院办案压力、维护正常诉讼秩序意义重大。

---

① 余文唐：《正确理解和适用法院立案登记制》，共识网，于 2014 年 12 月 2 日访问。

（二）“他山之石”借鉴：域外立案审查机制思考

综观各国立案制度中的审查机制，大体可以分为三大类：一是对当事人的起诉既进行程序性审查也进行实体性审查，此为典型的立案审查制；二是只对起诉状的格式要素进行审查后即予以立案，这是典型的立案登记制；三是介于这两者之间的相对审查立案登记制，即对当事人的起诉进行程序性审查而不审查实体性问题。

从各国司法体例来看，英美法系国家往往通过诉答程序和审前程序进行案件甄别和过滤。[①] 大多数国家一般都有完善有效的诉前纠纷分流机制过滤和分流行政纠纷案件，比如在美、英和加拿大等国，设置有众多的行政裁判所裁决各类行政争议，真正进入司法审查程序的行政案件很少。德国和法国等大陆法系国家还设置行政复议制度和行政调解专员制度，我国台湾地区设置有行政诉愿制度进行案件分流。[②] 虽然一些域外国家对行政立案的审查没有专门作出详尽的规定，这与有的对行政民事诉讼立案未作区分，有的专门设置行政法院等司法体制不相同相关，但其民事案件立案审查制度却有着借鉴之处。在美国的初等法院中，一些案件在受理前要送到书记官办公室进行严格的审查，如有必要，则召开立案听证会，审查诉讼的理由是否合理，然后决定是否受理；法国、德国、日本等大陆法系国家则通过对诉状内容进行强制性规定实现案件过滤。以日本的立法为例，日本《民事诉讼法》第一百三十七条规定了法院的诉状审查权。其中起诉状必要记载事项包括：当事人的姓名、名称或者商号，法定代表人、代表人或者管理人的姓名，请求事项，请求原因等。起诉要件不合法，可不经言词辩论，依职权裁定“驳回诉状”。[③] 而在诉讼要件方面规定了五个方面的内容，诉讼要件不合法的，通常经过言词辩论后依职权或者依抗辩判决“驳回起诉”。我国台湾地区《办理民事诉讼事件应行注意事项》中也规定，第一审法院于定言词辩论期日前，应先依起诉状调查原告之诉是否合法。[④]

---

① 最高人民法院立案登记制改革课题组：《立案登记制改革问题研究》，载《人民司法》（应用）2015年第9期。

② 黄先雄、黄婷：《行政诉讼立案登记制的立法缺陷及应对》，载《行政法学研究》2015年第6期。

③ 许尚豪：《“立案登记制”后如何审查立案》，载《人民法院报》2014年12月24日。

④ 最高人民法院立案登记制改革课题组：《立案登记制改革问题研究》，载《人民司法》（应用）2015年第9期。

可见，无论是英美法系国家还是大陆法系国家，对行政案件立案除了较为完善的分流制度和机构设置以外，对民事诉讼当事人“诉”的审查均分为起诉要件的审查和诉讼要件的审查两个方面。显然，重构“二维式”立案审查机制正顺应司法改革和域外诉讼审查机制发展趋势。

（三）“二维式”立案审查机制顺应立法例模式法律文化传承

最高人民法院《若干问题规定》第六条、第七条规定，《行诉法》及其司法解释规定，立案审查中的起诉条件审查包括查明原告、有明确的被告、有具体的诉讼请求和事实根据、所诉案件应当属于人民法院的受案范围，并且属于受诉的人民法院管辖，如果所诉案件属于行政复议前置的还应查明已经过行政复议程序并且符合法定起诉期限，等等。显然，这些规定表明我国关于立案登记审查立法例中包括了具有诉之利益的主体资格、受理法院管辖权、诉讼时效等诉讼要件的审查内容，所以“二维式”立案审查机制不仅符合我国立案审查传统法律模式特征，内涵机制还包含了传统文化元素成为“二维式”模式传承渊源。

二、“二维式”立案审查机制的法律定位和特征

《最高人民法院关于进一步保护和规范当事人依法行使行政诉权的若干意见》（以下简称《若干意见》）中明确提出，“对于属于滥用诉权、恶意诉讼的当事人，要探索建立有效机制，依法及时有效制止”。国家司法资源的公共性、稀缺性，司法的严肃性、权威性，以及社会的错综复杂性、诉讼利益及主体的多样性亟待通过探索建立有效机制将“依法应该受理的案件”与“不该受理的案件”区别开来，使人民法院从“有案必立、有诉必理”做到立“应立之案”，理“应理之诉”，对有悖法律规定的诉求，尤其是滥诉等通过审查机制过滤达到“案不立、诉不理”，这不仅是登记立案制改革的应有之义，也是人民法院亟待解决的问题。①

基于这个目的，诉权保障语境下行政案件立案审查机制的法律定位应考虑到审查“度”的因素和立案分流及规制的功能作用，促使当事人诉诸司法时遵循比例原则和有限原则，法院也能在立案环节更好地发挥分流、过滤、

① 许尚豪：《“立案登记制”后如何审查立案》，载《人民法院报》2014年12月24日。

筛选和规制功能，将那些不具有可诉性、不符合法律规定条件的案件甚至负面清单案件，排除在立案范围之外，从而促进司法资源合理配置和依法利用，这也是保障诉权、维护当事人诉讼利益的需求所在。

笔者认为，登记要件和诉讼要件“二维式”的立案审查机制符合上述功能需要。按照有关法律规定和司法解释，不妨这样理解，登记要件是启动司法程序的条件，主要包括具有符合法律规定形式的诉状、缴纳诉讼费等，登记要件的审查属于形式审查；诉讼要件是启动审判程序的条件，主要包括当事人的诉讼参与能力等主体资格、法院管辖、符合讼诉讼时效、不违反“负面清单”等，属于“准入”实质要件初审。

从行政案件立案审查流程看，《行诉法》规定的七日内决定是否立案是一个包括登记、审查、流转等程序化的静态和动态的混合过程。案件的分流、过滤、筛选和规制贯穿于受理的全过程，审查甄别、登记等静态也囊括其中。笔者认为，立案登记制下，诉状登记即完成了基于诉状而形成的“诉案”，审查只是是否符合诉状要素的形式审查，但要流转成为符合诉讼要件、具备审理条件、能够流转转化为程序上的“可审案”，则应该经过过滤、筛选、甄别和规制“受理”等过程。

所以，基于诉状的登记而立的案件，只是具备了初步的案件形式，而非具备诉讼要件的“可审案”。只有具备了诉讼要件，经过分流转入审判程序，立案阶段的受理程序诸功能才算完成。显然，立案登记制下的立案审查可分为两个过程，即登记时立案要件（可称为登记要件、起诉要件）的审查，即审查诉状是否符合登记要求；登记立案后诉讼要件（可称为审理要件）的审查，审查登记所立之案是否可流转为“可审案件”。笔者称之为“二维式”立案登记审查机制。

（一）“二维式”立案审查机制内涵

1. 登记要件的审查。也称起诉要件审查，指对当事人起诉的初步审查。审查要点：一是诉状是否符合法律规定要素，原被告是否明确适格，是否在法定期限内起诉，是否完成诉讼费缴纳或完成诉讼费缓减免办理，是否属于诉讼法院管辖等；二是“特别情形”审查，即《行诉法》第十三条规定以及《若干问题解释》第三条规定的十种情形和负面清单内容。诸如危害国家主权和领土完整、危害国家安全、破坏国家统一和民族团结、破坏国家宗教政策等情形的诉讼一律不予登记立案。审查中做到“三个环节、特别注意情形和甄别提交材料”。“三个环节”是指：一律接受诉状，符合起诉条件的当场登记；当场不能判定情形的，出具注明收到日期的书面凭证，在法律规定期限内（一般7日）决定是否立案；欠缺记载事项的诉状以一次性书面告知的形式要求当事人补正，当事人拒不补正裁定不予受理。补正后仍不符合要求的也不予受理。“注意特别情形”是指《行诉法》第十三条规定的四种禁止情形、《若干问题解释》第三条的规定等一律不予登记立案。对于按照《最高人民法院关于人民法院登记立案若干问题的规定》（法释〔2015〕8号，以下简称《若干问题的规定》）第六条规定的相关材料主要局限于五类材料的一般性审查，跟诉状相对应即可。

这里应该注意的是登记要件的审查主要是针对诉状及其内容和相应材料的审核。根据是《若干问题的规定》第四条、第五条、第六条和《行诉法》第四十九条及《若干问题解释》第一条、第二条规定的内容。虽然在立案登记制下，诉状登记即立案程序启动，但并不意味着法院对任何形式及内容的诉状均进行登记，只有那些符合法律规定条件的诉状才能获得登记，不符合法律规定条件的诉状则不能登记立案。当然，法院对登记要件的审查必须保持在一定的限度之内，局限于形式审查，只要符合上述法条中规定的内容和要素并且按照《若干问题的规定》提交相关材料，则应该登记立案。

关于审查形式和限度的问题。对诉状的审查和材料的甄别应限定于表面的、直观的和相互对应审查，即诉状文本与登记要件是否相符，只需经过文字的阅读、格式化的比对等表面性观察，即可简便、快速地得出结论。此处的审查，虽然称作审查，但其意义更接近于“一目了然”的观察。欲实现登记要件的表面审查，两个比对对象即诉状与登记要件进行固定化、明确化要素比对，诉状与材料一一相对应即可。如果两个对象处于不确定的状态，无法通过简单观察即可得出二者是否相符的结论，那么，登记要件的表面审查要启动补正措施环节。

2. 诉讼要件的审查。这是立案阶段受理中的准实质性审查。这种审查结果必然导致在法律规定期限内分流案件移交审判庭或者作出不予立案（不予受理）的法律结果。为了维护司法严肃性和避免司法资源浪费，同时为了规制遏止滥诉等不当诉讼行为，在受理阶段必须对案件诉讼要件进行审查，避免不具备审理要件的案件分流进入审理程序。通常认为，诉讼要件审查分为三个方面：一是当事人是否具备适格的诉讼主体资格，包括当事人能力、诉讼能力等，这里尤其要把握好《行诉法解释》及《若干问题解释》第七条关于行政诉讼原告、被告和第三人的具体标准和情形的细化规定；二是是否符合法院诉讼要件，表现为法院是否具备审理资格，如《若干问题解释》第八条规定；三是案件标的诉讼要件，即行为的可诉性等。甄别判断起诉人与行政行为之间是否确实存有利害关系等。[①]《行诉法解释》增加规定了五种不可诉的行为，即不对外发生效力的行为、过程行为、准司法行为、内部层级监督行为和信访答复行为，此应作为审查依据。而对“是否具有利害关系”的判断则应根据《行诉法解释》第十二条规定的六种情形，从依法审查行政机关的行政行为是否确与当事人权利义务的增减得失密切相关，以及当事人在诉讼中是否确实具有值得保护的实际权益入手确定立案与否。

由此看来，对诉讼要件的审查不同于登记要件的审查，前者属于准实质性的审查，在这一点上，立案登记制与立案审查制并无质的区别，关键要把握两个方面：一是局限于法律明确规定；二是有限性审查。

（二）“二维式”立案审查机制的法律特征

1. 局限性。一是审查形式的局限。对于登记要件的审查局限于有限的形式审查；而对于诉讼要件的审查虽然涉及诉讼主体资格、诉讼时效和管辖权、诉之利益的实质性审查，但仅仅局限于法条和司法解释明文规定的情形，而且涉及的内容十分有限。二是时间的局限，仅限于法律明文规定的登记立案后的时限内（一般为 7 日）。三是范围的局限。仅限于《若干问题的规定》第四条、第五条、第六条和《行诉法》规定的相关内容。四是法律适用的局限。仅限于《若干问题的规定》和《行诉法》及其司法解释相关立案审查等程序性的规定，不能扩展和延伸至实体法以及证据规则其他规定等范围。

2. 单一性。即审查手段和方式方法单一。就当事人提供的诉状、证据来

---

① 《若干意见》第十一条规定：要准确把握新行政诉讼法第二十五条第一款规定的“利害关系”的法律内涵，依法审查行政机关的行政行为是否确与当事人权利义务的增减得失密切相关，当事人在诉讼中是否确实具有值得保护的实际权益，不得虚化、弱化利害关系的起诉条件。《行诉法解释》第十二条规定，有下列情形之一的，属于行政诉讼法第二十五条第一款规定的“与行政行为有利害关系”：（一）被诉的行政行为涉及其相邻权或者公平竞争权的；（二）在行政复议等行政程序中被追加为第三人的；（三）要求行政机关依法追究加害人法律责任的；（四）撤销或者变更行政行为涉及其合法权益的；（五）为维护自身合法权益向行政机关投诉，具有处理投诉职责的行政机关作出或者未作出处理的；（六）其他与行政行为有利害关系的情形。

源进行审查，不能依职权进行补充调查性的审查。登记要件的审查仅限于“一目了然”的观察和检查方式；诉讼要件的审查也只是限于对于当事人提供的材料、诉状的内容、相关证据结合法律明确规定的要素和条件进行表面性的“一对一”评判甄别、过滤和筛选。

3. 结果的阶段性。由于立案审查仅仅属于整个诉讼的一个阶段，所以对于立案审查结果只能是分流转入审判庭或者作出裁定不予立案和不予受理。

三、重构“二维式”立案审查机制的思考

（一）制定和完善起诉要件和诉讼要件程序性规定

1. 实施立案登记制的法律基础之一，是要区分起诉要件和诉讼要件。大陆法系民事诉讼理论中，进入案件分流和审理前，要经历对起诉要件的审查和对诉讼要件的审查。我国现行行政诉讼法及司法解释并未区别起诉要件和诉讼要件，统称“起诉条件”。比如《行诉法》第四十九条规定起诉条件为：原告是符合本法第二十五条规定的公民、法人和其他组织；有明确的被告；有具体的诉讼请求和事实根据；属于人民法院受案范围和受诉人民法院管辖。这四个条件含糊不清，除了“有明确的被告”属于起诉要件以外，其他规定均属于诉讼要件。目前，我国法院立案审查中由于法律规定不明、界限不清，故而对不涉及实体问题的“起诉要件”进行形式审查还是对部分诉讼要件进行有限实质审查处于“无法可依”的状态，亟待立法上予以完善。根据《行诉法》《民诉法》及其司法解释相关规定，笔者认为起诉要件和诉讼要件的范围界定可以参照《日本民事诉讼法》第一百三十七条规定的诉状审查权规定。立法上将起诉要件审查分为两个方面，即诉状要素规范化审查和属于《行诉法》第十三条等“特殊情形”等排除性审查。必须注意的是明显不符合《若干问题解释》第三条、《行诉法解释》第一条、第二条及第十五条至第二十五条等规定主体适格条件纳入起诉要件的排除性审查范围。对于诉状要素规范化未适格的则通知补正，否则依职权裁定不予受理。而对于需要根据相关材料甄别判断诉之利益关系及主体适格性、合法性，法官管辖权审查及诉讼标的合法性审查均应纳入诉讼要件审查范围。

2.《若干问题的规定》第六条第（五）项的“与诉请相关的证据或者证明材料”需进一步释明完善。由于缺乏进一步明晰的项目和种类，对于此规

定的实际适用中归属于“任意性的内容”，立案人员亦无从遵照执行，违反了有限审查原则，故而需要最高人民法院进一步作出司法解释来限定。

（二）强化立案审查中的法律释明机制构建

一是针对起诉要件的指令性释明。起诉状未写明必要记载事项等属于单纯程序性、形式性的起诉要件问题的，应当一次性书面告知起诉人需要补正的内容。起诉人拒不补正的，立案人员仍然应当先接收起诉状，后即时裁定不予立案。未经书面告知，不得裁定不予立案。

二是针对诉讼要件的指导性释明。在起诉人自愿接受的前提下，对那些具有一定实体性的诉讼要件问题，尽立案人员之所能，对起诉人进行必要的释明，以避免立案后又被审判庭驳回起诉。但起诉人认为立案人员的释明无理或者坚持自己的起诉方案的，立案庭应当予以立案，由审判庭经过审理后裁判是否驳回起诉。立案人员不得以“事实理由不充分”“无直接利害关系”等以往通常的理由裁定不予立案。

三是针对诉讼和非诉行政案件执行要件的指导性释明。在起诉人自愿接受的前提下，加强对诉求主体和对象等方面可执行性的释明，防止起诉人取得生效判决后依法却不能申请强制执行，或者“先天性”执行不能。

（三）构建立案审查程序保障机制

一是引入律师参与引导机制。当事人在律师的帮助下，可以大大减少起诉不合法的情形，同时利于推进立案审查机制。这方面，可以尝试实施立案阶段律师强制代理制，允许律师接受诉讼信托。

二是确保当事人听证机制。诉讼要件的审查，关系到案件能否成为“可审案”进入审理阶段的关键环节，不能由法院独占审查程序，应该保障当事人的程序参与性。笔者认为，我国法院如在诉状登记立案之后发现案件不具备审理要件的，应当借鉴国外的相关规定，召开立案听证会，让当事人参与审查程序，陈述意见并提供证据，给予其充分的程序保障。如果听证之后发现案件确实不具备审理要件、法院无法审理的，则可以裁定的形式不予立案。听证会参与人员除了立案审查合议庭以外，当事人及其代理人还可以吸收律师团体和大专院校专家作为特邀人员参加听证庭。主要流程由审查人员发表审查意见并提出法律依据，当事人发表反驳意见并提出法律依据和事实依据，听证庭进行评判，审查结论与法相悖不能成立则应该根据听证庭意见重新审查提出相关意见或准入立案流程。

结　语

推进立案登记制，实现了立案程序由职权模式向诉权保障模式的转变，并不意味着将立案工作粗浅地简化为单一的登记手续而否定法院的立案审查功能，社会的错综复杂性和诉讼利益及主体的多样性，都要求人民法院对当事人各类纠纷之“诉”进行甄别和梳理。如何探索建立有效机制将“依法应该受理的案件”与“不该受理的案件”区别开来，使人民法院从“有案必立、有诉必理”做到立“应立之案”，理“应理之诉”，行政纠纷案件“二维式”立案审查机制重构顺应预防和制止滥诉、确保有效司法资源满足人民群众合法诉讼利益需求的要求，这对于进一步完善行政案件立案审查立法技术不足，处理好登记立案与诉权保障和诉讼审查关系具有十分重要的现实意义。

（作者单位：安徽省黄山市中级人民法院）

案例分析

正在进行的违法建设的强制拆除程序

张祺炜

【裁判要旨】

对于违法建设，必须通过有效的行政执法及时处理，从而实现对社会秩序的有效管理和对公共利益的有效维护。针对正在进行的违法建设所采取的强制拆除，行政机关可以依照《中华人民共和国城乡规划法》第六十八条的规定予以查处，不受《中华人民共和国行政强制法》规定的强制执行程序的限制。判断违法建设是否正在进行，不能仅局限于行政机关实施强制拆除时违法建设行为正在进行，还应当包括行为人不听行政机关劝阻继续实施并完成的建设，以及行政机关在合理时间内发现行为人已经完成的建设。

【案号】

一审：江苏省南通市港闸区人民法院（2017）苏0611行初327号。

二审：江苏省南通市中级人民法院（2018）苏06行终192号。

【案情】

上诉人（原审原告）：蒋晓丽。

被上诉人（原审被告）：江苏省南通市崇川区城市管理行政执法局。

江苏省南通市崇川区城市管理行政执法局（以下简称崇川城管局）于2017年8月29日、9月29日在南通市悦海名邸5号楼张贴《城市规划管理提示书》，友情提示居住户禁止从事：1. 房屋未批先建；2. 擅自改变住宅外立面；3. 擅自在建筑物楼顶、退层平台、住宅底层院内以及配建的停车场进行建设；4. 擅自在设备平台、通风井等部位进行工程建设；5. 其他违反城市规划的建设活动。蒋晓丽系悦海名邸5号楼业主。2017年10月4日，蒋晓丽未经批准，在自家南侧设备平台上安装铝合金窗户。同年10月15日，崇川城管局进行现场勘查，发现包括蒋晓丽在内的81户在设备平台上安装了铝合金窗户。10月31日，崇川城管局将蒋晓丽在设备平台上安装的铝合金窗户予以拆卸。对于拆卸后的建筑材料，崇川城管局因联系不上蒋晓丽，在物业公司及居委会工作人员的见证下，放置于蒋晓丽门前平台，并进行了现场录像。蒋晓丽不服提起诉讼，要求确认崇川城管局拆除蒋晓丽设备平台玻璃窗的行政行为违法，赔偿蒋晓丽损失3000元。

【审判】

江苏省南通市港闸区人民法院一审认为，蒋晓丽未经批准擅自封闭设备平台的行为违反《中华人民共和国城乡规划法》（以下简称《城乡规划法》）第六十四条的规定，依法应受到相应处理。崇川城管局未作出任何责令停止建设或限期拆除行政决定，径行对案涉铝合金窗户进行拆卸，程序违法，崇川城管局未违法处置蒋晓丽的建筑材料，蒋晓丽要求崇川城管局赔偿损失的主张不能成立。综上，判决确认崇川城管局强制拆除蒋晓丽铝合金窗户的行为违法，驳回蒋晓丽的行政赔偿请求。

一审宣判后，蒋晓丽不服提起上诉。

江苏省南通市中级人民法院二审认为，关于崇川城管局认定蒋晓丽封闭设备平台的行为违法，是否具有事实和法律依据的问题，蒋晓丽的建设行为并非简单地在私有空间加装窗户的行为，其实质是未经规划许可擅自在中空天井外安装铝合金窗户，从而借助合法建筑的墙体，共同围成封闭空间。设备平台属于业主共有部分，封闭后的设备平台与蒋晓丽的住宅合为一体，不仅客观上增加了私有部分面积，改变了小区原有设计规划及建筑物原有外立面，还可能造成安全隐患，属于违法建设行为。蒋晓丽未取得建设工程规划许可证，也未取得城乡规划主管部门的建设工程设计方案审查文件，其实施的建设行为不属于尚可采取改正措施消除影响的情形，故依法应予拆除。综上，崇川城管局认定蒋晓丽封闭设备平台的行为违法具有事实和法律依据。

关于崇川城管局强制拆除蒋晓丽封闭的设备平台，程序是否合法的问题。《城乡规划法》第六十八条规定，城乡规划主管部门作出责令停止建设或者限期拆除的决定后，当事人不停止建设或者逾期不拆除的，建设工程所在地县级以上地方人民政府可以责成有关部门采取查封施工现场、强制拆除等措施。从“责令停止建设”的规定内容看，该条针对的主要是正在进行的违法建设行为，根据特别法优先于普通法的原则，在建建筑的处理应当依照《城乡规划法》第六十八条的规定，对不听制止而继续建设的行为要进行及时处理，采取查封施工现场或者强制拆除等即时措施，不受《中华人民共和国行政强制法》（以下简称《行政强制法》）规定的强制执行程序的限制。在建建筑，一般是指尚未完工，还不具备居住、使用功能的建筑物、构筑物，还包括行为人不听行政机关的劝阻继续实施并完成的建设，以及行政机关在合理时间内发现行为人已经完成的建设。崇川城管局曾通过张贴《城市规划管理提示书》、设置条幅、播放宣传语、安排人员定点看守等方式制止违法建设行为，而蒋晓丽无视城管部门的宣传提示及监管，继续实施违法建设行为，应当以正在进行的违法建设行为视之。崇川城管局既未对蒋晓丽的行为作出书面限期拆除决定，亦未接受南通市崇川区人民政府的责成，在此情况下，崇川城管局直接对蒋晓丽封闭的设备平台进行拆除，违反法定程序，依法应当确认违法。

综上，二审法院驳回上诉，维持原判。

【评析】

违法建设一直是我国城乡治理中面临的一个痼疾，久治不愈，基于成因复杂、利益交叠等原因，导致违法建设的查处既是广大群众关心的热点问题，又是行政执法与司法实践中面临的难点问题。《行政强制法》实施后，行政机关实施行政强制有了明确的法律依据，行政机关对违法建筑从发现到最终拆除，除应当符合城乡规划相关法律法规规定外，还应遵循《行政强制法》的规定。《行政强制法》旨在规制行政强制执法“乱”和“软”的两个突出问题，其对统一行政强制方式、规范行政强制流程具有重要意义。但是，近年来屡屡出现行政机关因查处违法建设的周期过长而导致执法举步维艰的问题，因此，有必要深入分析产生此种现象的症结之所在，从而寻找应对之策。

一、冲突与困惑：治理违法建设的立法与执法现状

我国关于治理违法建设的规范性文件主要包括《城乡规划法》《土地管理法》《村庄和集镇规划建设管理条例》《城市市容和环境卫生管理条例》《住房和城乡建设部关于规范城乡规划行政处罚裁量权的指导意见》《住宅室内装饰装修管理办法》等，此类规范主要是以实体法为主，其中附带部分程序性条款。

《行政强制法》实施后，其作为行政强制领域的新法、基本法，应当优先适用，根据程序从新原则，其他法律、法规中没有规定实施程序的，应当适用《行政强制法》的规定。《行政强制法》第四章规定了行政强制执行程序，其中第四十四条专门规定了对违法的建筑物、构筑物、设施等强制拆除的特别程序。因此，行政机关对违法建筑实施强制拆除行为，除应当符合城乡规划相关法律法规规定外，还应遵循《行政强制法》的规定。在《行政强制法》的背景下，行政机关对违法建筑从发现到最终拆除，要履行的主要程序往往需要数个月甚至更长时间，如果相对人再对相关行政行为申请复议或提起诉讼，经历的时间将更加难以预期。

近年来，行政机关查处违法建设时常呈现两个极端：一方面，有的行政机关迫于尽快消除违法建设的执法压力，不惜违反法定程序直接实施拆除行为，此种行为无一例外被法院确认违法；另一方面，有的行政机关对一些拆除阻力较大的违法建筑最大限度地走法律程序，受违建影响的利害关系人往往因此提起履行职责之诉。行政机关陷入了“拆了要被诉”“不拆也要被诉”，一方质疑“不作为”、一方抗议“乱作为”的怪圈，这一巨大反差本身足以反映某些现实困境。尤其是行政机关普遍出现宁愿违反法定程序也要实施相应行政行为的现象，这在其他行政管理领域是极为少见的。针对行政机关拆除违法建设面临的效率低等问题，有学者忧虑地指出，如果依据《行政强制法》第四十四条所规定的程序进行强制拆除，“砖头”早就成为“楼房”了，无论是对于当事人还是行政机关，都存在着成本加大、矛盾激化的突出问题。因此，要深化行政执法体制改革，法律就应当从提高行政效率的角度，积极保障行政权的有效行使。[1]

二、违法建设所涉基本理论与利益衡量

行政机关查处违法建设过程中之所以出现前述有意识的分类执法行为，根本原因不在于《城乡规划法》与《行政强制法》之间如何适用的问题，而在于违法建设的认定缺乏类型化标准。作为外延很广的违法建设行为，实践中却采取“一刀切”法律程序进行查处，由此引发了财产保护、行政效率以及公共利益之间的失衡与失范。德国著名的利益法学派代表人物菲利普·黑克指出，每一个法律命令都决定着一种利益冲突，都建立在各种对立利益之间的相互作用之上，仿佛是这些对立力量较力的结果。法官不仅要适用具体的法律命令，也要保护制定法认为值得保护的利益的整体。[2] 对违法建设的查处，有必要充分考虑并衡量违建所关涉的行政管理、公共利益及私人权利之间的相互关系，从而对拆除程序作出合理的选择。

（一）促进行政效率

行政效率是对行政法传统的控权功能、程序功能和保护功能等的必要补充，有时无效率的程序可能并不优于无程序的效率，如果一味地“恐惧”行政权而漠视行政效率的低下，最终受到损害的还是社会公众。行政主体维护和分配公共利益，不能不讲求效率，否则就会损害公共利益和个人利益。行政程序作为行政主体维护和分配公共利益的一种意思表示规则，也就不能不以效率性为基本价值。[3]

就违法建设的查处而言，违法建筑往往建设速度极快，如不及时处理则易造成迅速蔓延的趋势。因此，必须确保拆违程序的便捷、及时、有效。违法建筑具有搭建容易、拆除困难等突出特点，实践中有的行为人采取突击搭建的形式实施违法建设，待造成既定事实，再采取各种方式阻碍行政机关执法，或者即使被行政机关发现，行为人也采取诉讼等方式拖延时间，继续搭建。很多违法建筑位于私人空间，查封施工现场的手段难以奏效，程序走完，“建材”早已变“建筑”。正在进行的违法建设是最好的拆除时机，一旦不能及时拆除，将增加后续拆违工作的难度，因为已经完工的违法建设相对于正

---

① 沈福俊：《法律应当如何保障行政权的有效行使——以行政强制法第 44 条和上海市拆除违法建筑规定为分析起点》，载《东方法学》2016 年第 1 期。

② ［德］菲利普·黑克：《利益法学》，傅广宇译，商务印书馆 2016 年版，第 29 页。

③ 叶必丰：《行政法的人文精神》，北京大学出版社 2005 年版，第 254 页。

在进行的违法建设而言，行政机关在拆除过程中为避免损失的扩大，采取的保护性措施成本更加高昂，即使将建筑材料恢复到原有状态，相对人为建设行为投入的人工、材料等费用也将付诸东流。因此，对于正在进行的违法建设，最有效的办法就是行政机关及时发现、及时制止，制止不成的，及时拆除。

（二）维护公共利益

行政管理事关公众福祉，政府承担了实现更大的社会正义以及为公共谋取福利的责任。公共利益是所有行政活动的理由和界限所在，也是行政机关追求的大众福祉与私人追求的与大众福祉有关的利益的区别所在。[①] 杨海坤、章志远教授在对行政强制立法提出设想时即提出，从终极意义上来说，保障特定社会秩序的实现才是行政强制执行的价值所在。这是因为，如果行政机关依法设定的义务不及时而全面地得到履行，就会给社会公共利益及其他个人利益造成危害，且时间越长损害越大。因此，在确立行政强制执行模式时，就必须分清这种终极目的、基本目的和直接目的之间的层次关系，进而作出合乎理性的选择。[②]

就违法建设的查处而言，有的违法建筑可能占用了小区公共空间或破坏了建筑物整体的环境与美观，有的违法建筑可能对邻居的通风、采光、通行等相邻权造成影响，有的违法建筑甚至引发环境污染，滋生安全隐患。对于违法建设的查处，一方面，需要保护相对人的权益，另一方面，利害关系人及社会公众的利益也是不可忽视的因素。如果所有的违法建设行为均不加区分地依照《行政强制法》的程序实施查处和拆除，势必导致社会公共利益及他人正当权利长期处于受损害、受威胁的状态，这显然有悖于《行政强制法》第一条规定的维护公共利益和社会秩序的立法目的。事实上，对行政行为的遵循与服从，一定程度上将为社会生活提供很大程度的有序性和稳定性，在行政强制领域，只主张行政权力的限缩，不提倡其积极作用的发挥，是对《行政强制法》的片面认识和因噎废食。

（三）平衡个人权益

我们应当“认真对待权利”，但也应当思考“你的权利从哪里来”。个人

---

① ［德］汉斯·J. 沃尔夫等：《行政法》（第二卷），商务印书馆2002年版，第324页。

② 杨海坤、章志远：《中国行政法基本理论研究》，北京大学出版社2004年版，第356页。

利益是决定法律程序保护力度的一个重要因素，但并非决定正当法律程序适用与否的唯一条件。一般来说，个人权利的实现程度、权利的大小与其保障和救济制度是成正向关系的。政府及社会公众为保护权利而愿意投入的人力、物力不可能是毫无节制的，权利的背后一定有实质资源的付出，否则只能是一种名目上的概念，而不会有实际的内涵。① 个人权益越重要，法律赋予的程序保障力度也就相应的越大。

就违法建设的查处而言，违法建筑主要包括非法占用土地或违反城乡规划的建筑物、构筑物，破坏市容环境的户外广告，阻碍正常交通的障碍物、渡口，危害公共安全的设施、设备等。这些违法建筑的建设成本、危害程度等均有各自的特点，难以等量齐观。对于涉及行为人重大权益的不动产等，应最大化保障其程序权利，确保查处、拆除过程及结果的慎重。而有的违法构筑物基于成本低、建设快、长期得不到查处等原因，容易产生示范效应，导致一个范围内的人群出现法不责众的心理而共同实施违法建设行为。又如户外广告，广告的性质在于其效力与存在时间一般成正比关系，违法建设的户外广告如果历经较长时间得不到拆除，相对人设置广告的目的早已达到，最终即使拆除，对行为人的惩戒功能业已丧失。虽然行政机关可能在相对人提起诉讼或者诉讼过程中即实施拆除行为，但如前所述，这类拆除行为主要是针对正在建设的建筑物、构筑物而言，而不是已经建成、涉及相对人重大利益的不动产。因此，如果通过合法性审查认定行政机关的行为缺乏事实和法律依据，亦不妨碍相对人权益通过行政赔偿的方式得到救济。

综上分析，在多元的行政管理实践中，对违法建设不能一刀切地采取同样的行政强制执行程序和方式，如果过分夸大程序的作用，就会淡化实体的功能，出现泛程序化的倾向。对于正在进行的违法建设等特定情况，应当强调对违法建设的快速处理，以达到尽快减少或者消除违法建筑对社会秩序和公共利益所造成的损害之目的。

三、查处在建违法建筑的必经程序

针对违法建筑的行政强制拆除，毕竟是一种直接的、强制的负担性行政行为，会对相对人产生不利影响，因此，行政机关查处在建违法建筑亦应遵守《城乡规划法》第六十八条的规定，符合与权利内容相一致的最低限度的

---

① 曾娜：《行政程序的正当性判断标准研究》，知识产权出版社 2014 年版，第 82 页。

正当程序原则。具体而言，应符合以下标准。

（一）违法建设正在进行

违法建设正在进行是行政机关能否直接适用《城乡规划法》第六十八条的核心要素，因此，其认定应尤为慎重，自由裁量亦应限缩在最低限度内。在建建筑，一般是指尚未完工，还不具备居住、使用功能的建筑物、构筑物。实践中，有的建筑物、构筑物成本较低、面积较小、结构简单，数日甚至数小时即可完成，此类建设行为隐蔽性强、周期短，往往未被发现即已竣工。此时，如果仍然拘泥于违法建设“正在进行”的一般标准，则可能导致对此类行为的纵容。因此，行政机关在行为人实施违法建设前，已经通过适当方式提示告知，但行为人拒不听从、坚持完成建设的，或者行政机关在合理时间内即发现了行为人已实施完毕的违法建设，均应当视为正在进行的违法建设。除此之外的违法建筑均不能以在建建筑论之。实践中，不乏形成时间久远的违法建筑，尤其在广大乡村，违法新建、加建居住用房、附属用房的现象更是司空见惯，有的甚至以缴纳罚款的形式得到了基层政府的默许，对于此类建筑物，如果必须拆除的，行政机关除应当严格遵守《行政强制法》及《城乡规划法》的规定外，还应当充分考虑历史因素，严格释法说理，加强相关法律知识的宣传，注重沟通、交流，尽量采取协商解决的方式，避免产生对立。

（二）给予相对人履行期限

行政机关在发现相对人存在违法建设行为后，给予相对人一定期限，由相对人自行纠正，既是保障相对人陈述申辩等程序权利的必要途径，也是柔性执法的应有之义。给予相对人履行期限的方式是行政机关向相对人发出责令停止建设或者限期拆除的决定，决定中的内容应包括相对人的违法事实、违反的法律、自行拆除的期限及逾期不拆除的后果等。

（三）县级以上政府责成

县级以上人民政府责成行为是强制拆除的必经程序。虽然实践中有地方政府采取“一次性授权”的方式，即县级以上人民政府通过通知、通告、回复等形式一次性授权当地城管执法部门对违法建设实施强制拆除。但是，县级以上政府责任应当以“一案一责成”的方式为宜，不能因过分追求行政效率而忽略了对行政行为的监督管理。因为每次是否责成，县级以上人民政府都应当依法审查,“概括性责成”实际上放弃了审查义务,违反法律规定。[①]

(四)拆除手段合理

行政执法应遵循比例原则,对个人所造成的损害与对社会获得的利益之间应当均衡、成比例。公民因违法建筑所负的法律责任,不应当涉及其合法的私有财产,行政机关在拆除过程中,不得因拆除行为而对行政相对人的合法财产造成不应有的损害。因不当处置仍可利用的建筑材料或者未妥善保存建筑物内的合法财产,致使财产毁损、灭失的,属于不当扩大行政强制的范围,应承担相应的行政赔偿责任。行政机关在对违法建设实施拆除过程中,必须事前通知相对人,搬出与违法建设无关的财物,做好证据固定,在实施过程中应采取合理合法的措施,手段不能超过必要限度,避免造成对建筑材料及其他合法私有财产的不当损害。

四、路向何方:治理违法建设的合理化路径

2016 年年初,中共中央、国务院发布的《关于进一步加强城市规划建设管理工作的若干意见》提出,“用5 年左右时间,全面清查并处理建成区违法建设,坚决遏制新增违法建设”,违法建设等制约城市科学发展的“城市病”,引起了党和政府的高度重视。近年来,各地充分贯彻国家治理违法建设的方针政策,加强对违法建设的治理力度,取得了积极的进展,但是,法律的刚性与拆违的紧迫性之间的矛盾,仍是不得不正视的问题。笔者认为,实现对违法建筑类型化处理方式能有效缓解立法与实践之间的紧张关系,囿于法律的稳定性及滞后性,从短期来看,最为行之有效的两条路径是行政机关的创新性执法以及最高人民法院作出的典型案例。

(一)尊重法律原则基础上的创新性行政执法

社会处于转型期,各地的经济社会发展水平差距巨大,立法远远跟不上社会的现实需要,而且立法难免出现与实践的冲突,恪守严格的法律教条主义将影响规制或者监管的公正性、有效性。[②] 因此,行政机关面对社会突出问题,有必要在尊重法治基本精神的前提下,及时制定相应可操作性措施,以此推动行政管理的高效运行,满足社会治理的需要。特别是面对百姓呼声强烈的违法建设问题,依法治理和创新性执法都是一种现实而迫切的选择。

---

① 杨科雄:《行政强制司法审查的规则与适用》,中国法制出版社 2013 年版,第 181 页。

② 江必新:《国家治理现代化与行政法治》,中国法制出版社 2016 年版,第 90 页。

实践中，已有城市出台了治理违法建设的创新性举措，如上海市城乡建设和管理委员会等九部门共同制定了《关于进一步加强本市违法建筑治理工作的实施意见》（沪建管联〔2014〕547号），该意见规定，为制止正在搭建违法建筑的违法建设行为，拆违实施部门应当在调查取证后，责令当事人停止建设、限期自行拆除，并可以采取暂扣施工工具和材料等措施。当事人拒绝停止建设或者逾期不拆除的，拆违实施部门应当依法采取强制拆除正在搭建违法建筑的措施。该意见虽然存在排斥《行政强制法》的适用之嫌，但同时也规定了一些保障相对人权利及制约行政机关执法手段的配套措施，在治理违法建设形势严峻的当下，不失为一剂良方。事实上，该意见的出台对上海违法建设的治理也起到了积极的效果，该规定使得拆除正在搭建的违法建筑的时间由168天缩短为8天。2011年以来，上海全市拆除新建违法建筑397.6万平方米，拆除历史存量违法建筑1976.7万平方米。①

（二）最高人民法院通过司法裁判创立规则

“行政行为的蓝本是法院的裁判。”② 虽然行政行为的依据一般为法律或者政策，但法院的司法裁判，尤其是最高人民法院的司法裁判确实在一定程度上起到了对行政管理事项的规则引领作用。美国学者埃尔曼认为，“法院势必在制定政策方面起到作用”，同时，“通过适时地提供判决，并且因此通过参加该制度政策产品的创制，司法机构维持了自身的存在和它在社会中的持久作用”。③ 法院在审理新类型案件时，尤其是针对案件所蕴含的法律问题所确定的审理思路、价值取向、政策把握等，往往能为之后的行政执法所参照。当法律与实践存在一定功能性脱节时，法院亦不能墨守成规，而是有必要通过司法裁判作出适时的调整，以保证法律的正确适用。

美国大法官卡多佐对坎马克诉斯拉特里兄弟公司（Cammack v. Slattery &Bros., Inc., 1925, 241N. Y. 39）一案涉及的口头合同对盖章的书面合同修改问题如下评述，“我将司法的功能理解为是动态的。对古老规则的替换并没有侵犯任何值得保护的利益，相反，它将使法律的发展能够跟上现实变动的

---

① 陈奇星、陈保中编：《深入推进依法行政与法治政府建设》，上海人民出版社2016年版，第138~139页。

② ［德］奥托·迈耶：《德国行政法》，刘飞译，商务印书馆2013年版，第100页。

③ ［美］埃尔曼：《比较法律文化》，贺卫方等译，生活·读书·新知三联书店1990年版，第162~163页。

步伐”[1]。在蒋晓丽案中，法院的判决将对在建建筑的强制拆除视为行政强制措施，主要也是为直接适用城乡规划法所作的技术性处理。这种方式也得到了学者的认同，强制拆除广泛的适用对象中，相当一部分较为零散、琐碎、细微，对之强制拆除若以行政强制执行论，则执法实践要么举步维艰，要么合法性备受质疑。而以适用对象作为行政强制执行与行政强制措施的主要区分标准，对部分适用对象可以直接适用行政强制措施，则更合乎执法实践的要求，更具有现实可行性。[2]

姜明安教授指出，严格的、僵硬的限权、控权会把政府为“善”的手脚也束缚住了，使政府无法对现代社会、经济事务进行管理，无法维护现代社会、经济运行所必要的秩序，无法保护消费者和各种弱势群体的权益，无法保护人类可持续发展所需要的生活、生态环境。[3] 允许对正在进行的违法建设采取“快速拆除”的查处手段，不仅是应对行政执法现实困顿的权宜之计，也是对如何实现科学、合理、有效的城市治理的大胆尝试，还是对国家治理违建公共政策的积极响应。事实上，在建建筑只是违法建筑的形态之一，违法建筑无论从种类上还是结构上均呈现多样性的特点，但就现行法律规定而言，拆除各类违法建筑所遵循的程序仍是唯一的。如何平衡治理违法建设过程中所关涉的程序与效率、法律与实践、公益与私利之间的相互关系，寻找一条法治化、科学化、合理化、持久化的解决之道，是需要理论和实践进一步探索和思考的问题。

（作者单位：江苏省南通市中级人民法院）

---

① ［美］本杰明·N. 卡多佐：《法律科学的悖论》，劳东燕译，北京大学出版社 2016 年版，第 81 ~ 82 页。

② 刘磊：《强制拆除法律属性二元论——以正在进行的违法建设切入》，载《东方法学》2014 年第 5 期。

③ 姜明安：《法治思维与新行政法》，北京大学出版社 2013 年版，第 402 页。

网上挂牌出让土地行政案件的司法审查

李莉荣

【裁判要旨】

网上挂牌出让土地具有高效性、广泛性等优势，但也伴随着一些法律问题。与现场挂牌出让土地不同，网上挂牌出让属于先竞买后审核，先网上形式审核后现场实质审核，实践中可能因对竞买条件的理解不一致等出现网上竞买结果与现场审核结果不一致的情形。竞买条件因表述不精准而出现争议的，最终解释权归于国土部门，但应当按照相关法律规定以及公平公正等法律原则进行解释。土地竞买人已通过网上竞买全部程序，如已经取得《国有建设用地使用权成交通知书》《竞买资格预确认书》等材料的，在现场审核时发现确不符合竞买条件的，国土部门仍可以取消土地竞买人的竞买资格。但被取消竞买资格的竞买人，对竞买条件已尽到审慎理解义务的，即使以符合竞买条件为名参与竞买程序，也不承担恶意隐瞒情况参与竞买的不利后果。

【案号】

一审：湖北省武汉市江夏区人民法院（2017）鄂0115行初15号。

二审：湖北省武汉市中级人民法院（2018）鄂01行终189号。

【案情】

上诉人（原审被告）：湖北省武汉市国土资源和规划局、湖北省武汉市江夏区国土局。

被上诉人（原审原告）：湖北石油滨江加油站有限责任公司。

2015年2月17日，经武汉市人民政府，新洲区、蔡甸区和江夏区人民政府批准，武汉市国土资源和规划局（以下简称市国土局）决定以挂牌（包括现场挂牌和网上挂牌）方式出让9宗地块的国有建设用地使用权，对外发布武告字（2015）4号《武汉市挂牌出让国有建设用地使用权公告》，并针对涉案地块制定《武汉市国有建设用地使用权网上挂牌出让文件》，确定以网上挂牌方式公开出让P（2015）030号地块国有建设用地使用权，竞买申请人须通过武汉市国有建设用地使用权网上交易系统在互联网上参与竞买，不接受除了通过网上交易系统提出竞买申请以外（如电话、邮寄、书面、口头等）其他形式的申请。市国土局编制的P（2015）030号《武汉市国有建设用地使用权网上挂牌出让文件》主要内容包括：挂牌出让地块的基本情况和规划指标要求及附表、《竞买须知》及《竞买申请书》（样本）、《竞买资格预确认书》（样本）、《国有建设用地使用权成交通知书》（样本）、《国有建设用地使用权成交确认书》（样本）、《国有建设用地使用权出让合同》（样本）。被告湖北省武汉市江夏区国土资源和规划局（以下简称区国土局）作为P（2015）030号地块的出让人，根据上述挂牌出让文件的规定，委托武汉市土地交易中心，利用武汉市国有建设用地使用权网上交易系统，通过互联网以网上挂牌的交易方式公开出让P（2015）030号地块国有建设用地使用权。该地块位于武汉市江夏区庙山开发区幸福村，净用地面积为3258.8平方米（以实测面积为准），规划用地性质为加油加气站用地，出让年限为商服40年。具体规划指标和要求以区国土局批准的规划设计条件为准。市国土局制定的《武汉市国有建设用地使用权网上挂牌出让文件》中的《国有建设用地使用权网上挂牌出让竞买须知》规定："……四、竞买资格及要求。符合下列条件的中华人民共和国境内外的法人、自然人和其他组织，除因拖欠土地成交价款等行为被纳入土地市场不良行为记录档案或国家法律法规另有规定外，均可申请参加竞买。1. 具备省级或以上商务主管部门核准的（或预核准的）成品油零售资格的；2. 具备武汉市燃气办批准的投资建设天然气汽车加气站市场准入资格的……八、竞买申请……在提交竞买申请之前，意向竞买人应当详细阅读武汉市国有建设用地使用权网上交易指南、网上挂牌出让公告、网上挂牌出让文件，并了解出让宗地相关信息。如对挂牌文件或地块现状有疑义的，意向竞买人可在提交竞买申请前向交易中心咨询，咨询电话：……竞买申请一经提交，即视为对网上挂牌出让文件及宗地现状无异议，并视为同意接受网上挂牌出让相关规定、规则的约束。"

2015年3月17日，湖北石油滨江加油站有限责任公司（以下简称滨江加油站）通过武汉市国有建设用地使用权网上交易系统提交竞买申请书，自愿申请参加该地块的国有建设用地使用权网上挂牌出让活动。3月18日，滨江加油站按照要求，向武汉市土地交易中心交纳了P（2015）030号地块竞买保证金760万元，同时通过网上交易系统获得署名为武汉市土地交易中心的《竞买资格预确认书》（样本）。3月19日，滨江加油站又通过登录网上交易系统参与网上竞买，通过竞价最终以成交价1090万元竞得该地块，竞得后又取得了署名为武汉市土地交易中心的《国有建设用地使用权成交通知书》（样本）。该通知要求自网上挂牌出让成交之日起5个工作日内，持本通知书等相关资料到武汉市土地交易中心签订成交确认书。同日，武汉市江天公证处对P（2015）030号地块网上挂牌出让活动进行现场监督公证，并作出（2015）鄂江天内证字第6655号公证书，证明本次挂牌出让活动符合法律规定，挂牌结果真实、合法、有效。2015年3月26日，滨江加油站按通知书要求提交相关资料，并向武汉市土地交易中心作出《情况说明》，说明该公司具有省商务厅核发的零售成品油经营资质和武汉中能燃气有限公司具有市政府批准的CNG加气站准入资质，以及双方签订的《战略合作框架协议》，依据协议在武汉市所属区域范围内的油气合建站项目均由两家共同参与开发建设。武汉市土地交易中心于2015年3月27日将滨江加油站提交的有关资料以及关于燃气资格的《情况说明》一并移交区国土局按规定程序办理。区国土局收到后，于2015年4月22日根据P（2015）030号地块国有建设用地使用权挂牌文件《竞买须知》的第十九条第一款第（三）项规定，认为滨江加油站不符合挂牌文件规定的竞买资格要求，未能提交“武汉市燃气办批准的投资建设天然气汽车加气站市场准入资格”相关文件，作出《关于取消湖北石油滨江加油站有限责任公司P（2015）030号地块国有建设用地使用权竞得人资格的函》，将依据上述规定取消滨江加油站P（2015）030号地块国有建设用地使用权竞得人资格，并不予退还其所交纳的竞买保证金。如另行组织本挂牌地块出让的成交价款低于本次成交价款，且差价金额超过本次竞买保证金金额的，本次被取消竞得资格的竞得人还应对超过竞买保证金金额的差价部分承担赔偿责任。滨江加油站收到该函后，于同年4月30日向区国土局提交《关于立即签订成交确认书的请求函》，但区国土局至今未作出处理。涉案P（2015）030号地块挂牌出让活动目前仍处于停滞状态。为此，滨江加油站于2017年4月11日向原审法院提起行政诉讼。本案中，滨江加油站还诉称市国土局作出《竞买须知》第四条、第十四条、第十五条、第十九条违反《招标拍卖挂牌出让国有建设用地使用权规定》，应确认该规范性文件无效。因《竞买须知》只针对涉案宗地即 P（2015）030 号地块的出让条件、程序等制定具体规定，不具有普遍约束力，不属于附带规范性文件合法性的审查范围。诉讼中经原审法院释明，滨江加油站已当庭口头撤回该诉讼请求。

【审判】

武汉市江夏区人民法院一审认为，挂牌出让包括现场挂牌和网上挂牌两种方式。国土资源部先后发布的《招标拍卖挂牌出让国有建设用地使用权规定》（以下简称《规定》）、《招标拍卖挂牌出让国有土地使用权规范（试行）》（以下简称《规范》）、《国土资源部关于开展国有建设用地使用权网上交易试点工作的意见》（以下简称《意见》）均为部门规章。《规定》第二条已明确挂牌出让适用本规定，且《规定》和《规范》的效力明显高于《意见》，在《规定》已有明确规定且未作出修改前，两被告选择性适用《意见》，创新设立对竞买人资格在竞得后再审查程序及在出让文件中所设立的《竞买资格预确认书》规定等均缺乏充足的法律法规依据。同时，根据《中华人民共和国行政处罚法》第三十一条、第四十二条规定，行政机关在作出行政处罚决定之前，应当告知当事人作出行政处罚决定的事实、理由及依据，并告知当事人依法享有的权利。行政机关作出责令停产停业、吊销许可证或者执照、较大数额罚款等行政处罚决定之前，应当告知当事人有要求举行听证的权利；当事人要求听证的，行政机关应当组织听证。取消竞得人资格、不予退还较大数额竞买保证金均属于重大行政处理事项。被告区国土局在作出决定前既未履行告知程序，又未征求当事人意见是否要求听证，剥夺了当事人陈述和申辩的权利，也未告知当事人提起行政复议和诉讼权利、救济期限，剥夺了行政相对人的救济权利，同时也未提供行政机关应当集体讨论的证据，属严重程序违法，依照《中华人民共和国行政处罚法》第四十一条，该决定应认定不能成立。在涉案宗地 P（2015）030 号地块招拍挂活动中，被告市国土局并非涉案宗地出让人却以其名义发布公告、制定网上挂牌出让文件明显不妥，且选择性适用部门规章，在网上挂牌出让文件中创新设立竞买资格预审查通知书、成交后审查竞买资格程序等规定，增设竞买申请人的义务，将出让人对竞买申请人的资格、条件的审查之法定义务改变为自律性行为，减少本部门的法定职责，实质上将出让人应承担对竞买申请人的资格审查、通知义务和责任全部转嫁于竞买申请人，既违背了土地市场交易习惯，也扰乱了案外其他申请人参与公平竞争的秩序，直接影响本次招拍挂活动的正常推进，从而导致本次招拍挂活动停滞，属于滥用行政职权；被告区国土局在《竞买资格预确认书》和《国有建设用地使用权成交通知书》未被撤销以及《公证书》未确认无效的情形下，任意曲解否认上述行为的效力，径行以“函”的形式作出行政处理行为，严重损害了政府信赖保护原则，该函件认定事实的主要证据不足，既不符合法定形式，也不符合法定程序，且未适用任何法律法规依据，故依法应予以撤销；区国土局对滨江加油站提出签订成交确认书、土地出让协议的请求超过法定期限不作出行政处理，属于不履行法定职责，故区国土局应当及时重新作出行政行为。滨江加油站的其他诉讼请求须在区国土局重新作出行政行为后再行主张权利。据此，判决撤销区国土局于2015年4月22日作出的《关于取消湖北石油滨江加油站有限责任公司P（2015）030号地块国有建设用地使用权竞得人资格的函》，并限其在本判决生效后六十日内重新作出行政行为。二、驳回滨江加油站的其他诉讼请求。市国土局、区国土局不服原审判决，向武汉市中级人民法院提起上诉。

武汉市中级人民法院二审认为：一、在网上挂牌交易竞买资格审查中，竞买申请人应提供真实、齐全、符合法定形式要件的申请材料，并对此尽注意义务。国土资源部制定《规范》用以规范国有土地出让市场的监督管理行为。为了运用科技信息手段提高国有土地出让市场的监督管理水平，国土资源部于2011年提出网上交易改革试点工作，并为此出台《意见》。《意见》规定：“……部决定开展网上交易试点，并提出以下意见……推行网上交易是部‘两整治一改革’专项行动的明确要求和重点内容，是运用科技信息手段提高国有土地出让市场管理和监督水平的重要举措，对建立公开、公平、公正的市场环境、降低交易成本、加强内部监督、强化社会监督、推进廉政建设具有重要作用。”可见，《意见》对网上交易试点工作仅作了原则性、方向性规定，对网上交易流程和操作规范未作进一步规定。为了贯彻《意见》精神，市国土局制定出台了《武汉市网上拍卖、挂牌出让国有建设用地使用权交易规则（试行）》（以下简称《规则》），对网上交易流程和操作规范作进一步规定。虽然网上挂牌交易是区别于现场挂牌交易的一种交易方式，但同属于对国有建设用地使用权挂牌出让的交易方式，仍应受《规范》的调整。因此，作为规范性文件的《规则》，必须与作为规章的《规范》的基本原则和精神一致，不得与其抵触，对《规则》的理解和适用同样要与《规范》的基本原则和精神一致，不得与其冲突。《规范》第 4. 4. 5 规定："招标拍卖挂牌出让程序：……（6）申请和资格审查；……"该规范第 10. 3 规定："受理申请及资格审查：出让人应当对出让公告规定的时间内收到的申请进行审查。经审查，有下列情形之一的，为无效申请：（1）申请人不具备竞买资格的；（2）未按规定交纳保证金的；（3）申请文件不齐全或不符合规定的；……经审查，符合规定条件的，应当确认申请人的投标或竞买资格，并通知其参加招标拍卖挂牌活动……"由上述规定可知，审查竞买资格属于土地行政管理部门的职责范围，是挂牌出让国有建设用地使用权的必经程序。作为另一种形式的挂牌交易即网上挂牌交易同样应适用竞买资格审查。在网上挂牌交易中，竞买资格审查属土地行政主管部门的审查职责。为体现公平原则，倡导诚实信用，竞买申请人应提供真实、合法、齐全的申请材料，并就此尽注意义务。申请人只对其提供的申请材料是否真实、齐全、具备法定形式要件负责，不对其是否最终符合竞买资格负责。隐瞒事实提供虚假材料或采取其他非法手段则属违反此义务的情形，因此应接受处罚。如果申请人提供真实、齐全、合法的材料，并对此尽到注意义务，即使最终被认定不具备竞买资格，也不应被处罚，不应被没收竞买保证金，承担下一次竞买带来的差价损失。否则，会转嫁土地行政管理部门履行竞买资格审查职责所带来的正常风险，扩大申请人不应承担的责任。二、竞买申请人对所提交申请材料是否符合竞买文件所列条件尽注意义务。在对国有建设用地使用权网上挂牌出让交易中，每一地块的出让条件均体现在竞买文件中，竞买申请人提供的材料除了要符合法律法规规定以外，还要符合竞买文件的规定。当然，竞买文件所设定的竞买资格条件不得违反法律法规规定，且必须明确具体。因表述不明确具体致使申请人提供材料不符合要求的后果由土地行政主管部门承担。此外，为了维护土地交易市场秩序、增强竞买人自律性，申请人应当对提供符合竞买文件的材料尽注意义务。因不尽注意义务使所提供的申请材料违反竞买文件规定的，竞买申请人应承担责任。是否尽到注意义务以一般申请人的认知为限。本案中，竞买文件中的竞买须知虽然明确了竞买条件，但未明确提出竞买申请人必须自身独立具备加气站市场准入资格的条件。从一般申请人的认知来看，滨江加油站提供与武汉中能燃气有限公司签订的《战略合作框架协议》及该公司加气站市场准入资格证，并不违反《竞买须知》的规定。滨江加油站对所提供的材料已尽到注意义务。可见，导致滨江加油站申请材料不符合规定的原因，是竞买须知的表述不够清晰明确，并非滨江加油站未尽注意义务，因此其不应对此承担责任。此外，虽然竞买须知中亦告知了咨询电话，但竞买资格条件理应通过竞买文件明确，通过拨打咨询电话明确竞买资格条件不是申请人应尽注意义务的内容。三、网上挂牌交易中，《竞买资格预确认书》《国有建设用地成交通知书》的效力需要通过竞买资格后置审查确认。在挂牌交易中，对竞买资格的审查是放在竞买前还是竞买后，两种方式对当事人的权益影响不会产生实质性的不同。基于降低交易成本、增强相对人自律性考虑，武汉市网上挂牌交易选择竞买资格后置审查方式，即竞买后进行竞买资格审查。竞买完成前的所有程序行为的效力均有待最终资格审查来确认。因此，竞买资格审查前，网上自动生成的《竞买资格预确认书》和《国有建设用地使用权成交通知书》并不代表滨江加油站已实际取得竞买资格或实际竞得涉案地块。只有在竞买资格后置审查完成后，滨江加油站才能实际竞得涉案地块，也才能签订《国有土地使用权成交确认书》。原审法院以滨江加油站已取得《竞买资格预确认书》《国有建设用地使用权成交通知书》为由，认定滨江加油站已具备竞买资格，并实际竞得涉案地块的观点缺乏依据，本院在此予以纠正。在未通过竞买资格审查，不具备签订《国有建设用地使用权成交确认书》条件的情况下，原审法院认为市国土局、区国土局应履行与滨江加油站签订成交确认书法定职责的观点亦缺乏依据，滨江加油站的该项诉讼请求不成立，理应驳回。本院在此予以纠正。行政行为的公定力针对成熟的行政行为而言，竞买资格的预确认、国有建设用地使用权成交通知是国有建设用地使用权挂牌出让行为的程序性行为，其合法有效性从属于国有建设用地使用权挂牌出让行为。国有建设用地使用权挂牌出让行为在尚未完成、未成熟的情况下，本身就不存在公定力，其所属的程序性行为更不存在公定力或不可更改、不可撤销的效力。原审法院认为上述程序性行为具有公定力，非经法定机关法定程序不能随意撤销更改的观点，缺乏依据，本院在此予以纠正。

综上，国有建设用地使用权网上挂牌出让交易中，竞买资格审查是土地行政主管部门应当履行的法定职责。竞买申请人仅对所提供材料是否符合法律法规和竞买文件规定负注意义务，不对竞买资格审查结果承担责任。本案中，滨江加油站对提供申请材料已尽注意义务。《规则》第二十六条规定："根据国家相关法律法规规定，竞得人有下列情形之一的，武汉市国土行政主管部门可依法取消其竞得资格，并不予退还其所缴纳的竞买保证金。如另行组织本地块出让的成交价款低于本次成交价款，且差价金额超过本次竞买保证金金额的，本次被取消竞得资格的竞得人还应对超过竞买保证金金额的差价部分承担赔偿责任。竞得人有下列行为之一，竞得结果无效，竞买保证金不予退还：1. 竞得人逾期交纳土地成交价款或逾期、拒绝签订《国有建设用地使用权成交确认书》《国有建设用地使用权出让合同》等的；2. 竞得人提供虚假文件、隐瞒事实的；3. 竞得人采取行贿、恶意串通等非法手段竞得的；4. 竞得人发生其他违约情况的……"根据上述规定，滨江加油站因认为合作方有加气资质即视为自身有资质时，既不属于采取非法手段竞得，也不属于违约行为或《规则》第二十六条所规定的其他情形。虽经审查，即使认定其所提供申请材料不符合规定，也不应据此承担"不予退还竞买保证金，并承担下一次竞买差价损失的责任"。市国土局和区国土局依据《规则》第二十六条规定对滨江加油站作出被诉行为，属于事实不清、证据不足、适用法律错误。市国土局和区国土局理应进一步查清事实，正确适用法律，重新作出行为。原审判决虽然在裁判理由上存在诸多疏漏不当之处，但撤销被诉行为，并责令其重作的裁判结果并无不当。市国土局和区国土局上诉请求不成立，本院不予支持。依据《中华人民共和国行政诉讼法》第八十九条第一款第（一）项之规定，判决如下：驳回上诉，维持原判。

【评析】

一、国有建设用地使用权网上挂牌交易仍需进行竞买资格审查

经审查不符合竞买资格和条件的，土地部门应取消其竞买人资格。网上挂牌交易是区别于现场挂牌交易的一种交易方式，但同属于国有建设用地使用权的挂牌出让交易，同样应遵守国有建设用地使用权挂牌出让交易的基本原则和精神。《规范》明确规定在国有建设用地使用权挂牌出让中，土地管理部门应对竞买参与人进行竞买资格审查。明确说明具体竞买条件并审查竞买参与人是否具备竞买资格是土地管理部门应尽的职责，不能将是否具备竞

买资格的审查职责及其后果转嫁给竞买人。另外，为运用互联网技术提高行政管理水平，在国有土地使用权招拍挂中，探索使用网上招拍挂的形式是一项积极的改革举措。结合网上挂牌交易的特点，将竞买资格审查置于行政程序的尾端，有其合理性和可行性。当然，实行网上挂牌交易竞买资格后置审查程序，就必须重新界定各程序之间的关系。竞买资格审查是介于网上自动生成的成交通知书与签订成交确认书之间的程序，是最终签订成交确认书之前的必经程序。因此，网上挂牌出让的，土地部门同样要对竞买人进行竞买资格审查，区别现场挂牌之处在于是后置审查。故最终是否符合竞买资格，不以滨江加油站的主观判断为标准，应以国土部门审查认定为准。此外，《竞买资格预确认书》《国有建设用地成交通知书》的效力需要通过竞买资格后置审查最终确认。经过后置审查，不具备竞买资格的，土地部门可取消竞买人资格，不受《竞买资格预确认书》《国有建设用地成交通知书》的约束。

二、竞买申请人的注意义务

一般而言，竞买申请人仅对其提供的申请材料是否真实齐全，是否具备法定形式要件尽注意义务，不对其是否最终符合竞买资格负责。是否尽到注意义务以一般申请人的认知为限。竞买申请人尽到注意义务的，即使最终被认定不具备竞买资格，也不应受取消竞买人资格之外的不利处分。竞买文件所设定的竞买资格条件不仅要符合法律法规规定，且必须明确具体。因表述不明确具体致使申请人提供材料不符合要求的，申请人不承担恶意参与竞买的不利后果。关于竞买资格的确定，应当以竞买须知为判断标准。在竞买须知理解出现分歧时，应当以竞买须知的制定主体即国土部门的解释为依据。但国土部门进行解释时，必须遵循法律规定。《城镇燃气管理条例》第十五条规定：“国家对燃气经营实行许可证制度。从事燃气经营活动的企业，应当具备下列条件：……符合前款规定条件的，由县级以上地方人民政府燃气管理部门核发燃气经营许可证。”第十八条规定：“燃气经营者不得有下列行为：（一）拒绝向市政燃气管网覆盖范围内符合用气条件的单位或者个人供气；（二）倒卖、抵押、出租、出借、转让、涂改燃气经营许可证；（三）未履行必要告知义务擅自停止供气、调整供气量，或者未经审批擅自停业或者歇业；（四）向未取得燃气经营许可证的单位或者个人提供用于经营的燃气……（九）冒用其他企业名称或者标识从事燃气经营、服务活动。”第四十五条规定，“违反本条例规定，未取得燃气经营许可证从事燃气经营活动的，由燃气管理部门责令停止违法行为，处 5 万元以上 50 万元以下罚款；有违法所得的，没收违法所得；构成犯罪的，依法追究刑事责任”。第四十六条规定：“违反本条例规定，燃气经营者有下列行为之一的，由燃气管理部门责令限期改正，处 1 万元以上 10 万元以下罚款；有违法所得的，没收违法所得；情节严重的，吊销燃气经营许可证；造成损失的，依法承担赔偿责任；构成犯罪的，依法追究刑事责任：……（二）倒卖、抵押、出租、出借、转让、涂改燃气经营许可证的；……（四）向未取得燃气经营许可证的单位或者个人提供用于经营的燃气的……”根据以上规定，加气站资格证只属于被许可人。竞得人的合作者有加气站资格，并不等于竞得人有加气站资格。本案竞买申请人并不具有独立的加气站资格，取消其竞买资格并无不当。但因竞买须知表述不清楚而出现分歧，滨江加油站在尽到注意义务的基础上据此提供了不符合要求的材料，不承担取消竞买资格外的不利后果。

三、信赖利益的保护

行政行为一经作出，非有法定事由和经法定程序不得随意撤销、废止或改变，否则要对相对人的损失进行赔偿或补偿。这是信赖保护原则的基本要求。但信赖利益保护的基本前提是必须有信赖行为存在，信赖行为不存在或尚未完成，也就不存在信赖利益保护。本案中，土地管理部门对外公布的《竞买须知》规定，网上挂牌出让国有土地的具体程序包括：1. 竞买申请；2. 竞买资格预确认（缴纳竞买保证金）；3. 竞价确定竞得人（最高报价者为竞得人）；4. 取得网上自动生成的《国有建设用地使用权成交通知书》（以下简称成交通知书），按照成交通知书及网上挂牌出让文件的要求，在网上挂牌出让结束后 5 个工作日内提交相关资料；5. 提交资料：《竞买申请书》《竞买资格预确认书》、成交通知书、成品油零售经营资格文件、天然气汽车加气站市场准入资格文件、其他要求提供的文件；6. 成交确认。交易中心对竞得人提交的资料进行验证，验证合格的，与竞得人签订成交确认书。由上述程序可以看出：网上挂牌出让行为的完成以签订成交确认书为标志。签订成交确认书之前的系列行为，包括竞买资格预确认、成交通知书等均是为最终签订成交确认书的程序性行为。成交通知书的作用是通知竞买人向国土部门提交相关资料进行验证，经验证合格的，土地部门与竞得人签订成交确认书。可见，本案中，取得成交通知书并不意味着签订了成交确认书。仅有成交通知书，没有最终签订成交确认书的，信赖行为未完成，信赖基础不存在，滨江加油站也就不存在信赖利益。因此，滨江加油站认为基于对土地管理部门的信赖，其所作被诉行为给其造成损失，应予以赔偿的理由不能成立。

四、裁判方式的选择问题

一般来讲，因同一行为触犯同一客体，针对同一对象作出多个不同的处理时，此类行政行为是可分的。经审理，部分合法部分不合法的，可以判决部分撤销。本案中，土地部门因滨江加油站不具备竞买资格，对其作出三项处理：一是取消竞买人资格；二是不予退还竞买保证金；三是承担下一次竞买的差价损失。对本案中的多项处理，是部分撤销，还是全部撤销？一般来讲，被告应对所作的各项处理举证证明其合法性，对于土地管理部门未提供足够证据或依据证明合法的处理，不应认定合法。就本案而言，滨江加油站是否具备竞买资格或符合竞买要求，均不影响对不予退还竞买保证金及承担下一次竞买差价损失决定违法的认定，但会影响取消其竞买资格决定的合法性认定。土地管理部门并没有提供足够依据证明滨江加油站不符合竞买资格进而取消竞买资格合法。鉴于此，二审法院对取消竞买人资格的处理也未予支持，对三项处理全部予以撤销。对于法律规定是否要求从事加气站业务的必须自身具备加气站资格的问题，涉及法院是否应判令土地部门重作的问题。根据《城镇燃气管理条例》第十五条、第十八条、第四十五条、第四十六条规定，二审法院认为，虽然法律没有直接明确规定加气站资格证只属于被许可人，但从上面的规定事实上能推导出这样的结论：加气资格证只属于被许可人。本案中，竞得人的合作者有加气资格，并不等于竞得人有加气资格。竞得人必须自身具备加气资格，滨江加油站因缺乏该资格，所以不符合竞买条件。但二审法院在“本院认为”中对此并没有明确予以表述，旨在让土地管理部门重作时再去明确该问题。

（作者单位：湖北省武汉市中级人民法院）

自纠行政行为亦应遵循正当程序

李星星

【裁判要旨】

正当程序是行政法的基本原则，也是看得见的正义，行政机关作出行政行为时，必须遵循正当程序原则。行政机关自纠行政行为时，如对行政相对人的权益产生不利影响，也应遵循正当程序原则，保障行政相对人陈述、申辩等权利，否则构成程序严重违法，自纠行政行为应予撤销。

【案号】

一审：江苏省建湖县人民法院（2017）苏0925行初235号。

二审：江苏省盐城市中级人民法院（2018）苏09行终129号。

【案情】

被上诉人（原审原告）：中国石化销售有限公司江苏盐城石油分公司（以下简称中石化盐城分公司）。

被上诉人（原审被告）：江苏省盐城市射阳县国土资源局（以下简称射阳国土局）。

上诉人（原审第三人）：盐城标邮汽车服务有限公司。

2013年，原告中石化盐城分公司射阳解放路加油站经有关部门审核同意实施油气回收改造工程，在改造过程中，原告将加油站原罩棚拆除。2013年9月28日，原告未经城乡规划主管部门批准，擅自重建罩棚。2014年1月17日，射阳县住房和城乡建设局（以下简称射阳住建局）对原告作出射建罚字［2013］第473号《行政处罚决定书》，认定其重建违反了《中华人民共和国城乡规划法》第四十条的规定，对其作出限十五日内自行改正，并按工程造价6%的标准处罚款8560元的行政处罚。2016年11月12日，原告向射阳住建局提出书面请示，请求对其罩棚实施改建，并于2016年12月29日提交《射阳县建筑工程规划许可证申请书》。2017年6月2日，射阳住建局向原告发放了射建临证字第0007240号《射阳县城市临时建设许可证》，对罩棚维修改建的规格及范围作了明确规定，原告迅即筹备维修改建。2017年6月9日，射阳住建局对原告作出射住建撤字［2017］第1号《撤销行政许可决定书》，在决定书中，射阳住建局以原告申请加油站罩棚维修改建时隐瞒真实情况为由，根据《中华人民共和国行政许可法》第七十条第（四）项的规定，决定撤销射建临证字第0007240号《射阳县城市临时建设许可证》。原告不服，遂向法院提起本案诉讼。

另查明，2017年8月18日，射阳县根据《中共中央、国务院关于进一步加强城市规划建设管理工作的若干意见》精神，作出射编委（2017）57号《关于调整县规划局机构设置的通知》，将射阳住建局的规划及规划监管等相关职能整体划转到射阳国土局。

【审判】

江苏省建湖县人民法院经审理认为，根据《行政诉讼法》第二十六条第六款的规定，“行政机关被撤销或者职权变更的，继续行使其职权的行政机关是被告”，本案原告以射阳住建局为被告提起行政诉讼后，射阳住建局规划及规划监管等职能整体划转到射阳国土局，故原告将被告变更为射阳国土局符合法律规定，射阳国土局为本案适格被告。

射阳住建局依原告的申请于2017年6月2日向其发放了射建临证字第0007240号《射阳县城市临时建设许可证》，仅仅相隔七日后，于2017年6月9日，又作出了射住建撤字［2017］第1号《撤销行政许可决定书》，对此，《行政许可法》虽然没有规定撤销行政许可的具体程序，但该法第五条、第七条规定了设定和实施行政许可所应遵守的原则、程序和利害关系人享有的法定程序权利。没有设定行政机关撤销行政许可所要遵循的具体程序性义务，并不意味着其就可以不要程序，程序合法的底线在于正当程序原则，行政机关在此情况下应当遵循这一法律原则。根据这一法律原则的要求，行政机关作出影响当事人权益的行政行为时，应当履行事先告知、说明根据和理由、听取相对人的陈述和申辩、事后为相对人提供相应的救济途径等正当法律程序。本案射阳住建局作出［2017］第1号《撤销行政许可决定书》，对原告已积极着手筹备建设的罩棚维修改建工程造成非常不利的影响，其作出该行政行为时应当遵循公开、公平、公正的原则，应当听取行政相对人即本案原告就其在申请改建加油站罩棚维修改建时是否隐瞒真实情况进行陈述和申辩，即应受正当程序的控制。射阳住建局仅根据第三人法定代表人姜习标的举报，结合调查的情况作出该行政行为，在向原告颁发临时规划许可证七日后即予以撤销，并未听取原告的陈述和申辩，故本案被诉行政行为即射住建撤字［2017］第1号《撤销行政许可决定书》违背公开、公平、公正的正当程序原则，不具有合法性，依法应予撤销。遂判决撤销射阳县住房和城乡建设局于2017年6月9日作出的射住建撤字［2017］第1号《撤销行政许可决定书》。

一审判决后，原审第三人盐城标邮汽车服务有限公司不服，向盐城市中级人民法院提起上诉，后又主动撤回上诉。盐城市中级人民法院遂裁定准予盐城标邮汽车服务有限公司撤回上诉。本案一审判决已经发生法律效力。

【评析】

一、背景情况介绍

在英国，正当程序原则表现为自然公正原则，体现为两个最基本的程序规则：一是任何人或团体在行使权力可能使别人受到不利影响时必须听取对方意见，每一个人都有为自己辩护和防卫的权利；二是任何人或团体不能作为自己案件的法官。[①] 在美国，当事人不仅在听证的时候有提出证据、反驳对方的证据、为自己的主张进行辩护的权利，在听证结束后，听证官员或行政机关作出决定前，还有权对听证中的事实和争论，提出自拟的裁定和结论，并说明理由。[②] 在日本，所谓的听证程序是指行政厅作出撤回许可认可、直接剥夺相对人的资格或地位等重大不利益处分时适用的听证程序。在该程序中，当事人或参加人有权通过口头方式表达意见，出示证据，提问行政厅

---

① 王名扬：《英国行政法、比较行政法》，北京大学出版社2016年版，第131页。

② 王名扬：《美国行政法》，北京大学出版社2016年版，第384页。

职员。①

在我国，正当程序原则的基本含义是行政机关作出影响行政相对人权益的行政行为，必须遵循正当程序原则，包括事先告知行政相对人，向行政相对人说明行政行为的根据、理由，听取行政相对人的陈述、申辩，事后为行政相对人提供相应的救济途径等。② 正当程序原则之于行政法理论至少有三层含义：一是行政机关实施行政行为要有法律和事实依据，并说明实施行政行为的理由；二是行政机关实施行政行为要信息公开、无偏私地公正平等对待每一个行政相对人，并在所实施的行政行为中无自身利益的考虑；三是行政机关有义务保障每一行政相对人在其利益受行政行为影响时有参与及辩解的机会，并认真听取和考虑行政相对人申明的意见和理由。③

行政行为一经作出，即具有公定力。公定力是一种对世力，表现为行政主体及其他组织或个人对行政行为都要给予必要的尊重。④ 行政机关自行撤销已具有公定力的行政行为，如对行政相对人产生不利影响，该自行撤销行为应当受到严格限制。

二、确立裁判要旨的理由

（一）自纠行政行为是依职权作出的行政行为

根据《城乡规划法》第四十条第一款、第二款之规定，在城市、镇规划区内进行建筑物、构筑物、道路、管线和其他工程建设的，建设单位或者个人应当向城市、县人民政府城乡规划主管部门或者省、自治区、直辖市人民政府确定的镇人民政府申请办理建设工程规划许可证。申请办理建设工程规划许可证，应当提交使用土地的有关证明文件、建设工程设计方案等材料。需要建设单位编制修建性详细规划的建设项目，还应当提交修建性详细规划。对符合控制性详细规划和规划条件的，由城市、县人民政府城乡规划主管部门或者省、自治区、直辖市人民政府确定的镇人民政府核发建设工程规划许可证。本案中，射阳住建局具有对辖区内城市、镇规划区内进行建筑物、构筑物、道路、管线和其他工程建设核发建设工程规划许可证的法定职权。根

---

① 应松年：《四国行政法》，中国政法大学出版社 2005 年版，第 284 页。

② 姜明安：《行政法与行政诉讼法》，北京大学出版社、高等教育出版社 2007 年版，第 72 页。

③ 马生安：《行政行为研究——宪政下的行政行为基本理论》，山东人民出版社 2008 年版，第 433 页。

④ 参见周伟：《行政行为成立研究》，北京大学出版社 2017 年版，第 47 页。

据《行政诉讼法》第二十六条第六款的规定，行政机关被撤销或者职权变更的，继续行使其职权的行政机关是被告。本案中，中石化盐城分公司以射阳住建局为被告提起行政诉讼后，射阳住建局规划及规划监管等职能整体划转到射阳国土局，故中石化盐城分公司将被告变更为射阳国土局符合法律规定，射阳国土局是本案适格被告。行政机关依据法律授权具有设立某种权利义务的职权，通常情况下该行政机关也相应地具有变更、撤销这种权利义务的职权。2017 年 6 月 9 日，本案射阳住建局对中石化盐城分公司作出射住建撤字［2017］第 1 号《撤销行政许可决定书》属于依职权作出的自行撤销行政许可的行为。

（二）自纠行政行为已对行政相对人权益产生不利影响

行政行为分为授益性行政行为和负担性行政行为。授益性行政行为是指给予行政相对人某种权益的行政行为，如提供社会补助金、实施许可、减免税金等。负担性行政行为是指剥夺、限制行政相对人权益的行政行为，如税收、行政处罚、行政强制等。[①] 从法理来看，授益性行政行为可以相对淡化行政相对人的程序参与权，而负担性行政行为应当强化行政相对人的程序参与权。本案中，射阳住建局为中石化盐城分公司发放行政许可证属于授益性行政行为，后自行撤销该行政许可本质上是消灭中石化盐城分公司权利的一种行政行为，会导致中石化盐城分公司丧失临时规划许可，已经对中石化盐城分公司的权益产生不利影响，属于负担性行政行为，故应当强化中石化盐城分公司的程序参与权。

（三）程序参与权是当事人享有的正当权利

《行政许可法》第八条明确规定，“公民、法人或者其他组织依法取得的行政许可受法律保护，行政机关不得擅自改变已生效的行政许可”。虽然《行政许可法》没有规定自行撤销行政许可的具体程序，但正当程序是行政法的基本原则，也是看得见的正义，行政机关自行撤销行政许可也应遵循正当程序原则，否则构成程序违法。本案中，射阳住建局在对中石化盐城分公司作出［2017］第 1 号《撤销行政许可决定书》时，未履行告知义务，也未听取行政相对人即中石化盐城分公司的陈述和申辩，严重损害了中石化盐城分公司的程序参与权，已经严重违反正当程序原则。

---

① 参见应松年：《行政法学新论》，中国方正出版社 2004 年版，第 6 页。

三、应当注意的问题

本案如果中石化盐城分公司向射阳县住建局申请时，提交的确实是虚假材料，那么射阳县住建局自纠行政许可行为的实体结果是正确的。这种实体结果正确、程序违法的行政案件，人民法院应当如何裁判？笔者认为，《行政诉讼法》立法目的很明确，即保护公民、法人和其他组织的合法权益，监督行政机关依法行使行政职权。人民法院在行政诉讼中的司法审查是全面审查，既包括实体，也包括程序。自纠行政行为实体正确但程序违法，如该程序对行政相对人的权利义务不产生实际影响，可以判决确认自纠行政行为违法；如该程序对行政相对人的权利义务产生实际影响，则应判决撤销自纠行政行为，保护行政相对人的合法权益。至于行政效率问题，公正肯定比效率更重要，正确的做法是在保证公正的前提下，兼顾效率。

（作者单位：江苏省盐城市中级人民法院）

正确理解工伤认定中的生死“48小时条款”

——上海温和足部保健服务部诉上海市普陀区人力资源和社会保障局工伤认定案

李 健 王秀岩

【裁判要旨】

现行《工伤保险条例》第十五条第一款第（一）项规定：在工作时间和工作岗位，突发疾病死亡或者在48小时之内经抢救无效死亡的，视同工伤。这一条款在工伤认定中被称为“48小时条款”。“48小时条款”有一个严格的法律标准，这种标准的刚性表述可以排除法律推理中的主观因素，在一定程度上防止行政机关的权力滥用和任意裁量行为。但实践中也出现了一些因为恪守“48小时条款”时间限制而引发道德风险的具体案件，使法律标准与伦理判断站在了天平的两端，需要裁判者发挥司法能动作用，结合立法目的作出更具司法温情且恪守法律边界的解释，从而达到保障职工合法权益与控制行政权的双重目标。

【案号】

一审：上海市普陀区人民法院（2015）普行初字第31号。

二审：上海市第二中级人民法院（2015）沪二中行终字第464号。

【案情】

上诉人（原审原告）：上海温和足部保健服务部。

被上诉人（原审被告）：上海市普陀区人力资源和社会保障局。

原审第三人：何从美、吴海波。

吴亚海系上海温和足部保健服务部（以下简称温和服务部）职工。何从美、吴海波系吴亚海之妻、之子。2013年12月23日14时许，吴亚海在工作时突然发病，温和服务部负责人立即将吴亚海送至同济医院急诊救治并通知其家属。家属迅速赶至医院，此时，吴亚海意识尚清晰，经过几个小时的抢救，病情趋于危重。医生口头告知家属，吴亚海多次吐血、咯血，可能存在死亡风险，并下发了病危通知单。家属认为落叶应当归根，不愿吴亚海客死他乡，经商议，决定送吴亚海回江苏省射阳县老家，并与温和服务部负责人一起拨打120电话，呼叫救护车送吴亚海返乡，温和服务部支付了5000元车费，吴海波支付了剩余的500元。次日，吴亚海于返乡途中在救护车上死亡，医学死亡证明书载明死亡疾病为肝硬化。2014年10月13日，何从美、吴海波向上海市普陀区人力资源和社会保障局（以下简称普陀人保局）提出申请，要求对吴亚海于2013年12月23日在工作中突发疾病于次日抢救无效死亡的情形进行工伤认定。普陀人保局于2014年10月22日受理后，进行了工伤认定调查，并于2014年12月19日作出普陀人社认（2014）字第1194号认定工伤决定，认为吴亚海受到的伤害符合《工伤保险条例》第十五条第一款第（一）项、《上海市工伤保险实施办法》第十五条第一款第（一）项之规定，属于视同工伤范围，予以认定为工伤。温和服务部不服，诉至法院，请求撤销上述认定工伤决定。

【审判】

一审法院经审理认为，根据《工伤保险条例》第五条第二款、《上海市工伤保险实施办法》第五条第二款的规定，普陀人保局作为劳动保障行政部门，依法具有作出工伤认定的执法主体资格。本案中，普陀人保局提供的证据具有真实性、关联性和合法性，可以作为定案证据予以确认。普陀人保局收到何从美、吴海波的工伤认定申请后在10个工作日内予以受理，并在受理后60日内作出了工伤认定，符合法定程序。根据《工伤保险条例》第十五条第一款第（一）项的规定，职工在工作时间和工作岗位，突发疾病死亡或者在48小时之内经抢救无效死亡的，视同工伤。本案中，依据普劳人仲（2014）办字第2570号上海市普陀区劳动人事争议仲裁委员会裁决书、普陀人保局对温和服务部投资人吴建煌等的调查笔录、上海市同济医院门急诊病历、居民死亡医学证明书等，可认定吴亚海系温和服务部的职工，其于 2014 年 12 月 23 日在工作时间和工作岗位上突发疾病，经送医抢救后于次日死亡。根据《工伤保险条例》第十九条第二款的规定，职工或者其直系亲属认为是工伤，用人单位不认为是工伤的，由用人单位承担举证责任。如温和服务部不认为吴亚海是工伤的，应承担相应的举证责任。温和服务部于工伤认定调查程序中未提供相应证据推翻上述结论，并且本案中温和服务部提供的证据也不足以推翻普陀人保局认定的事实。综上所述，普陀人保局作出被诉行政行为，主要事实认定清楚、适用法律正确。温和服务部要求撤销被诉行政行为的诉讼请求，缺乏事实证据和法律依据，依法不能成立，法院难以支持，一审法院遂判决驳回温和服务部的诉讼请求。判决后，温和服务部不服，向上海市第二中级人民法院提起上诉。

上诉人温和服务部上诉称，肝硬化并非突发疾病，吴亚海也不是经抢救无效死亡，而是慢性病发作并主动放弃治疗所致。吴亚海家属租用非正规救护车运送其回乡，上海化学工业区医疗中心出具的居民死亡医学证明书日期有不当涂改，上述证据真实性存疑。普陀人保局认定事实不清，证据不足，请求二审法院撤销原审判决及普陀人保局所作工伤认定决定。

被上诉人普陀人保局辩称，被诉工伤认定决定事实清楚、证据充分、程序合法、适用法律正确。居民死亡医学证明书、吴亚海病史材料等证据可以证明吴亚海是在工作时间、工作岗位上突发疾病送医救治，在 48 小时之内经抢救无效死亡的。故不同意温和服务部的上诉请求。原审判决正确，请求二审法院予以维持。

两原审第三人何从美、吴海波述称，吴亚海系在工作岗位上发病，应属工伤。经抢救，医生明确告知吴亚海已无抢救希望，并让家属准备后事，家属才拨打 120 电话叫救护车送吴亚海返乡，且温和服务部老板还支付了部分车费。原审判决正确，请求二审法院驳回上诉，维持原判。

上海市第二中级人民法院经审理认为，普陀人保局具有作出被诉工伤认定的法定职权。普陀人保局受理何从美、吴海波的工伤认定申请后，依法进行了调查，于法定期限内作出被诉工伤认定决定并送达双方当事人，行政程序合法。普陀人保局依据温和服务部员工的调查笔录及吴亚海的病历材料、居民死亡医学证明书等证据，认定吴亚海于 2013 年 12 月 23 日工作时突发疾病，当日送同济医院救治，次日死亡的事实，证据确实充分。普陀人保局依据《工伤保险条例》第十五条第一款第（一）项、《上海市工伤保险实施办法》第十五条第一款第（一）项之规定，认定吴亚海因病死亡的情形属于视同工伤，适用法律正确。关于温和服务部对吴亚海死亡医学证明真实性存疑的意见，本院认为，死亡医学证明系有资质的医疗机构出具，该证明形式完整、要件齐备，虽然在“死亡日期”的月份处有涂改，但该涂改不影响对吴亚海死亡时间的认定，也未与其他证据相矛盾，故该证明的真实性本院予以认可。温和服务部关于运送吴亚海回乡的救护车为非正规救护车的意见，本院认为，普陀人保局认定吴亚海死亡的依据是死亡医学证明书，该证明书载明吴亚海死亡医院为急诊救护车，即已经对该救护车予以了确认。而且，吴亚海家属是通过拨打120急救中心电话的正规途径呼叫的救护车，即使该救护车不属于上海市医疗急救中心直接所有，也不能推断上海化学工业区医疗中心的救护车为非正规救护车。温和服务部提供的证据无法证明其该项主张，法院不予支持。关于温和服务部认为吴亚海死亡系家属主动放弃治疗导致，不属于《工伤保险条例》第十五条第一款第（一）项规定的“突发疾病死亡或者在48小时之内经抢救无效死亡”的情形的意见，本院认为，从吴亚海发病后被送至同济医院治疗直至在救护车上死亡，其始终未脱离医疗机构的治疗抢救状态，其家属始终未有拒绝接受救治的意思表示，故温和服务部的上述主张不能成立。原审法院判决驳回温和服务部的诉讼请求并无不当。温和服务部的上诉请求和理由缺乏事实证据和法律依据，二审法院不予支持。据此，依照《中华人民共和国行政诉讼法》第八十九条第一款第（一）项的规定，判决：驳回上诉，维持原判。

【评析】

一般而言，认定工伤需要满足“在工作时间、工作场所、因工作原因”的“三工”条件。但是，现行《工伤保险条例》第十五条第一款明确了视同工伤的几种情形，其中第（一）项规定：在工作时间和工作岗位，突发疾病死亡或者在48小时之内经抢救无效死亡的，视同工伤。这一条款，在工伤认定中被称为“48小时条款”。

“48小时条款”一经出台，在理论界及实务界便争议不断，在司法实践中，也出现了不少由于对法条的把握尺度不同，类似案件不同判决的情况。

笔者认为，结合本案的争议焦点，要正确理解“48小时条款”，有以下几个问题有待厘清。

一、何为“突发疾病”

本案争议的焦点之一，即为职工吴亚海所患肝硬化是否属于法律规定的突发疾病。温和服务部认为，肝硬化是临床常见的多种慢性肝病必然发展的结果，由一种或多种病因长期或反复作用形成的弥漫性肝损伤，晚期常出现消化道出血、继发感染等，吴亚海咯血等临床症状就是肝硬化晚期的典型症状，不属于法律规定的“突发疾病”。笔者认为，《工伤保险条例》关于“48小时条款”的规定，始于2004年正式施行的《工伤保险条例》，为了便于该条例的实施，劳动和社会保障部于同年11月发布了《关于实施〈工伤保险条例〉若干问题的意见》（劳社部函〔2004〕256号），其中第三条即载明，“突发疾病”中的疾病包括各种类型的疾病。而2010年《工伤保险条例》修订，继续沿用了2004年《工伤保险条例》关于“48小时条款”的规定。因此，吴亚海虽患肝硬化有一段时间，但事发当时，其上消化道大出血是突然发病，应属于法律规定的“突发疾病”。

二、何为“经抢救无效死亡”

本案争议的焦点之二，即吴亚海的死亡是否属放弃治疗所致。笔者认为，经抢救无效死亡结果的认定只能由医疗机构根据病人情况作出，医疗机构一般会采取口头告知诊断情况并下发病危通知单等方式通知家属病人病情危重。在此情况下，病人家属要求出院的行为是否违背伦理，是否属于放弃治疗的情形，需要综合疾病的治疗情况、家属的后续行为等情节进行认定。本案中，吴亚海发病入院后一直在持续地接受医院治疗抢救，因医生口头告知病情危重可能难以救治，其家属才产生了落叶归根的想法，呼叫救护车送吴亚海返回老家。虽然离开医院时家属按照医院的要求，在医生书写放弃治疗的病历本上签了字，但家属是通过拨打120急救中心电话呼叫的救护车，而且随身携带了医院配发的治疗药物，救护车上配置了规定的设备，经核实，上海化学工业区医疗中心是经主管部门批准的具备相应资质的救护机构。因此，从主观目的上看，家属并没有拒绝接受治疗、主动放弃救治吴亚海的意思表示。从客观情况上看，吴亚海死亡系其病情严重恶化所导致，且死亡地点为救护车上，始终未脱离医疗机构的治疗抢救状态。因此，笔者认为，吴亚海符合法律规定的“经抢救无效死亡”的情形。

三、案外的一些思考

从法律条文的表述来看，“48 小时条款”似乎并不符合“三工”原则，弱化了对“因工作原因”的要求，将对职工的保护范围从“伤”扩大到了“病”。“48 小时条款”将“突发疾病”纳入工伤保护的范畴，虽然限定了一些条件，但这样的立法即使与域外一些发达国家的立法相比也是超前的。因此，“48 小时条款”实际上是立足于《工伤保险条例》保护职工获得医疗救治和经济补偿的立法目的，以扩大规定的方式，给予职工扩大的保护，是对传统意义上工伤认定的突破。

但是，“48 小时条款”出台后，的确有用人单位为了避免认定为工伤，在医疗机构明确职工已无继续存活可能的情况下，利用现代医学技术将职工的死亡时间拖至48 小时以后。而有的职工及其家属则在接近48 小时时便不再给予抢救，以消极的方式放弃抢救、拒绝接受治疗，更有甚者选择了自杀或安乐死。职工家属和用人单位都可能恶意利用该条款造成人为悲剧，这就是“48 小时条款”可能引发的道德风险。

笔者认为，对“48 小时条款”的把握，不能随意扩大，既要立足于工伤保险保护职工的应有之义，也必须严格限定，不能突破《工伤保险条例》条文规定的范畴，随意扩张解释。否则，就可能造成现实操作的随意和混乱，造成工伤基金的支付范围无限扩大，从而损害工伤基金的安全运作，侵害更多人的权益。

（作者单位：上海市高级人民法院　上海市静安区人民法院）

人社部门具有直接确认劳动关系并予以工伤认定的职责

戴文波　李　波

【裁判要旨】

人民法院认为劳动者已经提供了存在劳动关系的初步证明材料，且其自身进一步提交证据确有困难的，劳动保障部门应当根据案件事实进行必要的调查核实，而不能要求劳动者承担过重的证明责任。

【案号】

一审：浙江省杭州市拱墅区人民法院（2016）浙0105行初1号。

二审：浙江省杭州市中级人民法院（2017）浙01行终4号。

再审：浙江省高级人民法院（2017）浙行申552号。

【案情】

再审申请人（上诉人、原审被告）：浙江省杭州市拱墅区人力资源和社会保障局。

再审被申请人（被上诉人、原审原告）：陆忠平。

第三人：金厦建设集团有限公司。

2013年3月，陆忠平与金厦建设集团有限公司阿尔及利亚公司第三项目部签订《境外劳动派遣和雇用合同》。在阿尔及利亚工作期间，陆忠平因不慎摔伤而回国治疗。2015年9月，陆忠平向浙江省杭州市拱墅区人力资源和社会保障局（以下简称拱墅区人社局）申请工伤认定。金厦建设集团有限公司向拱墅区人社局答辩称其与金厦建设集团有限公司阿尔及利亚公司非同一主体。2015年11月，拱墅区人社局向陆忠平作出告知，要求其10日内向劳动人事仲裁委员会申请确认其与金厦建设集团有限公司的劳动关系，否则将作出不予认定工伤的决定。陆忠平未在期限内申请仲裁，故拱墅区人社局作出了不予工伤认定决定。陆忠平不服，提起行政诉讼，请求撤销上述不予工伤认定决定，并依法认定工伤。

【审判】

杭州市拱墅区人民法院判决撤销被诉不予工伤认定决定，并责令拱墅区人社局重新作出认定。拱墅区人社局不服，提起上诉。杭州市中级人民法院认为，拱墅区人社局受理陆忠平的工伤认定申请后，应当对陆忠平与其主张的用人单位之间是否存在劳动关系作出判断，并作出是否认定工伤的决定。本案证据显示，金厦建设集团有限公司设有阿尔及利亚公司，在阿尔及利亚设有第二、第四项目部。根据上述证据，可以产生“金厦建设集团有限公司阿尔及利亚公司第三项目部”与“金厦建设集团有限公司”存在隶属关系的合理怀疑。拱墅区人社局未调查金厦建设集团有限公司在阿尔及利亚的公司情况，未要求金厦建设集团有限公司对与金厦建设集团有限公司阿尔及利亚公司第三项目部的关系作出合理解释的情况下，作出被诉不予认定工伤决定，未尽到调查核实的义务，属于主要证据不足，故判决驳回上诉，维持原判。拱墅区人社局提起再审，浙江省高级人民法院经审理认为，根据《劳动法》《工伤保险条例》等法律法规的有关规定，劳动行政部门在工伤认定程序中，具有认定受到伤害的职工与企业之间是否存在劳动关系的职权。本案中，陆忠平在工伤认定申请时提交了其与金厦建设集团有限公司阿尔及利亚公司第三项目部签订的《境外劳动派遣和雇用合同》等资料。拱墅区人社局在受理陆忠平的工伤认定申请后，应当对陆忠平与其主张的用人单位之间是否存在劳动关系作出判断，并据此作出是否认定工伤的决定。但拱墅区人社局既未对金厦建设集团有限公司在阿尔及利亚的公司情况进行尽职调查，也未要求金厦建设集团有限公司对其与金厦建设集团有限公司阿尔及利亚公司第三项目部的关系进行举证说明或解释，应认定其未尽到调查核实义务。在此情况下，拱墅区人社局仅以劳动关系无法确定为由作出被诉不予认定工伤决定，显属错误。据此，原审法院依法判决予以撤销，并责令拱墅区人社局重新作出处理，并无不当。因拱墅区人社局的再审申请理由缺乏事实和法律依据，裁定驳回其再审申请。

【评析】

一、人力资源和社会保障部门具有直接确认劳动关系的职权

《劳动法》第九条规定："国务院劳动行政部门主管全国劳动工作。县级以上地方人民政府劳动行政部分主管本行政区域内的劳动工作。"《工伤保险条例》第五条第二款规定："县级以上地方各级人民政府社会保险行政部门负责本行政区域内的工伤保险工作。"可见与工伤保险有关的工作是由地方社会保险行政部门负责。针对本案而言，即是由被告负责。另外，《工伤保险条例》第十八条规定："提出工伤认定申请应当提交下列材料：（一）工伤认定申请表；（二）与用人单位存在劳动关系（包括事实劳动关系）的证明材料；（三）医疗诊断证明或者职业病诊断证明书（或者职业病诊断鉴定书)。工伤认定申请表应当包括事故发生的时间、地点、原因以及职工伤害程度等基本情况。工伤认定申请人提供材料不完整的，社会保险行政部门应当一次性书面告知工伤认定申请人需要补正的全部材料。申请人按照书面告知要求补正材料后，社会保险行政部门应当受理。"故，社会保险行政部门在工伤认定行政程序中，具有确认劳动者与用人单位之间是否存在劳动关系的法定职权。本案中，原告陆忠平提交《境外劳动派遣和雇用合同》等用于证明其与第三人存在劳动关系的证据材料，请求拱墅区人社局对工伤进行鉴定，但拱墅区人社局却以证明资料不全为由作出让原告补充并让其到劳动仲裁委申请确认劳动关系的仲裁。而根据法律法规规定，地方社会保险行政部门具有直接确认劳动关系的职权，本案中拱墅区人社局没有对原告与被告是否存在劳动关系进行确认，属于不履行法定职权的行为。即便拱墅区人社局认为原告材料不齐或者存在判断依据不足的情况，也应根据《工伤保险条例》第十四条、第十五条、第十六条的规定对是否存在劳动关系（进而能否认定工伤）进行实体判断。

二、涉工伤认定的行政行为中，劳动者仅需承担初步的材料证明责任

工伤认定关系到劳动者权益的保护，而在行政案件中，原告较被告而言属于弱势群体。《最高人民法院关于行政诉讼证据若干问题的规定》第六条规定："原告可以提供证明被诉具体行政行为违法的证据。原告提供的证据不成立的，不免除被告对被诉具体行政行为合法性的举证责任。"《工伤保险条例》第十九条第二款规定："职工或者其近亲属认为是工伤，用人单位不认为是工伤的，由用人单位承担举证责任。"本案中原告是"可以"而不是"应当"，本条的规定亦在立法中考虑到原告举证的困难，从而基于公平公正之原则，基于被告获取证据更容易、离证据距离更近，故将更多的举证责任由被告承担。在本案被告的具体行政行为中，涉及原告所求职的劳动合同相对方问题，究竟是"金厦建设集团有限公司阿尔及利亚公司第三项目部"还是"金厦建设集团有限公司"。拱墅区人社局认为原告所提供证明材料无法判断这一问题，故让原告补充。原告没有在被告要求的期限内提供，被告则据此认为无法判断劳动关系，故要求原告提起劳动仲裁。本案原告是一名域外劳动者，对材料的提供更加处于弱势，拱墅区人社局的行政行为明显是加重了原告的责任，亦违背行政行为尽职的初衷。

三、人力资源和社会保障部门具有在工伤认定申请的行政行为中的调查职权

《工伤保险条例》第十九条规定："社会保险行政部门受理工伤认定申请后，根据审核需要可以对事故伤害进行调查核实，用人单位、职工、工会组织、医疗机构以及有关部门应当予以协助……"该条已经明确了人社部门的调查职权。本案中，拱墅区人社局在受理陆忠平的工伤认定申请后，应当对陆忠平与其主张的用人单位之间是否存在劳动关系作出判断，并据此作出是否认定工伤的决定。但拱墅区人社局未调查金厦建设集团有限公司在阿尔及利亚的公司情况，未要求金厦建设集团有限公司对其与陆忠平《境外劳动派遣和雇用合同》上的"金厦建设集团有限公司阿尔及利亚公司第三项目部"的关系作出合理解释，在此情况下，拱墅区人社局作出被诉不予认定工伤决定，未尽到调查核实的义务。本案中，从获取证据便利性的角度，人民法院要求拱墅区人社局应当向金厦建设集团有限公司进行调查核实，而不应径行要求陆忠平申请劳动关系仲裁。本案体现了人民法院对驻外劳动者获取相关证据的困难性的充分考虑，对劳动保障部门处理类似工伤认定申请具有指导意义。

（作者单位：浙江省高级人民法院）

街道办事处就民事主体间民事争议信访事项进行处理的职权范围

丁晓雨

【裁判要旨】

街道办事处作为人民政府的派出机关，对民事争议信访事项只有协调之责，并无相关法律法规赋予其干预平等民事主体间民事争议的职权，其在一方民事主体单方提出的民事争议解决方案上加盖公章，属超越法定职权，应当予以撤销。

【案号】

一审：天津市滨海新区人民法院（2015）滨行初字第0130号。

二审：天津市第二中级人民法院（2016）津02行终53号。

【案情】

上诉人（原审原告）：孟庆福、孟繁明。

被上诉人（原审被告）：天津市滨海新区人民政府北塘街道办事处。

第三人：新北公司。

2009年4月28日，原天津市塘沽区房地产管理局向天津新北建设开发有限公司（后更名为新北公司）就“塘沽区北塘西河沿德茂胡同片土地整理项目”核发了津国土房拆许字（2009）第030号《房屋拆迁许可证》，拆迁时间自2009年4月28日至2010年4月27日。原告孟庆福、孟繁明所有的被拆迁房屋坐落在原塘沽区北塘西前街4号，属于上述《房屋拆迁许可证》的拆迁范围。第三人新北公司分别于2009年5月18日、2009年6月19日与原告孟庆福、孟繁明签订了《住宅房屋拆迁补偿安置协议（优惠方案）》，还迁方式为实物还迁。上述房屋已拆迁完毕。

2014 年 9 月 27 日，北塘拆迁居民 70 余人到滨海新区人民政府及信访办公室信访，反映下列问题：1. 北塘还迁房的选址与合同约定不符；2. 拆迁合同约定还迁房为中高层，建成的还迁房却是高层；3. 还迁房存在质量问题；4. 还迁房的公摊面积不应计算在还迁面积之内；5. 要求继续支付还迁费。

2014 年 9 月 28 日，区政府信访办作出《人民来访事项转办单》，要求被告及第三人就信访群众反映的问题和提出的要求认真研究，按《信访条例》的规定作出处理或答复，并反馈该办公室。

后第三人经研究于 2014 年 11 月 20 日作出被诉答复，告知对还迁楼房有意见的还迁户可还原为原货币补偿的形式，货币补偿标准为每平方米 6000 元，申请日期截至 2014 年 12 月 30 日。答复具体内容为："一、近期少部分还迁居民对还迁工作提出了一些看法，经研究决定对还迁楼房有意见的还迁户可还原为原货币补偿的形式。对于已发放的过渡费不再退回。二、还原货币补偿形式的计算方法。各项拆迁奖励费（不含一次性 2.5 万元安置补贴）已于拆迁初期发放完毕，故此次货币补偿形式的计算方法为：还迁面积 × 6000 元/㎡ +2.5 万元 – 增长面积款。三、本次还原货币补偿形式充分考虑了北塘地区拆迁居民的利益，其单价要遵循原拆迁优惠方案中货币补偿的单价。因原楼房住户已发放过一次性楼房补助费，所以楼房与平房单价是一致的，按每平方米 6000 元货币补偿。四、对于申请还原货币补偿的日期，经过再三考虑延长至全部选房后，即 2014 年 12 月 30 日截止。超出此日期的不再准许改签协议。领取过渡费至本人原选房通知办理入住日止。目前可以通过我们的咨询热线（电话：153××××××××）进行登记，我们将尽快安排专人为大家改签协议。改签后在 30 天内将款项发放到大家手中。"被告和第三人在该答复中均加盖了公章。被告和第三人将该答复回复区政府信访办后，原告从其他信访群众处获得了该答复。原告不服，诉至法院。

原告孟庆福、孟繁明诉称，二人系北塘西前街 4 号被拆迁户，与第三人签订了房屋拆迁补偿安置协议，约定还迁地点为"塘西路以东、华兴道以南、黎公路以西、新村道以北"，还迁房类型为中高层住宅。2014 年 11 月选房时，二原告发现还迁房坐落于塘汉路以东，原塘沽区新北公路以西，与约定地点相距甚远，且均为高层住宅。二原告要求履行协议，但被告及第三人事实上已经不能按还迁协议及通知约定交付还迁房。后被告及第三人作出涉案答复，直接强制改为货币安置，安置标准为6000元每平方米，该标准是2009年选择货币安置的补偿标准。二原告认为，被告及第三人欺骗原告，违约造成现在无法按照协议约定交付房屋的结果，补偿标准显失公平，无法弥补二原告损失。且第三人仅将安置过渡费支付到2014年11月，而二原告目前仍无钱买房，继续租房居住。因此，请求判令撤销被告作出的《关于对北塘还迁居民提出意见的答复》，改为按照北塘拆迁片区现商品房均价进行货币补偿。

被告北塘街道办辩称，一、根据《国有土地上房屋征收与补偿条例》第四条的规定，被告不具有拆迁行政主体资格，不是本案适格被告。二、对二原告集访反映的意见，在政府信访办交办处理后，被告与第三人根据事实情况，遵照《信访条例》规定的“属地属事”原则对二原告进行信访答复，不是具体行政行为，不具有强制力，也未对二原告实体权利义务产生实质影响，二原告要求撤销答复无法律依据。三、根据《最高人民法院关于不服信访工作机构依据〈信访条例〉处理信访事项的行为提起行政诉讼人民法院是否受理的复函》(〔2005〕行立他字第4号)的规定，本案系信访事项，人民法院应不予受理。综上，被告不是本案适格被告，涉诉答复是对二原告信访事项的答复，故二原告起诉事项不属行政诉讼受案范围，请求依法驳回二原告的诉讼请求。

【审判】

一审法院经审理认为，《地方各级人民代表大会和地方各级人民政府组织法》第六十八条第三款规定：“市辖区、不设区的市的人民政府，经上一级人民政府批准，可以设立若干街道办事处，作为它的派出机关。”《信访条例》第四条规定：“信访工作应当在各级人民政府领导下，坚持属地管理、分级负责，谁主管、谁负责，依法、及时、就地解决问题与疏导教育相结合的原则。”根据上述规定，被告作为天津市滨海新区人民政府的派出机关，具有对上级信访部门交办的其辖区内居民发生的信访事宜进行处理的职权。《信访条例》第十四条规定：“信访人对下列组织、人员的职务行为反映情况，提出建议、意见，或者不服下列组织、人员的职务行为，可以向有关行政机关提出信访事项：（一）行政机关及其工作人员；（二）法律、法规授权的具有管理公共事务职能的组织及其工作人员；（三）提供公共服务的企业、事业单位及其工作人员；（四）社会团体或者其他企业、事业单位中由国家行政机关任命、派出的人员；（五）村民委员会、居民委员会及其成员。对依法应当通过诉讼、仲裁、行政复议等法定途径解决的投诉请求，信访人应当依照有关法律、行政法规规定的程序向有关机关提出。”北塘拆迁居民在信访过程中，反应的问题是其与第三人因履行房屋拆迁安置补偿协议产生的民事争议，该争议可通过协商或诉讼等途径解决。涉诉答复系第三人为解决该民事争议，单方提出的变更合同履行方式、履行时间等事宜的解决方案，还迁居民如不接受该方案，可通过民事途径解决。被告作为天津市滨海新区人民政府的派出机关，对属于民事争议的信访事项只有协调之责，并无相关法律法规赋予其干预平等民事主体间民事争议的职权，被告在被诉答复中加盖公章超越其法定职权，应当予以撤销。因被诉答复系第三人提出的解决民事争议的意思表示，被告在答复中加盖公章的行为被撤销，并不影响第三人意思表示的效力。二原告提出的“按照北塘拆迁片区现商品房均价进行货币补偿”的诉讼请求，属原告与第三人的民事争议范畴，不属人民法院审理行政案件范围，二原告可另行解决。综上，被告在《关于对北塘还迁居民提出意见的答复》中加盖公章的行为超越法定职权，依法应予撤销。依据《中华人民共和国行政诉讼法》第七十条第（四）项、《最高人民法院关于适用〈中华人民共和国行政诉讼法〉若干问题的解释》第三条第一款第（一）项之规定，一审法院判决：一、撤销被告天津市滨海新区人民政府北塘街道办事处（以下简称北塘街道办事处）于 2014 年 11 月 20 日在《关于对北塘还迁居民提出意见的答复》中加盖公章的行为；二、驳回原告孟庆福、孟繁明关于“按照北塘拆迁片区现商品房均价进行货币补偿”的起诉。

宣判后，孟庆福、孟繁明不服提出上诉。

二审法院经审理认为，本案诉争的《关于对北塘还迁居民提出意见的答复》系原审第三人为解决其与上诉人等被拆迁人就房屋拆迁安置补偿协议的履行问题，单方提出的变更合同履行方式、履行时间等事宜的解决方案，属平等民事主体间民事争议范畴。被上诉人作为天津市滨海新区人民政府的派出机关，对其上级信访部门交办的属于民事争议的信访事项进行处理或答复不能超越其职权范围。相关的法律法规并没有赋予被上诉人干预平等民事主体间民事争议的职责，故被上诉人在答复中加盖公章的行为超越了法定职权，原审判决撤销被上诉人在答复中加盖公章的行为并无不当。二上诉人如对房屋拆迁安置补偿协议的履行存有争议，可通过民事途径解决。综上，二上诉人的上诉请求缺乏事实及法律依据，不予支持。原审判决正确，应予维持。依照《中华人民共和国行政诉讼法》第八十九条第一款第（一）项之规定，二审法院判决：驳回上诉，维持原判。

【评析】

本案的焦点问题是北塘街道办事处在信访事项中民事主体提出的争议解决建议，即第三人新北公司出具的《关于对北塘还迁居民提出意见的答复》，加盖公章的行为的性质与效力。现简要分析如下。

一、街道办事处具有处理上级信访部门交办的信访事项的职责

《地方各级人民代表大会和地方各级人民政府组织法》第六十八条第三款规定："市辖区、不设区的市的人民政府，经上一级人民政府批准，可以设立若干街道办事处，作为它的派出机关。"《信访条例》第四条规定："信访工作应当在各级人民政府领导下，坚持属地管理、分级负责，谁主管、谁负责，依法、及时、就地解决问题与疏导教育相结合的原则。"《信访条例》第十四条规定："信访人对下列组织、人员的职务行为反映情况，提出建议、意见，或者不服下列组织、人员的职务行为，可以向有关行政机关提出信访事项：（一）行政机关及其工作人员；（二）法律、法规授权的具有管理公共事务职能的组织及其工作人员；（三）提供公共服务的企业、事业单位及其工作人员；（四）社会团体或者其他企业、事业单位中由国家行政机关任命、派出的人员；（五）村民委员会、居民委员会及其成员。对依法应当通过诉讼、仲裁、行政复议等法定途径解决的投诉请求，信访人应当依照有关法律、行政法规规定的程序向有关机关提出。"根据上述规定，被告北塘街道办事处作为天津市滨海新区人民政府的派出机关，具有对上级信访部门交办的其辖区内居民发生的信访事宜进行处理的职权。

二、街道办事处在信访事项中民事主体提出的争议解决建议上加盖公章的行为不属于《信访条例》规定的信访处理行为

《最高人民法院关于不服信访工作机构依据〈信访条例〉处理信访事项的行为提起行政诉讼人民法院是否受理的复函》中提出，信访工作机构是各级人民政府或政府工作部门授权负责信访工作的专门机构，其依据《信访条例》作出的登记、受理、交办、转送、承办、协调处理、督促检查、指导信访事项等行为，对信访人不具有强制力，对信访人的实体权利义务不产生实质影响。信访人对信访工作机构依据《信访条例》处理信访事项的行为或者不履行《信访条例》规定的职责不服提起行政诉讼的，人民法院不予受理。对信访事项有权处理的行政机关依据《信访条例》作出的处理意见、复查意见、复核意见和不再受理决定，信访人不服提起行政诉讼的，人民法院不予受理。

根据《信访条例》的规定和该复函的精神，如果北塘街道办事处就上级信访职能部门的交办事项履行相关职责，向本案原告就其作出行政行为的事实、依据等，进一步告知和释明，则根据《最高人民法院关于适用〈中华人民共和国行政诉讼法〉的解释》第一条第一款第（九）项，行政机关针对信访事项作出的登记、受理、交办、转送、复查、复核意见等行为，不属于人民法院行政诉讼的受案范围。因为信访办理行为并非行政机关行使“首次判断权”的行为，对信访人不具有强制力，对信访人的实体权利义务不产生实质影响，不具有可诉性。

但是本案中，首先，原告信访所反映的房屋拆迁补偿安置协议系原告与本案第三人签订，并非被告作出的行政行为。其次，被告并非自行作出答复行为，即作出处理意见、复查意见、复核意见或决定，而是在第三人作出的答复中加盖公章。该加盖公章的行为，实质上是以自己的名义对外确认第三人提出的民事争议解决方案，并非信访工作中的协调处理行为，是作出了新的行政行为，并未被《信访条例》规定的不属于人民法院管辖的事项所排除。

三、街道办事处就信访事项中民事主体争议解决建议作出确认超越法定职权

《最高人民法院关于受理房屋拆迁、补偿、安置等案件问题的批复》（法复〔1996〕12 号）第二条规定，拆迁人与被拆迁人因房屋补偿、安置等问题发生争议，或者双方当事人达成协议后，一方或者双方当事人反悔，未经行政机关裁决，仅就房屋补偿、安置等问题，依法向人民法院提起诉讼的，人民法院应当作为民事案件受理。从上述司法解释和相关规范性文件可以看出，在房屋拆迁、土地征收过程中，当事人签订房屋补偿安置协议后，就协议的履行、补偿、安置等问题发生争议，依法向人民法院提起诉讼的，人民法院应当作为民事案件受理。

本案中，第三人作出的答复是其就房屋拆迁补偿安置协议的补偿和安置向原告作出的单方意思表示。涉诉答复系第三人为解决该民事争议，单方提出的变更合同履行方式、履行时间等事宜的解决方案，该意思表示旨在解决第三人与原告之间的民事争议。还迁居民如不接受该方案，可通过民事途径解决。

而被告作为天津市滨海新区人民政府的派出机关，对属于民事争议的信访事项只有协调职责。协调职责是指街道办事处就相关争议事项协助双方进行沟通、调和、促使双方达成和解或一致意见的各项努力。协调职能的范围并不包括确认单方提出的变更合同履行方式、履行时间等事宜的解决方案，协调职能的方式并不涵盖在第三人向原告提出的单方意思表示上加盖公章，也并无相关法律法规赋予其干预平等民事主体间民事争议的职权。此外，被告在第三人答复上加盖公章的行为被撤销，并不影响第三人意思表示的效力。

（作者单位：天津市滨海新区人民法院）

行政许可事项直接关系他人重大利益的应告知陈述申辩权利

杨　旸

【裁判要旨】

行政机关对行政许可申请进行审查时，发现行政许可事项直接关系他人重大利益的，应当告知该利害关系人。申请人、利害关系人有权进行陈述和申辩。行政机关应当听取申请人、利害关系人的意见。

【案号】

一审：北京市密云区人民法院（2016）京0118行初29号。

二审：北京市第三中级人民法院（2016）京03行终735号。

【案情】

上诉人（一审被告）：北京市密云区园林绿化局（以下简称密云区园林绿化局）。

被上诉人（一审原告）：梁九平、王卫红、王振来（亦系梁九平、王卫红委托代理人）。

一审第三人：北京市密云县溪翁庄镇金叵罗村民委员会（以下简称金叵罗村委会）。

王振来、王卫红系梁九平及其夫王起明（已去世）之子女。2004年，王起明承包了金叵罗村南台西下坎偏坡地的土地20.4亩（承包期一年），并在地边的泄洪渠道栽种树木，其中包括本案被诉采伐许可证所涉135棵杨树。2013年7月1日，金叵罗村委会向密云区溪翁庄镇林业工作站提出申请，内容为："为保障金叵罗村村民汛期生命财产的安全，经党支部、村委会干部实地考察，有135棵树影响了雨季泄洪，危及百姓生命安全。危树地点在南大坑及叠水坑，为保障泄洪道内的畅通，经两委班子会议研究决定，向林业站申请将135棵树进行砍伐，以此来确保汛期内广大村民的生命财产安全。望主管领导审阅后给予批复。”同日，密云区溪翁庄镇林业工作站填写了采伐（移植）林木申请表，该表主要内容为：“树权人（单位）：金叵罗村；采伐（移植）树木详细地址：溪翁庄镇金叵罗村叠水坑处，东至道、西至地、南至小道、北至地；林木权属：个人；土地类型：非规划林地；树种：用材林；林木用途：自用；申请采伐（移植）原因及意见：因在排水沟边，影响排洪，需砍伐树木135株。”2013年7月2日，密云区园林绿化局林政资源科在上述申请表的审核意见栏中“区（县）林政部门意见”处填写了“同意”并加盖了公章。2013年7月3日，密云区园林绿化局在上述申请表的审核意见栏中“区（县）园林绿化局意见”处填写了“同意”并加盖了公章。2013年7月4日，原密云县园林绿化局作出密云县采字［2013］0704001号林木采伐许可证（以下简称被诉采伐许可证），主要内容为：“密云县溪翁庄镇金叵罗村：根据你村提报的伐区调查设计（申请），经审核，批准在溪翁庄林场（乡镇）金叵罗林班（村）叠水坑作业区（组）采伐；采伐四至：东至道、南至小道、西至地、北至地；林分起源：人工；林种：一般用材林；树种：杨树；权属：个人；采伐类型：其他采伐；采伐方式：一般建筑采伐；采伐株数：135株；采伐蓄积：33立方米；采伐期限：2013年7月4日至2013年8月4日；备注：不占限额（非林地林木），杨树，采伐135株，非商品材蓄积33立方米，排水沟影响排洪。”梁九平、王振来、王卫红不服，诉至一审法院。起诉前，涉案杨树已被金叵罗村委会采伐完毕。

【审判】

北京市密云区人民法院一审经审理认为，根据《中华人民共和国森林法》（以下简称《森林法》）的规定，密云区园林绿化局具有颁发林木采伐许可证的法定职责。根据《中华人民共和国森林法实施条例》（以下简称《森林法实施条例》）第三十条第一款之规定，申请林木采伐许可证，应当提交申请采伐林木的所有权证书或者使用权证书。本案中，密云区园林绿化局收到第三人金叵罗村委会提出的林木采伐申请后，应当审查第三人金叵罗村委会是否提交了申请采伐林木的所有权证书、使用权证书，或者其他有关申请采伐林木权属的证明材料。现密云区园林绿化局在举证期限内提供并当庭出示的证据中缺乏上述权属证明材料，故应认定密云区园林绿化局向申请人金叵罗村委会作出被诉采伐许可证的主要证据不足。密云区园林绿化局提出为了紧急避险而采取预先审批程序作出被诉采伐许可证之主张，不符合《森林法实施条例》第三十条第二款中有关因防洪抢险之紧急情况需要采伐林木的规定，法院不予采纳。鉴于涉案杨树已被采伐，被诉采伐许可证不具有可撤销内容，故对于被诉采伐许可证，应予确认违法。据此判决确认密云区园林绿化局于 2013 年 7 月 4 日作出的被诉采伐许可证违法。

一审判决后，密云区园林绿化局不服，提起上诉。北京市第三中级人民法院经审理，判决驳回上诉，维持一审判决。

【评析】

一、申请采伐林木应以取得行政许可为前提

行政许可是行政机关依法对社会、经济事务实行事前监督管理的一种有效手段。其具有三个特征：第一，行政许可是一种依申请的行政行为。行政相对人提起申请是颁发行政许可证的前提条件。第二，行政许可的内容是国家一般禁止的活动。行政许可以一般禁止为前提，以个别解禁为内容，即在一般禁止的前提下，对符合特定条件的行政相对方解除禁止使其享有特定的资格和权利，能够实施某项特定的行为。第三，行政许可具有法定性，即设定和实施行政许可，均应当依照法定的权限、范围、条件和程序。

国家出于对森林资源保护、培育和合理利用的考虑，要求采伐林木行为需要取得行政许可。《森林法》第三十二条规定，采伐林木必须申请采伐许可证，按许可证的规定进行采伐；农村居民采伐自留地和房前屋后个人所有的零星林木除外。《森林法实施条例》第三十条则进一步规定，申请林木采伐许可证，除应当提交申请采伐林木的所有权证书或者使用权证书外，还应当按照下列规定提交其他有关证明文件：（一）国有林业企业事业单位还应当提交采伐区调查设计文件和上年度采伐更新验收证明；（二）其他单位还应当提交包括采伐林木的目的、地点、林种、林况、面积、蓄积量、方式和更新措施等内容的文件；（三）个人还应当提交包括采伐林木的地点、面积、树种、株数、蓄积量、更新时间等内容的文件。本案中，金叵罗村委会申请被诉采伐许可证时，并未提交申请采伐林木的所有权证书或者使用权证书。此外，林木采伐许可作为一种行政许可行为，不仅应当符合森林法的规定，还应当受到行政许可一般法的约束。

二、行政许可中的正当程序原则

随着社会民主法治进程的不断推进，行政程序中正当程序理念得以进一步深化和落实。正当程序原则的基本含义是，行政机关实施行政行为，可能影响公民、法人或者其他组织合法权益的，应当在作出行政行为之前向当事人和利害关系人告知事实，并说明理由，听取公民、法人或者其他组织的意见。

《中华人民共和国行政许可法》（以下简称《行政许可法》）第三十六条规定："行政机关对行政许可申请进行审查时，发现行政许可事项直接关系他人重大利益的，应当告知该利害关系人。申请人、利害关系人有权进行陈述和申辩。行政机关应当听取申请人、利害关系人的意见。"可以说，该条规定是正当程序原则在行政许可法领域法定化的体现之一。如果行政机关作出对利害关系人产生不利影响的行政行为前，没有给予该利害关系人申辩机会的，就不符合正当程序原则，由此可能损害利害关系人的合法权益，人民法院应认定被诉行政行为违反法定程序。

本案中，密云县园林绿化局主张，涉案林木系散生树本来就没有任何权利证书，且采伐林木申请表内容已经明确写明了林木权属为个人，林业站和金叵罗村委会以及王振来等三人都确认林木权属为个人，故涉案林木权属证明清晰。对此，法院认为，金叵罗村委会既然认可涉案林木系个人所有，却并未向密云县园林绿化局提交事先征求王振来等三人意见的相关材料。密云县园林绿化局在审查环节中，也未能依照《行政许可法》的规定，告知王振来等三人该行政许可事项，未听取三人的陈述和申辩意见即核发被诉采伐许可证。该行政许可行为应属事实认定不清、程序违法。

三、《森林法实施条例》第三十条第二款规定的适用情形

《森林法实施条例》第三十条第二款规定，因扑救森林火灾、防洪抢险等紧急情况需要采伐林木的，组织抢险的单位或者部门应当自紧急情况结束之日起30日内，将采伐林木的情况报告当地县级以上人民政府林业主管部门。该条适用的前提条件是因扑救森林火灾、防洪抢险等紧急情况需要采伐林木，申请主体为组织抢险的单位或部门，申请期限为自紧急情况结束之日起30日内。本案中，密云区园林绿化局未能向法院提交认定金叵罗村委会申请被诉采伐许可证是出于防洪抢险等紧急情况需要的相关证据材料，并且从程序上来看，金叵罗村委会取得许可在前，砍伐行为在后，也不属于紧急避险“先采伐后申请”的审批程序情形。故法院对密云区园林绿化局的该项答辩主张未予采信。

四、关于本案裁判方式的选择

《行政诉讼法》第七十四条第二款第（一）项规定，行政行为违法，但不具有可撤销内容的，人民法院应当判决确认违法。本案中，行政许可事项已经实施完毕，不具备可撤销内容，法院应当作出确认违法判决。林木采伐许可行为系一事一申请，涉案林木已被采伐，被诉采伐许可证不具有可撤销内容，法院最终判决确认密云区园林绿化局于2013年7月4日作出的被诉采伐许可证违法。

（作者单位：北京市第三中级人民法院）

对同一事项不得重复实施行政许可

于元祝

【裁判要旨】

行政机关对特定事项已实施许可，在该许可未依法被撤回、撤销或注销前，不得就该事项再行实施许可。行政许可不仅涉及申请人、第三人合法权益，往往也关乎社会公共利益，人民法院对违法行政许可行为的裁判，应当结合案件具体情况，审慎选择适用恰当的判决方式。

【案号】

江苏省宿迁市宿城区人民法院（2016）苏1302行初239号。

【案情】

原告：宿迁市通浦燃气有限公司。

被告：江苏省沭阳县发展和改革局。

第三人：沭阳宇田新能源有限公司。

原告宿迁市通浦燃气有限公司（以下简称通浦燃气公司）于2014年9月28日取得被告江苏省沭阳县发展和改革局（以下简称沭阳发改局）作出的《关于核准宿迁市通浦燃气有限公司新建钱集镇L/CNG汽车加气站工程项目的通知》（沭发基［2014］221号），核准原告在沭阳县钱集镇新205国道与老205国道交叉处新建“钱集L/CNG汽车加气站”工程项目，该通知上载明“本核准通知有效期2年，自签发之日起计算”。后案外人卢利洋与沭阳县国土资源局于2015年7月8日签订《挂牌交易成交确认书》，同年7月18日，案外人卢利洋与沭阳县国土资源局签订《国有建设用地使用权出让合同》，由案外人卢利洋取得涉案3.04亩地块的国有土地使用权。2015年7月16日，第三人与钱集镇人民政府签订《投资协议书》，约定新建 L－CNG 加气站项目。2015 年 9 月 21 日，案外人卢利洋申请将竞拍取得的国有土地使用权变更在第三人沭阳宇田新能源有限公司（以下简称宇田公司）名下，并与沭阳县国土资源局签订了《关于名称变更的协议》，同日第三人与沭阳县国土资源局签订了《交付土地使用权确认书》。2015 年 9 月 20 日，钱集镇人民政府向被告出具一份《遗失声明》，声称多次未联系上原告，原告亦未按时到县招标中心摘牌，涉案土地已由第三人竞标所得，要求被告重新受理发文。2015 年 11 月 2 日，第三人向被告提出《关于新建沭阳县钱集镇加气站的立项申请报告》，被告沭阳发改局于 2015 年 11 月 4 日作出沭发基［2015］206 号《关于核准沭阳宇田新能源有限公司新建钱集 L－CNG 加气站工程项目的通知》，该通知上载明：本核准通知有效期 2 年，自签发之日起计算（原沭发基［2014］221 号文件作废）。现第三人已将涉案加气站项目工程建成并投入生产经营。原告认为，被告在原告取得的核准通知处于有效期的情况下，针对同一事项违法向第三人核发批文，严重损害原告的合法权益，请求依法撤销被告作出的沭发基［2015］206 号通知。

【审判】

江苏省宿迁市宿城区人民法院经审理认为，《中华人民共和国行政许可法》（以下简称《行政许可法》）第三十六条规定："行政机关对行政许可申请进行审查时，发现行政许可事项直接关系他人重大利益的，应当告知该利害关系人。申请人、利害关系人有权进行陈述和申辩。行政机关应当听取申请人、利害关系人的意见。"第六十九条三款规定："依照前两款的规定撤销行政许可，可能对公共利益造成重大损害的，不予撤销。"本案中，被告沭阳发改局对原告通浦燃气公司以及第三人宇田公司作出的关于加气站工程项目的核准属于行政许可事项，其于 2014 年 9 月 28 日已作出沭发基［2014］221 号通知，在该通知尚处于有效期、未先行撤销或废止的情况下，收到第三人针对同一地块、同一事项的申请时，应依法告知原告并听取原告相关陈述、申辩意见，但被告径自作出沭发基［2015］206 号通知，仅在该通知上载明"原沭发基［2014］221 号文件作废"，违反法定程序。但原告在取得沭发基［2014］221 号通知后未参与土地竞标，未取得涉案土地使用权，该通知在本案审理过程中已经超过有效期，而第三人取得沭发基［2015］206号通知后，积极履行促进项目落实的义务，促使涉案加气站工程项目建成并投入生产经营。综上，撤销沭发基［2015］206号通知将会对社会公共利益造成重大损害，故依法确认被告作出的沭发基［2015］206号通知行为违法。根据《中华人民共和国行政诉讼法》第七十四条第一款第（一）项之规定，判决确认被告沭阳县发展和改革局2015年11月4日作出沭发基［2015］206号《关于核准沭阳宇田新能源有限公司新建钱集L－CNG加气站工程项目的通知》的行为违法。

【评析】

因行政许可引发争议进而诉至法院的情形并不鲜见，由此形成的行政许可案件已成为行政案件的重要类型之一。人民法院审理行政许可案件，既要严格审查被诉行政许可的合法性，确保行政许可具备权源依据、符合法定程序，也要全面衡量各方主体实际诉求，灵活选择适用恰当的裁判方式，保障善意第三人的信赖利益，维护国家利益和社会公共利益。简言之，行政许可案件的审理，必须在坚持合法性审查基础上，促进公共利益和公民、法人或者其他组织合法权益的有效平衡。就本案而言，需要研究解决的主要问题有三个：一是涉案项目核准通知是否属于行政许可；二是被告就同一事项先后作出两份核准通知是否具备法律依据；三是第三人是否存在应予保护的正当利益。以下逐一作出分析。

一、项目核准通知属于可诉的行政许可行为

关于行政许可的性质和内涵，理论界一直存在较大分歧，先后形成了“赋权说”“解禁说”“折中说”“不作为义务解除说”等多种学说观点。[①] 然而，理论上的百家争鸣，并未实际阻碍我国行政许可制度的立法进程，2004年颁布施行的《行政许可法》对行政许可的概念作出明确的界定，该法第二条规定，行政许可是指行政机关根据公民、法人或者其他组织的申请，经依法审查，准予其从事特定活动的行为。据此，行政许可至少应当具备四个基本特性：一是依申请性。行政许可是依申请行政行为，公民、法人或者其他

---

① 江必新：《论行政许可的性质》，载《行政法学研究》2004年第2期。

组织合法有效的申请，是行政机关实施许可的前提条件。此所谓“无申请即无许可”。二是法定性。由于行政许可具有鲜明的公益属性，因此，哪些事项可以设定许可、哪些机关可以实施许可、实施许可应当履行何种手续等涉及行政许可基本范畴的问题，均由法律、行政法规予以规定。三是要式性。行政机关应当以颁发许可证、执照等书面形式作出许可，禁止口头实施许可。四是授益性。行政许可不同于行政处罚、行政征收和行政强制，它原则上不以课以义务或限制甚至剥夺权利为特征，而是以赋予相对人资格或条件等利益为目的。[①] 上述法有关行政许可的定义和主要特征的界定应当成为人民法院甄别被诉行政行为是否属于行政许可的主要标准。本案中，被告沭阳发改局先后对原告通浦燃气公司和第三人宇田公司作出了《关于核准宿迁市通浦燃气有限公司新建钱集镇 L/CNG 汽车加气站工程项目的通知》和《关于核准沭阳宇田新能源有限公司新建钱集 L－CNG 加气站工程项目的通知》。该两份通知具有行政许可性质，宿城区人民法院将其界定为行政许可行为并遵照行政许可的审查规则进行审查是妥当的。主要理由为：首先，从主体资格和权限角度看，根据国务院《企业投资项目核准和备案管理条例》第二条、第三条、第四条及《江苏省燃气管理条例》第三条第二款和第八条等规定，被告沭阳发改局具有对辖区内企业投资建设项目进行核准、管理的法定职权，而上述行政法规、地方性法规和部委规章的上位法依据均为《行政许可法》，因此，从权能属性上看，发改部门对企业投资项目的核准权，具有鲜明的行政许可色彩。其次，涉案两份核准通知的内容主要涉及天然气管道加气站建设项目，既属于有限自然资源的准许使用和经营，也牵涉特定范围内的安全，因此，属于《行政许可法》规定的应当设立和实施国家许可的事项。最后，从涉案通知用语情况看，“核准”属于典型的行政许可法律术语范畴，反映的是有权机关根据法律规定对特定事项予以同意和认可，是对符合经营条件和资格的申请人解除禁止义务的明确表态，符合行政许可惯常表达，同时也是赋予项目建设申请人建设资格的授益行为。据此，宿城区人民法院在审理本案过程中，在对核准通知合法性进行审查之前，先对被诉行政行为之许可性质作出界定，是符合行政审判做法的，应当予以肯定。

---

① 林民华：《试论审理行政许可诉讼的若干问题》，载《政法论坛》2010 年第 1 期。

二、重复许可既违反许可精神也背离许可程序

按照被许可人对许可内容及事项的专属程度划分，行政许可可以分为排他性许可和非排他性许可。“排他性许可是指某个人或者组织获得该项学科以后，其他任何个人或者组织便不能再申请获得该项许可，如专利许可、商标许可等；非排他性许可是指可以为所有具备法定条件者申请、获得的许可，如驾驶执照、营业执照等。”① 本案行政许可所涉的天然气场站建设及相应的燃气经营项目，要么由符合条件的单一组织申请建设，要么由两个或两个以上组织联合投资并共同申请建设，而无论如何，该项目均不应由两个或两个以上相互独立的主体分别进行申请并实际开展建设运营活动，否则，既不利于有限自然资源的合理利用，也无助于国家对项目运营的有效管理和便捷服务。因此，从这个意义上分析，沭阳发改局对涉案燃气加气站建设项目的核准许可，属于排他性许可范畴，即该项目一经核准确定由相对人建设经营，其他人便不能再行提出申请并获得许可，简言之，行政机关对特定事项已经实施行政许可，在该许可尚未被依法撤回、撤销或注销前，不得就该事项再行实施许可，除非法律或者行政法规另有规定。本案中，被告沭阳发改局在2014 年就钱集L－CNG 加气站工程项目作出核准通知，许可原告通浦公司开展燃气加气站项目建设活动。后被告沭阳发改局于 2015 年就钱集 L－CNG 加气站工程项目再次作出核准通知，许可第三人宇田公司进行项目建设活动，由于该项目上已经存在许可，且尚未依法被撤销、撤回或注销，从而形成同一事项重复实施行政许可的问题，违背了《行政许可法》禁止重复设定和实施许可的立法精神，也极易造成资源浪费和资产流失。

此外，对同一事项重复实施许可也违反行政许可的法定程序。《行政许可法》是一部行政程序法，“行政许可程序是规范行政许可行为，防止行政许可实施权滥用，保障公民、法人或者其他组织在行政许可程序中正当权利的重要环节。”② 行政机关实施许可，必须按照《行政许可法》规定的程序进行，违反行政许可程序实施许可，依法应予纠正。《行政许可法》第三十六条规定：“行政机关对行政许可申请进行审查时，发现行政许可事项直接关系

---

① 胡建淼：《行政法学》（第三版），法律出版社 2010 年版，第 244 页。

② 朱静：《行政许可程序的立法欠缺及其完善》，载《陕西省政法管理干部学院学报》2009 年第 4 期。

他人重大利益的，应当告知该利害关系人。申请人、利害关系人有权进行陈述和申辩。行政机关应当听取申请人、利害关系人的意见。”该条是关于行政机关实施许可的程序规定，体现了正当程序理念，赋予了申请人尤其是利害关系人的程序参与权，用以保障行政许可之正当。本案中，被告沭阳发改局在作出被诉核准通知之前，明知原告通浦燃气公司对涉案项目已享有许可，仍未告知原告相关程序参与的权利，导致原告无法开展陈述申辩，侵害了原告合法权益，构成许可程序重大违法。宿城区人民法院认定沭阳发改局许可程序违法，符合法律规定。

三、违法行政许可情形下的裁判理念与规则

如前所述，行政许可往往涉及国家安全和公共利益，以及他人合法权益，人民法院在审理行政许可诉讼案件时，对审查认定为违法的行政许可行为，需要立足案件具体情况，权衡各项利益，并据此作出合法适当的裁判方式。一是注重公益优先保护。行政许可违法且已达可撤销之境地，人民法院依法应选择适用撤销判决，让合法有效的行政许可自始丧失效力，使被许可事项恢复到原初状态，但若撤销被诉行政许可将会引发国家安全和公共安全、重要自然资源损失等特殊情形的，人民法院应当选择适用情况判决，宣告行政许可的违法性，同时保留行政许可的效力。本案中，原告虽然获得许可在前，但尚未开展实质性建设，投入相对较小，项目主体建设尚未开展；而第三人取得许可在后，积极落实推进项目建设，燃气加气站工程提前完工并实际投入运营，为沿线及周边地区生产生活提供了较好服务。此时如果撤销第三人的行政许可，则会导致项目融资中断、公共服务中止等一系列连锁反应，直接影响公共利益，因此，宿城区人民法院以优先保护公共利益为由选择适用情况判决，符合法律规定，实现了司法监督与公益维护的平衡。二是关注信赖利益保护。信赖保护是一项重要的行政法原则，它以诚实信用、法秩序安定为理论基础，强调对因政府公信而形成的正当利益的保护。我国现行《行政许可法》第八条对信赖保护进行了原则规定。通常认为，信赖保护的构成要件主要有：具有信赖基础（行政行为）、存在信赖表现（信赖行为）、信赖正当（行为人主观无过错）。[①] 在行政许可诉讼中，行政许可行为虽然违法应

---

① 参见唐信福、刘兴旺：《谈行政许可中的信赖利益保护》，载《人民司法·应用》2008 年第 11 期。

予撤销，但被许可人本身并无过错并已付诸行动，且撤销该许可将会使被许可人、利害关系人遭受重大损失的，人民法院也可以判决确认违法而不予撤销，同时责令行政机关采取相应的措施。

（作者单位：江苏省宿迁市中级人民法院）

真实意思表示是判断行政登记是否错误的基础 材料虚假并不必然导致行政登记的撤销

——关于《最高人民法院关于适用〈中华人民共和国行政诉讼法〉的解释》第一百三十八条第三款的理解

邱方丽　孙　静

【裁判要旨】

工商登记事项具有行政确认的特征，它是对当事人民事法律关系的一种确认和公示。行政机关作出工商登记时对当事人提交的材料有从形式上进行审慎审查的义务，而当事人应对其提交材料的真实性负责。登记事项涉及民事争议的当事人应通过民事途径解决。行政诉讼中，即使登记材料虚假，但符合当事人真实意思表示的登记行为不应当被撤销。

【案号】

一审：四川省彭州市人民法院（2017）川0182行初9号。

二审：四川省成都市中级人民法院（2018）川01行终443号。

【案情】

上诉人（原审原告）：赵作伦、罗宁、吴子培、郑晓敏。

被上诉人（原告被告）：金堂县质监局。

第三人：天强公司、蒲天强、蒲素梅。

原告赵作伦、罗宁、吴子培、郑晓敏诉称：原告赵作伦、罗宁、吴子培、郑晓敏与第三人蒲天强均为第三人天强公司的股东，蒲天强系变更之前的公司法定代表人。2015年5月20日，四原告为了公司发展，同意第三人蒲天强提出的将其20%公司股份转让给第三人蒲素梅，并由蒲素梅出任天强公司的法定代表人，并形成股东会决议。在办理天强公司变更登记的过程中，第三人蒲天强、蒲素梅向被告金堂县质监局提交了虚假的股东会决议及公司章程，在四原告不知情的情况下，将公司注册资本增资为1360万元，从而降低了四原告的股份比例，损害了四原告的合法权益。四原告认为，被告金堂县质监局在审查第三人提交的变更材料时仅作了形式审查，未尽到合理谨慎的审查义务，因此诉至法院，请求撤销被告金堂县质监局作出的（金堂）登记内变（备）字（2015）第000643号《准予变更（备案）登记通知书》。

原审被告金堂县质监局辩称：2015年5月，第三人天强公司向被告提出对法定代表人、股东、注册资本等事项进行变更的申请，并提交有四原告及第三人蒲天强、蒲素梅签字确认的股东会决议等申报材料。被告依据《公司登记管理条例》的相关规定，审慎审查申报材料，对提交的股东会决议的股东签名与先前登记材料中股东签名的相同相似度进行同一性对比，在确认申报材料齐全、符合法定形式后，作出（金堂）登记内变（备）字（2015）第000643号《准予变更（备案）登记通知书》的行政行为是合法有效的。另外，四原告无充分证据证明成都市天强养殖有限责任公司提交的变更登记材料非四原告的真实意思表示，四原告请求撤销（金堂）登记内变（备）字（2015）第000643号《准予变更（备案）登记通知书》的证据不足。因此，被告请求法院依法驳回四原告的诉讼请求。

法院经审理查明：原审原告赵作伦、罗宁、吴子培、郑晓敏，第三人蒲天强、蒲素梅均系第三人天强公司的股东，蒲天强系2015年5月25日变更登记前的公司法定代表人，蒲素梅系2015年5月25日变更登记后的公司法定代表人。2015年5月，天强公司的原法定代表人蒲天强代表天强公司向原审被告金堂县质监局提出公司变更登记申请。金堂县质监局依据《公司登记管理条例》的相关规定，对申报材料进行审查后于2015年5月25日作出（金堂）登记内变（备）字（2015）第000643号《准予变更（备案）登记通知书》，准予成都市天强养殖有限责任公司将其法定代表人由蒲天强变更为蒲素梅，注册资本由1060万元增资为1360万元，新增蒲素梅为股东，并对各股东的出资比例进行相应变更。赵作伦、罗宁、吴子培、郑晓敏认为第三人蒲天强在代表天强公司申请变更登记时提供的2015年5月20日作出的公司股东决议及公司章程系虚假材料，不具合法性，认为金堂县质监局在审查第三人提交的变更材料时，未尽到合理谨慎的审查义务，因此，诉至法院，请求撤销金堂县质监局作出的（金堂）登记内变（备）字（2015）第000643号《准予变更（备案）登记通知书》。原审中，赵作伦、罗宁、吴子培、郑晓敏向法院申请对第三人天强公司提交金堂县质监局的申请变更登记材料中的2015年5月20日的《成都市天强养殖有限公司股东会决议》中“罗宁”签名进行鉴定。法院依法委托四川旭日司法鉴定所对上述事项进行了鉴定。四川旭日司法鉴定所于2017年9月26日作出川旭鉴（2017）文鉴字第71号《司法鉴定意见书》，鉴定意见为“2015年5月20日的《成都市天强养殖有限公司股东会决议》中‘罗宁’签名不是罗宁本人书写形成”。

【审判】

四川省成都市彭州市人民法院于2017年11月16日作出（2017）川0182行初9号行政判决：一、驳回原告赵作伦、罗宁、吴子培、郑晓敏的诉讼请求；二、案件受理费50元，由四原告负担。宣判后，赵作伦、罗宁、吴子培、郑晓敏向四川省成都市中级人民法院提起上诉。四川省成都市中级人民法院于2018年6月25日以同样的事实作出（2018）川01行终443号行政判决，驳回上诉，维持原判。

法院生效裁判认为，本案中，金堂县质监局作出的（金堂）登记内变（备）字（2015）第000643号《准予变更（备案）登记通知书》中，对天强公司的以下四项公司信息进行变更登记：1. 公司法定代表人由蒲天强变更为蒲素梅；2. 新增一名股东蒲素梅；3. 公司增资300万元；4. 蒲素梅出资300万元入股。四名上诉人虽认为蒲天强代表天强公司向金堂县质监局提供了虚假的材料变更公司登记，但只认为变更内容中的第3、4项虚假，对于第1、2项变更内容均予以认可。故对于前述第1、2项公司变更登记事项可以确定是天强公司全部股东真实意思表示，不应当予以撤销。对于是否应当撤销第3、4项变更登记内容的问题。根据《公司登记管理条例》的规定，金堂县质监局在受理了天强公司的公司登记变更申请后，应当对天强公司提交的公司变更申请资料予以审查。根据审理查明事实，天强公司提交的资料从内容和形式上均符合法定要求，金堂县质监局按照法律规定进行形式审查即可，故金堂县质监局在作出被诉行政行为时已经尽到了形式上审慎审查的义务。虽原审中对变更登记资料中“罗宁”签名的真实性进行鉴定后结论为非本人书写，但仅一名股东签名不实，再结合变更事项第1、2项系股东真实意思表示的事实，并不能排除变更登记资料中的股东会意见非股东的真实意思表示。此外，本案实质争议为四上诉人与蒲天强、蒲素梅之间对天强公司的股权争议，四上诉人应该通过民事诉讼程序主张自己的权利。故，对四上诉人认为依据虚假材料作出的公司变更登记应予全部撤销的上诉请求，不予支持。综上，被上诉人金堂县质监局作出被诉行政行为时尽到了法定的审查义务，其行政行为并无不当。

【评析】

该案是一起变更工商行政登记的案件，涉及行政登记的材料经鉴定为虚假是否必然导致登记行为被撤销，以及行政审判能否就行政争议背后的实质民事争议进行审查的问题，很长一段时间存在一定的争议。2018年2月8日实施的《最高人民法院关于适用〈中华人民共和国行政诉讼法〉的解释》第一百三十八条第三款对上述问题作出了明确的指引。

一、工商行政登记行为具有行政确认的特征，申请人应对提交材料的真实性负责

工商设立登记属于行政许可，但并不能因此否认其中的登记内容本身所具有的行政确认的法律属性。基于此点，《公司登记管理条例》第二条规定，申请办理公司登记，申请人应当对申请文件、材料的真实性负责。国家工商行政管理总局令第9号《企业登记程序规定》第三条规定，企业登记机关依法对申请材料是否齐全、是否符合法定形式进行审查。前述规定明确了两个要点：一是相关材料的真实性由申请人自行负责，二是公司登记机关审查范围为形式审查。从本案来看，金堂县质监局受理变更登记申请后，对天强公司提交的变更登记资料进行了审查，该公司提交的资料内容齐全、形式合法，就此，金堂县质监局的形式审查义务已经尽到。

二、当事人真实意思表示是判断行政登记是否错误的基础，材料虚假并不必然导致登记行为被撤销

本案中天强公司在变更公司登记时，提交了由该公司股东签字确认的《股东会决议》并对拟变更事宜作了罗列，后一审诉讼中对《股东会决议》

上“罗宁”签名进行了笔迹鉴定，鉴定结论为非本人书写。仅一名股东签名虚假能否否定《股东会决议》的真实性，该股东会决议是否就是虚假意思表示。对此问题，在提交虚假材料设立公司的行政案件中，确认材料的真实性是审理这类案件的基本前提，签名真实性是确认材料真实性的一个重要方面，但不是唯一标准，签名虚假不代表材料必然虚假。结合本案案情来看，还存在一个特殊情形，金堂县质监局作出的变更登记中包含了变更法定代表人为蒲素梅、新增股东蒲素梅、公司增资300万元、新增股东入股300万元四项内容，而赵作伦等四人均认可变更登记的前两项内容是真实的。仅凭《股东会决议》中一名股东签名虚假的事实，不能必然推出《股东会决议》是虚假意思表示。那么在此前提下，金堂县质监局的变更登记行为便不能被撤销。此亦印证了本文观点，材料虚假并不必然导致登记行为被撤销。

三、对《最高人民法院关于适用〈中华人民共和国行政诉讼法〉的解释》第一百三十八条第三款的解读

《最高人民法院关于适用〈中华人民共和国行政诉讼法〉的解释》第一百三十八条第三款规定：“人民法院在审理行政案件中发现民事争议为解决行政争议的基础，当事人没有请求人民法院一并审理相关民事争议的，人民法院应当告知当事人依法申请一并解决民事争议。当事人就民事争议另行提起民事诉讼并已立案的，人民法院应当中止行政诉讼的审理。民事争议处理期间不计算在行政诉讼审理期限内。”该条规定与《行政诉讼法》第六十一条第二款“在行政诉讼中，人民法院认为行政案件的审理需以民事诉讼的裁判为依据的，可以裁定中止行政诉讼”的规定相呼应。本案中，赵作伦等四人一直强调未与蒲天强、蒲素梅达成公司增资意向及蒲素梅出资300万元入股公司的协议，故公司变更登记系依据虚假材料作出应予撤销。从以上论述可知被诉公司变更登记行为与赵作伦等四人及蒲天强、蒲素梅之间的股权争议的民事法律关系相交织，本行政案件的解决需要以民事争议的解决为基础。本案在审理过程中，对赵作伦等四人进行了法律释明，赵作伦等四人仍然坚持等待行政判决，暂不提起民事诉讼。而事实上，《公司法》及相关司法解释对当事人基于股东资格、出资比例等涉及当事人民事权利的争议问题，均规定了相应的救济途径，而本案原告舍近求远、曲线救国，明显有悖于诉讼制度的基本原则。因此本案基于已查清事实不能探究当事人之间真实的民事法律关系，亦不能支持赵作伦等四人的主张，驳回赵作伦等四人的诉请判决恰当，而赵作伦等四人仍然可以在民事诉讼中进行股权确认后，对天强公司的登记事项进行相应变更。

四、涉及登记材料虚假行政案件裁判方式选择

根据《公司登记管理条例》及《最高人民法院关于适用〈中华人民共和国行政诉讼法〉的解释》第一百三十八条第三款之规定，人民法院在处理涉及登记材料虚假行政案件时应根据不同情形选择不同裁判方式：一是经民事审判程序确认尽管材料虚假，但登记内容为当事人真实意思表示的，行政案件中对当事人请求撤销或确认登记违法的诉讼请求予以驳回。二是经民事审判程序确认材料虚假，且登记内容亦非当事人真实意思表示的，行政案件中对登记行为判决撤销或确认违法。三是登记材料虚假，但当事人经法院释明后拒绝提起民事诉讼的，行政案件中仅对行政机关在作出登记行为时是否尽到审慎审查义务进行审查。不宜贸然撤销行政登记或确认违法。

综上，行政审判同样担负着维护交易安全、维护民事法律关系稳定性的职责，故在处理工商登记类案件时，对行政机关登记行为的审查，仅仅审查其是否依法履行了审慎审查职责，对于当事人提供材料虚假的情况，宜审慎对待，不宜轻易撤销。

（作者单位：四川省成都市中级人民法院）

房屋抵押权人对房屋征收补偿行为是否有权提起诉讼

惠　琼

【裁判要旨】

房屋抵押权人与房屋征收补偿行为有利害关系，具有提起行政诉讼的原告主体资格，房屋抵押权人不服房屋征收补偿行为提起行政诉讼，人民法院应当依法受理。

【案号】

一审：云南省昭通市中级人民法院（2017）云06行初24号。

二审：云南省高级人民法院（2017）云行终249号。

【案情】

上诉人（原审原告）：某商业银行股份有限公司翠屏支行。

被上诉人（原审被告）：某县政府。

2014年12月，四川省宜宾市昌明机械有限公司（以下简称昌明公司）因经营需要，向某商业银行股份有限公司翠屏支行（以下简称翠屏支行）贷款950万元，以某发电公司所有的位于某县盐井镇汉古路12套、鲢湖路1套共计13套房产提供抵押担保。某县政府于2014年12月22日为翠屏支行就上述房屋抵押颁发了《他项权利证书》。2017年3月31日，翠屏支行发现《他项权利证书》所记载的抵押物中至少6处房产已经被拆毁。后经了解，上述抵押物纳入了某县沿河棚户区改造工程，系某县政府征收补偿范围。且全部涉案抵押房经评估价值为人民币一亿两千万余元，由于某发电公司欠某县政府近一亿元的款项，扣除欠款，某县政府直接支付了两千多万元补偿款给某发电公司，征收补偿款已经全部履行完毕。翠屏支行认为某县政府在明知有

《他项权利证书》的情况下，没有通知其就征收补偿款优先受偿，或将征收补偿款提存的情况下就直接将征收补偿款支付给某发电公司的行为侵害了其合法权益，遂诉至法院要求确认某县政府作出征收补偿的行为违法。

【审判】

一审法院经审理认为，翠屏支行与某县政府作出的93号文、《通告》《补偿安置方案》等一系列征收及补偿行为没有利害关系，不具备本案原告的主体资格。故裁定对翠屏支行的起诉不予立案。

翠屏支行上诉称：其系盐房盐津县他字（2014）301号《他项权利证书》的持有人，依法享有涉案房屋的抵押权及优先受偿权，某县政府是《他项权利证书》的颁证机关，在明知涉案房屋已经抵押的情况下，拆除用于抵押的涉案房屋6套并作出征收补偿具体行政行为，没有向其履行告知义务，通知其优先受偿，也没有将征收补偿金额提存，就直接将补偿款支付给抵押人，导致其无法实现优先权，造成其权益的实质损害，属于违法行政行为。

二审经审理认为，根据《最高人民法院关于适用〈中华人民共和国担保法〉若干问题的解释》第八十条“在抵押物灭失、毁损或者被征用的情况下，抵押权人可以就该抵押物的保险金、赔偿金或者补偿金优先受偿。抵押物灭失、毁损或者被征用的情况下，抵押权所担保的债权未届清偿期的，抵押权人可以请求人民法院对保险金、赔偿金或补偿金等采取保全措施”的规定，抵押标的物的灭失，将直接影响到抵押权人的利益，在房屋及土地征收过程中，征收人发现被征收范围内的房屋已设立抵押的情况下，应将该房屋征收及补偿安置的情况及时通知抵押权人，以保障抵押权人的优先受偿权。本案中，翠屏支行持有涉案房屋的《他项权利证书》，享有房屋抵押权及优先受偿权，涉案房屋被征收后进行补偿，其与该补偿行为有利害关系，具备提起本案诉讼的原告主体资格。

【评析】

本案是一起行政诉讼案件，案件的焦点是：翠屏支行针对某县政府征收后的补偿行为是否具备原告主体资格。对此有两种不同的观点。一种认为翠屏支行不具备原告主体资格。理由是根据《国有土地上房屋征收与补偿条例》的相关规定，房屋征收补偿对象系房屋所有权人，其他权利人与该行为无利害关系，不能起诉。另一种观点认为，抵押权人有权提起行政诉讼，抵押权作为一种担保物权，属于物权的一种。抵押房屋被征收后，如何补偿与抵押权人的权利直接相关，抵押权人应有权对房屋征收补偿行为提起诉讼。笔者同意第二种观点，并结合本案对此问题进行分析。

根据《行政诉讼法》第二十五条的规定，行政行为相对人及其他与行政行为有利害关系的公民、法人或者其他组织，有权提起行政诉讼。由此，作为房屋抵押权人的翠屏支行与某县政府征收补偿行为是否具有利害关系，是确定其能否享有原告主体资格的关键。

一、利害关系的判断

利害关系是公民、法人或者其他组织的合法权益受到行政行为的实质影响，即合法权益受到行政行为的不利影响和不法侵害，并不仅指权利义务的增减、得失。因此，可以从"合法权益、行政行为和实质影响"三个方面理解行政诉讼中利害关系①。合法权益的存在是前提，根据行政诉讼法的规定，合法权益包括人身权、财产权及法律、法规明确规定的法律权利和当事人具有的一些事实性利益。利害关系的第二个构成要件为对合法权益造成影响的行政行为，只有行政行为的实施影响了合法权益，才可能使合法权益人成为与行政行为有利害关系的人，也才能决定合法权益人及利害关系人的原告主体资格。同时，此处的行政行为必须是可诉的行政行为。实质影响，是指行政行为客观、真实存在，且已经发生法律效力，即将不可逆转地发生法律效力，且行政行为与合法权益受影响之间具有因果关系，也即行政行为的实施是合法权益受影响的原因。具备这三个条件，才能构成行政法意义上的利害关系。

二、抵押权的性质分析

根据《中华人民共和国物权法》（以下简称《物权法》）第一百七十九条第一款的规定："为担保债务的履行，债务人或者第三人不转移财产的占有，将该财产抵押给债权人的，债务人不履行到期债务或者发生当事人约定的实现抵押权的情形，债权人有权就该财产优先受偿。前款规定的债务人或者第

① 江必新：《中华人民共和国行政诉讼法及司法解释条文理解与适用》，人民法院出版社 2015 年版，第 153～154 页。

三人为抵押人，债权为抵押权人，提供担保的财产为抵押财产。”根据该规定，抵押权是担保物权的一种，其具有物权的一般属性：第一，支配性。抵押权是一种价值权、变价权，侧重于抵押物的处分与收益，为确保债权的实现，抵押权人可以基于抵押权而直接处分抵押物，即在债务履行期届满后，抵押权人未受清偿的，抵押权人可以与抵押人协议以折价取得抵押财产的所有权。第二，排他性。抵押权原则上要求抵押物特定化，在抵押权实现之时，抵押物必须是特定的，以确定其价值。抵押权优先于普通债权而得到满足和实现，且抵押权与其他担保物权并存时，则发生位次顺序的问题。第三，抵押权适用物权的保护方法。当抵押权受到第三人侵害时，抵押权可以行使物上请求权，也可以要求侵害人损害赔偿。[①] 因此，《中华人民共和国担保法》（以下简称《担保法》）第五十八条规定：“抵押权因抵押物灭失而消灭。因灭失所得的赔偿金，应当作为抵押财产。”根据该规定，抵押权依赖于抵押物的存在，如果抵押物灭失，则抵押权消灭。而《最高人民法院关于适用〈中华人民共和国担保法〉若干问题的解释》第八十条第一款扩展了《担保法》的上述规定：“在抵押物灭失、毁损或者被征用的情况下，抵押权人可以就该抵押物的保险金、赔偿金或者补偿金优先受偿。”《物权法》第一百七十四条对此也作出了明确规定：“担保期间，担保财产毁损、灭失或者被征收等，担保物权人可以就获得的保险金、赔偿金或者补偿金等优先受偿。被担保债权的履行期未届满的，也可以提存该保险金、赔偿金或者补偿金等。”这是将物上代位物的范围从抵押物扩展到了保险金、赔偿金及补偿金。但就担保的主债权而言，如果抵押物灭失，债权人若没有就保险金、赔偿金及补偿金得到优先受偿，则其只能作为一般债权人向债务人主张权利，而不再享有优先受偿权。

三、房屋抵押权人与房屋征收补偿行为是否有利害关系

抵押权是法律明确规定的担保物权的一种，是一项法定权利，符合利害关系的第一个构成要件，即合法权益，但并不是所有的合法权益都受行政法的保护，只有当行政机关实施行政行为需要对这个合法权益给予特别的关注时，或者说这个合法权益应当具有受到行政行为侵犯的可能性时，该合法权

① 最高人民法院物权法研究小组：《中华人民共和国物权法条文理解与适用》，人民法院出版社 2007 年版，第 529 页。

益才受行政法的保护。那么，抵押权是否应受到行政法的保护，应从抵押权的核心和实质来看，抵押权的核心和实质是优先受偿权，债务人届期不履行债务时，抵押权人可以抵押物折价或者从该抵押物的变价中优先一般债权人而获得先位清偿，当抵押物价值较大时，抵押权人行使抵押权后，若有剩余才能用于偿还其他债务，这也是抵押权人与一般债权人的区别，也即抵押权人的优越性。在房屋征收补偿案件中，如果该房屋上设立抵押权，行政机关在对被征收房屋补偿时，抵押权人对该补偿款享有优先受偿权，行政机关应根据法律规定通知抵押权人优先受偿或者将该补偿款提存，否则就有可能侵害到抵押权人的优先受偿权，也即抵押权有受到行政行为侵犯的可能性，行政机关在实施补偿行为时应对设立的抵押权予以特别关注，并采取一定措施，以保证抵押权人的优先受偿权能够得以实现。但一般债权人是不享有这个优先权的，因为债权的实质，是债权人要求债务人作为或者不作为的一种请求权。基于债务关系的相对性原理，债权人基于债务关系所享有的权利应当向债务人主张。因此，行政机关在实施补偿行为时没有义务对一般债权人予以特别关注。这也是为什么行政机关在实施拆迁补偿行为时，对抵押权人有特别的注意义务，而对普通债权人却没有这样的义务。

利害关系的第二个构成要件，即抵押权受到行政行为的侵害。在房屋行政征收补偿案件中，房屋被征收后产生的行政补偿行为与基于该房屋而设立的抵押权有利害关系，原因如前分析，不再赘述。所以《最高人民法院关于适用〈中华人民共和国担保法〉若干问题的解释》第八十条规定："在抵押物灭失、毁损或者被征用的情况下，抵押权人可以就该抵押物的保险金、赔偿金或者补偿金优先受偿。抵押物灭失、毁损或者被征用的情况下，抵押权所担保的债权未届清偿期的，抵押权人可以请求人民法院对保险金、赔偿金或补偿金等采取保全措施。"该解释之所以如此规定，就是因为抵押标的物的灭失将直接影响到抵押权人的利益。当抵押权所担保的债权已届清偿期而无法得到清偿时，抵押权人可基于抵押房屋行使其抵押权，但一旦抵押标的物灭失，则抵押权消灭，所以在房屋征收过程中，对设有抵押权的房屋进行征收时，应当按照以下程序进行补偿和安置，首先要认定抵押权的效力，并及时通知抵押权人。抵押标的物的灭失，将直接影响抵押人的利益。因此，征收人一旦发现被征收范围内的房屋已设立抵押的，应当将征收的情况及该房屋的补偿安置情况及时通知抵押权人。对于采取货币补偿方式进行征收补偿的，是一种征收人支付现金补偿后注销房屋产权的方法，必然导致抵押标的物的灭失，影响抵押权人的合法利益。为保证以房屋担保的债权债务关系不受房屋征收的影响，保护抵押权人的合法利益，抵押权人可以行使代位求偿权，将抵押房产的征收补偿款或提前清偿债务，或提存。① 否则，行政行为将侵害到抵押权人的优先受偿权。

利害关系的第三个构成要件，即抵押权受到实质影响。在房屋征收过程中，行政机关实施的行政补偿行为已经造成了对这个权益的实际影响，且达到了需要诉讼的时机，否则抵押权人不具备提起行政诉讼的原告主体资格。例如，本案抵押权人对行政机关作出房屋征收决定的行政行为就不具备提起行政诉讼的原告主体资格。一方面，房屋征收行为针对的是被征收人，抵押权人并非被征收人，也非征收行为的利害关系人，所以其不具备提起行政诉讼的原告主体资格；另一方面，只有房屋被征收后，行政机关实施补偿或者赔偿行为时，其才是该行为的利害关系人，也才达到需要诉讼的时机和条件。但只要开始实施补偿，不管是支付行为还是与被征收人签订补偿协议对抵押权人都是有实际影响的。综上，已经设立抵押权的房屋被征收后，该抵押权与房屋征收补偿行为有利害关系。

本案中，翠屏支行持有涉案房屋的《他项权利证书》，享有房屋抵押权，与某县政府实施的补偿行为有利害关系，具有提起行政诉讼的原告主体资格，其提起本案行政诉讼，人民法院应当受理。

（作者单位：云南省高级人民法院）

---

① 江必新：《国有土地上房屋征收与补偿条例》，中国法制出版社 2012 年版，第 214 页。

涉及土地的行政赔偿案件中赔偿数额的确定标准

王盛楠

【裁判要旨】

因登记机关过错导致行政相对人的土地使用权证被人民法院判决撤销或确认无效，登记机关应承担赔偿责任。行政相对人已经合法途径取得土地使用权的，应按照土地现价值确定行政赔偿的数额；行政相对人未经合法途径取得土地使用权的，应将其取得土地付出的经济成本作为直接损失，确定行政赔偿数额。

【案号】

一审：河南省信阳市中级人民法院（2015）信中法行初字第10号。

二审：河南省高级人民法院（2016）豫行终996号。

【案情】

上诉人（原审原告）：汪春霞。

被上诉人（原审被告）：驻马店市人民政府。

2013年3月18日，驻马店市中级人民法院作出（2013）驻法行终字第14号行政判决，以土地登记行为依据不充分为由，判决撤销了原告汪春霞持有的国有土地使用证。2014年2月17日，汪春霞提起本案行政赔偿诉讼，认为驻马店市人民政府在颁证时没有根据土地权属来源直接从金桥金明娱乐有限公司名下办理过户登记，违反了法律法规，致使属于汪春霞的土地使用证被法院判决撤销，给其造成了经济损失，请求判令驻马店市人民政府赔偿损失360万元。

驻马店经济开发区金河办事处郭庄居委会尚庄居民组居民张景华、张兰英等11户（均为案外人）在该居民组内各有一处宅基地，并办有集体土地使用证。2000年4月26日，该11户将宅基地（总面积5605.6平方米，合8.4亩）转让给了驻马店金桥金明娱乐有限公司（以下简称金桥公司）。同年6月29日，就该宗土地，金桥公司与驻马店市土地管理局签订了国有土地使用权出让合同，并于同年12月20日办理了驻市国用（2000）字第1237号国有土地使用证。同年8月16日，金桥公司与汪春霞等10人签订土地转让协议书，以126万元将该宗土地转让，同年12月20日，驻马店市人民政府为汪春霞等10人颁发了驻市集建（国有）（2000）字第10760—10769号土地使用证，共10份。办证档案显示的办证依据为：经过涂改的1994年原驻马店市（现驻马店市驿城区）橡林乡的10户村民宅基地使用许可证、2000年村民孙玉林等25户缴纳的土地出让金发票。

2005年11月16日，金桥公司更名为驻马店市高新区金明商贸有限公司。驻马店市人民政府于2008年1月11日作出《驻马店市人民政府关于依法收回驻马店市高新区金明商贸有限公司土地使用权的决定》，该决定包含涉案土地。驻马店市人民政府于2010年6月9日又作出《驻马店市人民政府关于开发区金河办事处郭庄居委会尚庄居民组生产经营用地的批复》，将包含涉案土地在内的位于淮河大道北侧、郭庄生产经营用地西侧、气象站南侧，总面积为11973.28平方米的土地（其中国有建设用地5605.6平方米，集体土地6367.68平方米）批准给尚庄组作为生产经营用地，于2011年2月24日又为尚庄组办理了驻市集用（2011）第1650号集体土地使用证，后尚庄组进行了开发建设。汪春霞等10人得知后提起行政诉讼，驿城区人民法院作出（2011）驿行初字第70—79号行政判决，以驻马店市人民政府给尚庄组办理第1650号使用证违反《土地登记办法》第十八条规定，涉案土地与汪春霞等10人有土地权属争议为由，判决撤销了尚庄组第1650号土地使用证。尚庄组、驻马店市人民政府均不服上诉，驻马店市中级人民法院作出（2012）驻法行终字第100、105—113号行政判决，驳回上诉，维持原判。

2012年，尚庄组起诉请求撤销驻马店市人民政府为汪春霞等10人颁发的驻市集建（2000）字第10760—10769号国有土地使用证，驻马店市中级人民法院二审作出（2013）驻法行终字第10—19号行政判决，认为驻马店市人民市政府为汪春霞等10人办理的土地使用证的主要依据是1994年的宅基地使用证和2000年孙玉林等25户缴纳土地使用权出让金票据，而10人陈述土地来源是2000年从金桥公司购买，驻马店市人民政府颁证行为依据不充分，遂判决撤销了汪春霞等10人持有的国有土地使用证。该判决同时释明鉴于尚庄组及汪春霞等10人的土地使用权均已被法院判决撤销，当事人应当向驻马店市人民政府申请确认土地权属以解决争议。汪春霞遂提起本案行政赔偿诉讼。

2014年6月30日，河南省漯河市中级人民法院就此案作出（2014）漯行政字第12号行政赔偿判决，驳回了汪春霞的诉讼请求。汪春霞上诉后，河南省高级人民法院作出二审行政裁定，以事实不清、证据不足为由撤销上述判决，并裁定指定信阳市中级人民法院继续审理。信阳市中级人民法院审理过程中，依法委托河南凯业房地产估价咨询有限公司对涉案土地进行价值评估，土地估价总额为859万元（85.9万元/户×10户），汪春霞等10户交纳评估费8.8万元（0.88万元/户×10户）。

【审判】

信阳市中级人民法院一审认为：一、驻马店市人民政府向汪春霞等人颁发国有土地使用证行政行为违法。2000年4月26日，金桥公司购买张景华等11户村民位于驻马店市乐山路北段西侧、气象站以南的尚庄居民组的宅基地（面积5605.6平方米），同年8月16日，金桥公司将该宗地以126万元的价格转让给汪春霞等10人，双方约定金桥公司收款后负责给汪春霞等10人办理国有土地使用证等手续。同年12月20日，驻马店市人民政府为金桥公司颁发驻市国用（2000）字第1237号国有土地使用证，同一天，驻马店市人民政府又依据经过明显涂改的毫无关联的1994年驻马店市橡林乡人民政府土地管理所出具的宅基地使用许可证10份、2000年8月7日孙玉林等25户缴纳的土地出让金票据1份等申请材料，给汪春霞等10人分别办理了国有土地使用证初始登记。因驻马店市人民政府的颁证行为依据不充分，驻马店市中级人民法院终审判决撤销了汪春霞等10人的土地使用证。驻马店市人民政府对申请材料审核把关不严，将明显虚假的不相关的“村民宅基地使用证”作为土地来源的“合法依据”，且未认真履行地籍调查的法定职责，登记发证行为事实不清、证据不足、程序违法，是导致汪春霞等10人国有土地使用证被撤销的主要原因。二、汪春霞等10人申请办证的行为有明显过错。汪春霞等10人申请办证时未向驻马店市人民政府提交土地变更登记申请及与金桥公司签订的转让合同，汪春霞称由金桥公司按合同约定负责办理土地使用权证，不能免除其作为登记申请人应当对申请材料的真实性负责的法定义务，其应当对提供虚假材料办证的行为承担法律责任。汪春霞等 10 人及其受委托办证的金桥公司的过错是导致汪春霞等人国有土地使用证被撤销的次要原因。三、驻马店市人民政府对汪春霞等 10 人的经济损失承担赔偿责任。汪春霞等 10 人购买宗地，并支付购地款 126 万元，现涉案宗地已被开发利用的事实清楚。汪春霞的土地登记面积为 277.2 平方米，评估价格为 85.9 万元，应作为计算汪春霞经济损失的依据，汪春霞支付的 0.88 万元鉴定费亦应计入其损失范围。驻马店市人民政府违法颁证的行为导致汪春霞无法实现涉案宗地国有土地使用权，两者之间存在法律上的因果关系，驻马店市人民政府应当根据责任比例承担赔偿责任。驻马店市人民政府要求对土地价格鉴定结论进行专家质询，但没有提供充分理由，不予准许。鉴于汪春霞、驻马店市人民政府双方均有过错，驻马店市人民政府宜按 70% 比例对汪春霞的损失予以赔偿。依照《中华人民共和国国家赔偿法》第四条第（四）项、第三十六条第（八）项，《最高人民法院关于审理行政赔偿案件若干问题的规定》第二十二条、第二十九条、第三十四条、第三十九条之规定，判决驻马店市人民政府赔偿汪春霞损失 60.746 万元［（85.9 +0.88）万元 ×70%］。

一审宣判后，汪春霞、驻马店市人民政府均不服本判决，提起上诉。河南省高级人民法院于 2017 年 12 月 25 日作出（2016）豫行终 996 号行政判决：一、撤销信阳市中级人民法院（2015）信中法行初字第 10 号行政判决；二、驻马店市人民政府于本判决生效之日起 10 日内赔偿汪春霞损失 12.6 万元及利息（自 2000 年 8 月 16 日起，按中国人民银行同期贷款利率计算至实际付清之日）。

河南省高级人民法院二审认为：一、驻马店市人民政府为汪春霞颁发的涉案土地证被依法撤销，该政府在颁证过程中严重违法。首先，2000 年 12 月 20 日，驻马店市人民政府针对位于驻马店市乐山路北段西侧、气象站以南的涉案土地，为金桥公司颁发了驻市国用（2000）字第 1237 号国有土地使用证，同日就同一土地为汪春霞等 10 人颁发了驻市集建（国有）（2000）字第 10760—10769 号土地使用证，一地两证违反土地登记的基本原则。其次，驻马店市人民政府给汪春霞等 10 人颁发土地证依据的是 1994 年驻马店市橡林乡人民政府土地管理所出具的宅基地使用许可证，该证上权利人、土地位置、四邻、土地面积均有明显的涂改痕迹，该许可证不能作为土地登记的权属来源依据；驻马店市人民政府为汪春霞颁发的土地证印有“集体土地建设用地使用证”字样，登记字号为驻市集建字，但扉页盖有“国有”字样并加盖有驻马店市土地房产管理局的印章，该证与同一时期颁发的国有土地使用证的格式、证号、内容均不相符。驻马店市人民政府在登记时未尽到基本的审查义务，存在严重失职，登记行为违反《土地登记规则》第十四条、第六十六条的规定，程序严重违法。

二、驻马店市人民政府的违法登记行为与汪春霞的经济损失之间存在法律上的因果关系，应承担相应的赔偿责任。驻马店市人民政府未对汪春霞的办证申请材料尽到基本的审查义务，没有及时告知其登记申请不符合法定条件。驻马店市人民政府的违法登记行为使汪春霞错误认为自己已经获得土地使用权证项下记载的土地权益，丧失了及时向金桥公司提出异议及要求履行土地转让协议或主张违约责任的机会，汪春霞缴纳的购地款无法追回。驻马店市人民政府土地登记行为造成汪春霞的直接经济损失，应当予以赔偿。

三、汪春霞的直接损失为其支付给金桥公司的购地款。因汪春霞不能合法取得争议地的土地使用权，驻马店市人民政府的土地登记行为应属无效，汪春霞主张应按照现土地价值确定直接损失，不符合法律规定，不予支持。第一，争议地原属尚庄居民组所有的集体土地，尚庄居民组 11 位村民将宅基地转让给金桥公司进行非农业建设，违反《中华人民共和国土地管理法》第六十三条的规定。第二，汪春霞主张基于其与金桥公司签订的土地转让协议获得土地，但该协议签订时，金桥公司尚未取得涉案土地的使用权，汪春霞于 2015 年 8 月 16 日与金桥公司签订的土地转让协议不具备履行条件。第三，《中华人民共和国城市房地产管理法》（1995 年实施）第三十八条第一款第（一）项规定：“以出让方式取得土地使用权的，转让房地产时，应当符合下列条件：（一）按照出让合同约定已经支付全部土地使用权出让金，并取得土地使用权证书。”《中华人民共和国城镇国有土地使用权出让和转让暂行条例》第十九条第二款规定：“未按土地使用权出让合同规定的期限和条件投资开发、利用土地的，土地使用权不得转让。”金桥公司与驻马店市土地管理局的土地出让合同第十二条约定，金桥公司达到总投资的 30% 后，有权将合同项下土地的余期使用权转让、出租。金桥公司与汪春霞签订转让协议时，亦未满足出让合同约定的条件，金桥公司与汪春霞之间转让土地的行为违反法律规定。第四，汪春霞申请登记时提交的申请书和土地权属来源证明与事实不符，亦存在提供虚假申请材料的行为。综上，汪春霞不能基于其与金桥公司的土地转让行为获得合法的土地使用权，故不能享受合法取得土地后土地增值带来的收益。汪春霞的直接经济损失为其缴纳的购地款及利息。

四、汪春霞的直接损失数额为其向金桥公司缴纳的购地款 12.6 万元及利息。本案中，汪春霞提交的贾学中等 10 户与金桥公司签订的转让协议书，可以证明汪春霞等 10 户购买涉案土地的总价款为 126 万元。结合转让协议书中由金桥公司办理国有土地使用证的约定和汪春霞等 10 人土地使用权证的实际办理情况，可以认定汪春霞向金桥公司支付了相应的购地款。驻马店市人民政府对汪春霞等 10 人的缴款事实提出异议，但未提供相关证据予以证明，对其这一上诉理由，不予支持。

综上所述，驻马店市人民政府颁证行为违法且给汪春霞带来直接经济损失 12.6 万元及利息，应当承担赔偿责任。

【评析】

一、背景情况介绍

实践中，赔偿数额的确定是行政赔偿案件的重点和难点问题。《中华人民共和国国家赔偿法》第三十六条第（八）项规定："对财产权造成其他损害的，按照直接损失给予赔偿。"在涉及土地的行政赔偿案件中，直接损失往往是不明确的，需要在审理程序中予以认定。一般而言，行政相对人可以通过出让、拍卖等合法方式取得国有土地的使用权，并由负有土地登记职权的行政机关予以登记并颁发土地使用权证。因登记机关的过错导致土地登记被撤销、确认无效或确认违法后，行政相对人无法继续行使土地使用权，此时，土地增值部分及使用土地带来的合法收益属于行政相对人的直接损失，行政机关应予赔偿。

此外，由于我国土地管理制度的建立、发展与成熟经历了一个长期的过程，实践中存在大量土地登记及土地管理行为不合法、不规范、不严谨的问题。在审理土地行政登记案件的过程中，原告因违反法律法规规定而无法取得法律意义上的土地使用权，这种情况屡见不鲜。如何在此类案件中确定原告的直接损失，对此类赔偿案件的审理具有重要意义。

二、确立裁判要旨的理由

1. 本案原告不能依法取得土地使用权

不违反法律禁止性规定，是合法取得法律权利的前提和必要条件。相对人取得土地使用权的方式违反法律相关规定，获取土地使用权证的依据不足，或者土地登记程序不合法的，不论其是否实际使用了土地，是否办理了土地使用权证，均不能依法取得土地使用权。

本案中，争议地的流转程序违反了多部法律规定。首先，《中华人民共和国土地管理法》第六十三条规定："农民集体所有的土地的使用权不得出让、转让或者出租用于非农业建设；但是，符合土地利用总体规划并依法取得建设用地的企业，因破产、兼并等情形致使土地使用权依法发生转移的除外。"争议地原系集体土地，由享有宅基地使用权的村民转让给金桥公司进行非农业建设，违反《中华人民共和国土地管理法》的规定，金桥公司不能合法取得争议地的土地使用权。其次，《中华人民共和国城市房地产管理法》（1995年实施）第三十八条第一款第（一）项规定："以出让方式取得土地使用权的，转让房地产时，应当符合下列条件：（一）按照出让合同约定已经支付全部土地使用权出让金，并取得土地使用权证书"、国务院《城镇国有土地使用权出让和转让暂行条例》第十九条第二款规定："未按土地使用权出让合同规定的期限和条件投资开发、利用土地的，土地使用权不得转让。"原告与金桥公司签订土地转让协议时，金桥公司尚未取得涉案土地的使用权，原告不能从金桥公司取得土地使用权，金桥公司没有就争议地进行任何开发利用，其将争议地转让给原告也违反上述规定。因此，尽管驻马店市人民政府为原告颁发了国有土地使用权证，但该颁证行为的依据严重不足，违反法律法规规定，该颁证行为不产生法律效力。尽管原告取得了国有土地使用权证，其也不能依法取得争议地的土地使用权。

2. 确定本案原告直接损失的标准

本案中，尽管原告未能依法取得土地使用权，甚至在申请土地登记过程中存在提供错误材料等过错，但其仍存在应予保护的合法权益。土地登记申请是由行政相对人发起的、启动土地登记程序的首要步骤，行政相对人囿于自身法律意识的缺失、行政事务办理经验的不足，往往不能准确地提供合法、有效的申请文件。此时，登记机关负有严格依照法律规定对申请材料进行审查、核实的义务。本案中，原告提交的是农村宅基地使用权的申请，登记机关应当按照宅基地使用权的审批程序予以审查，由于原告不符合申请农村宅基地使用权的条件，不能给其颁发集体土地建设用地使用权证。同时，因原告的地籍档案中缺乏国有土地使用权的权属来源文件，登记机关亦不应给其办理国有土地使用权证，登记机关的登记行为重大、明显违法。原告基于对行政机关的信赖，在取得被诉国有土地使用权证后，相信自己已经获得土地使用权证项下记载的土地权益，符合一般常识。原告因此丧失了及时向收取其购地款的金桥公司提出异议、要求履行土地转让协议或主张违约责任的机会，且被诉国有土地使用权证被撤销时，金桥公司早已停止经营，原告缴纳的12.6万元购地款客观上已无法追回。原告为取得和利用土地支付的购地款等合理支出及利息是直接损失，应当作为确定赔偿数额的依据。

3. 关于原告与登记机关过错程度的考量

实践中，因违反法律强制性规定而无法取得土地使用权的情形，行政相对人自身往往也存在一定过错。极端情况下，可能出现行政相对人与登记机关工作人员恶意串通，骗取登记的情况。笔者认为，在审理此类案件时，须对行政相对人的主观状态和其行为的过错程度进行认定，与登记机关的过错程度对比后，进行综合判断。本案中，尽管原告的登记申请亦不符合法律规定，但因登记机关未尽到基本的审查义务，存在严重失职和严重的程序违法，相较而言，原告的行为明显过错轻微，可视为瑕疵，故合议庭没有采用依照过错程度按比例划分责任的思路审理本案。反之，如能够认定行政相对人存在骗取登记的主观恶意，则原则上不应支持其行政赔偿请求。

（作者单位：河南省高级人民法院）

行政案卷排他性原则在行政诉讼中的运用

——都本强诉甘肃省知识产权局专利行政决定案

朵利民

【裁判要旨】

对行政行为的合法性审查，只能以行政机关的行政案卷为根据审查，不能在案卷以外，以当事人所未知悉或未论证的事实为根据，除非其符合补充证据的规定。

【案号】

一审：甘肃省兰州市中级人民法院（2017）甘01行初43号。
二审：甘肃省高级人民法院（2018）甘行终177号。

【案情】

上诉人（原审原告）：都本强。

被上诉人（原审被告）：甘肃省知识产权局。

2006年4月27日，都本强向国家知识产权局申请了一项名称为“可移动太阳灶”的发明专利，该专利于2010年4月14日被授权，专利号为ZL 200610026101.1，并取得了证书号为第607745号的《发明专利证书》。2016年5月3日，都本强以马天一为被请求人，向甘肃省知识产权局提出《专利侵权纠纷处理请求书》，请求处理事项为：1. 要求被请求人立即停止侵权；2. 要求被请求人赔偿侵犯专利权所受到的经济损失1540万元。其理由是：被请求人生产的可移动太阳灶，除控制灶壳升降的部分将伸缩升降改为螺旋升降以外，其他完全相同。而伸缩升降和螺旋升降都是通过改变支撑杆的长度来调节灶壳角度的，其手段、功能和效果基本相同。因此都本强认为马天一侵犯了其专利权。2016 年 5 月 9 日，甘肃省知识产权局受理了都本强的申请。2016 年 8 月 12 日，甘肃省知识产权局对该专利侵权纠纷进行了口头审理。2016 年 8 月 18 日，甘肃省知识产权局向中国（甘肃）知识产权维权援助中心发出《专利侵权判定咨询委托书》，就马天一生产的移动太阳灶是否构成侵权提供咨询意见。2016 年 9 月 20 日，中国（甘肃）知识产权维权援助中心作出甘知维权［2016］07 号《都本强诉马天一侵犯其发明专利“可移动太阳灶”（专利号：ZL 200610026101. 1）案侵权咨询意见书》（以下简称《侵权咨询意见书》），咨询意见为：1. 现有证据严重不足，根据委托人所提供的证据不能直接或组合得到涉嫌侵权产品的技术方案，并以此判断该技术方案的所有技术特征是否完全覆盖了涉案专利权利要求 1—3 记载的所有技术特征。无法得出马天一所售卖的涉嫌侵权产品是否落入都本强的发明专利“可移动太阳灶”的专利权保护范围的结论。2. 马天一在阿里巴巴开网店展示产品，构成了合同法上的要约邀请，但无法确定马天一所售卖的产品是否是侵权产品，缺少构成许诺销售的必要条件。故马天一在阿里巴巴网开设网店，进行了商品展示的行为不构成许诺销售。2016 年 12 月 13 日，甘肃省知识产权局根据《中华人民共和国专利法》第十一条、第六十八条，《专利行政执法办法》第十八条，《甘肃省专利条例》第二十八条之规定，作出处理决定如下：1. 请求人都本强提交证据不充分，无法进行保护技术对比认定，且企业网站无侵权产品展示和销售实施行为，故驳回请求人都本强发明专利构成侵权的请求。2. 对请求人都本强提出的其他请求事项，依法不予支持。

另查明，《侵权咨询意见书》没有向都本强和马天一送达，也未进行质证，甘肃省知识产权局将其作为处理该案的参考依据。在诉讼期间，甘肃省知识产权局将《侵权咨询意见书》作为证据一并提交原审法院，原审法院开庭质证，并将该证据作为被诉专利行政决定合法的证据予以采纳，驳回了都本强的诉讼请求。

【审判】

甘肃省兰州市中级人民法院审理认为：2016 年 8 月 15 日，甘肃省知识产权局就都本强诉马天一侵犯其发明专利“可移动太阳灶”案委托中国（甘肃）知识产权维权援助中心出具专利侵权判定咨询意见书，用于该侵权案件审理决定的参考。《侵权咨询意见书》认定现有证据严重不足，无法得出马天一所售卖的涉嫌侵权产品是否落入请求人都本强的发明专利“可移动太阳灶”的专利权保护范围的结论，甘肃省知识产权局遂作出被诉专利行政决定。据此，甘肃省知识产权局作出驳回请求人都本强认定“可移动太阳灶”发明专利构成侵权的请求及其他请求事项依法不予支持之行政行为证据确凿，适用法律、法规正确，符合法定程序。依据《中华人民共和国行政诉讼法》（以下简称《行政诉讼法》）第六十九条之规定，判决驳回原告都本强的诉讼请求。

都本强不服一审判决，提起上诉。

甘肃省高级人民法院审理认为，本案的争议焦点有两个：一是被诉的专利行政决定认定事实是否清楚、程序是否合法、适用法律是否准确；二是原审法院将《侵权咨询意见书》作为认定被诉专利行政决定合法的证据是否正确。结合裁判要旨，本文主要说明第二个焦点问题。

关于原审法院将《侵权咨询意见书》作为认定被诉专利行政决定合法的证据是否正确的问题。《行政诉讼法》第六条规定：“人民法院审理行政案件，对行政行为是否合法进行审查。”据此，对行政行为的合法性审查，只能以行政机关的行政案卷为根据审查，不能在案卷以外，以当事人所未知悉或未论证的事实为根据，除非其符合补充证据的规定。本案中，被上诉人甘肃省知识产权局在行政程序中并未将《侵权咨询意见书》作为被诉专利行政决定的定案证据，而是作为参考依据。原审法院却将《侵权咨询意见书》作为判断被诉专利行政决定是否合法的证据和裁判依据，不符合证据认定规则，应予纠正。因被诉专利行政决定还存在部分事实认定不清、程序轻微违法、适用法律法规错误的问题，二审法院改判撤销一审判决、撤销被诉专利行政决定、责令甘肃省知识产权局重新作出处理决定。

【评析】

根据庭审查明的事实，本案确定的第二个焦点问题是原审法院将《侵权咨询意见书》作为认定被诉专利行政决定合法的证据是否正确。对该问题的审查，在行政诉讼理论上来说，涉及行政案卷排他性原则在司法审查中的运用。

一、行政案卷排他性原则的内涵与适用

行政机关在作出行政行为时应当贯彻“先取证，后裁决”的原则，通过调查取证形成行政案卷。行政案卷应当是作出行政决定所依据的全部记录和文件，包括程序性材料、听证记录、调查取得的证据材料及会议记录讨论情况等。行政案卷排他性原则，是指行政机关作出的行政决定只能以案卷中形成的证据确定案件事实，并且确定案件事实的证据是经过当事人质证的证据，未经质证的证据和案卷外的证据不能作为认定案件事实的证据。案卷排他性原则是作为行政机关执法的普遍要求，每一项行政执法从立案到结案均要形成行政卷宗，最终行政决定的作出均以卷宗中的材料为准，而不能溢出卷宗再另行寻找证据和依据。在《行政诉讼法》中，也规定了“未经质证的证据，不得作为定案的依据”，与案卷排他性原则异曲同工。在司法审查中，《最高人民法院关于审理反倾销行政案件应用法律若干问题的规定》和《最高人民法院关于审理反补贴行政案件应用法律若干问题的规定》中都明确规定：人民法院依据被告的案卷记录审查被诉反倾销和反补贴行政行为的合法性；被告在作出被诉反倾销和反补贴行政行为时，没有纳入案卷的事实材料，不能作为认定该行政行为合法的根据。这是司法解释首次明确规定在司法审查中适用案卷排他性原则。所以，案卷排他性原则不仅是行政执法中应当遵循适用的原则，在司法审查中对行政行为的合法性审查也同样适用。

二、本案确定裁判要旨的理由

1. 对被诉行政行为进行事实审，是合法性审查的内在要求。《行政诉讼法》第六条规定，人民法院审理行政案件，对行政行为是否合法进行审查。根据该规定，行政行为的合法性是司法审查的对象。行政机关应当围绕被诉行政行为的合法性进行举证，也即与被诉行政行为合法有关的待证事实就是行政诉讼的证明对象。为此，行政机关就要证明其职权合法、事实认定证据确实充分、适用法律准确、程序合法，以及处理结果正确。对事实依据的审查主要是对被诉行政行为认定事实的证据进行审查。行政机关在行政程序中，在对其所收集的证据进行审查和确认的基础上，对案件事实已经作了认定，法院的审查其实就是“复审”，对已经认定案件事实的证据进行复查。法院复查证据应当受行政诉讼证据规则的限制，仅限于行政程序中收集或调取的证据，行政机关在行政诉讼中不得再向原告或者第三人取证，法院也不能代替行政机关在庭外取证，以支持被诉行政行为合法，这是行政诉讼合法性审

查的内在要求。

2. 对被诉行政行为进行事实审，应当尊重行政机关的首次判断权。行政机关的首次判断权，是行政机关通过调查询问、质证或者听证程序，对诉争事实进行综合判断形成的最终事实。法院对被诉行政行为进行事实审，应当在尊重行政机关的判断和确认的基础上，对行政机关认定的事实和证据是否真实、全面、准确进行审查并作出评判。特别是涉及一些专业性较强的行政行为如知识产权行政决定，法院更应当尊重行政机关的决定。即使行政机关认定事实所依据的证据不充分或者不成立，法院也不得撇开行政机关所认定的事实直接决定证据取舍或者直接取证，不得重新认定一个事实，这样会导致司法权僭越行政权。

3. 对被诉行政行为进行事实审，应当贯彻行政案卷排他性原则。《行政诉讼法》第三十四条第一款规定，被告对作出的行政行为负有举证责任，应当提供作出该行政行为的证据和所依据的规范性文件。行政机关提供的依据和规范性文件，就应当是行政案卷中形成的证据和规范性文件。行政案卷排他性原则的内涵在前面已经阐述，法院在对被诉行政行为的事实审查中，应当围绕行政行为认定事实的证据进行审查，而不能超出案卷证据审查，否则，就成为法院为行政机关寻找理由或者寻找法律根据，变相支持行政行为，将与《行政诉讼法》第四十条的规定相违背，即人民法院不得为证明行政行为的合法性调取被告作出行政行为时未收集的证据。

就本案而言，甘肃省知识产权局在行政调查处理期间，虽然委托中国（甘肃）知识产权维权援助中心对马天一生产的太阳能灶是否侵犯都本强的发明专利权提供咨询意见，但是该《侵权咨询意见书》并没有被省知识产权局作为被诉专利行政决定的证据采纳，也未经过各方当事人质证，仅仅是作为被诉处理决定的参考依据。也就是说《侵权咨询意见书》并没有纳入行政案卷作为定案的证据，不属于行政案卷中的证据。原审法院却将《侵权咨询意见书》作为判断被诉专利行政决定合法的证据和裁判依据，违背了行政案卷排他性原则，不符合证据认定规则，二审法院予以纠正。

三、行政案卷排他性原则的例外

有原则就有例外，行政案卷排他性原则也一样，行政案卷排他性原则要求行政机关以行政程序中形成的证据材料为准，来证明其作出的行政行为是合法的。在行政诉讼中或者行政复议阶段是不允许行政机关再补充证据或者收集证据的，行政机关所有的证据都应当在行政程序中形成。在行政诉讼或者行政复议阶段允许行政机关补充证据，就突破了行政案卷排他性原则。无论是行政诉讼法还是行政复议法对行政机关补充证据均作出了明确规定，而且均限定了行政机关补充证据的条件和范围。

《行政诉讼法》第三十六条第二款规定："原告或者第三人提出了其在行政处理程序中没有提出的理由或者证据的，经人民法院准许，被告可以补充证据。"《最高人民法院关于行政诉讼证据若干问题的规定》第九条规定，根据《行政诉讼法》第三十四条第一款的规定（修改后的《行政诉讼法》是第三十六条第二款），人民法院有权要求当事人提供或者补充证据。对当事人无争议，但是涉及国家利益、公共利益或者他人合法权益的事实，人民法院可以责令当事人提供或者补充有关证据。这两条是案卷排他性原则的例外。从条文看，人民法院允许被告补充证据的情形有两个，一是原告或者第三人在诉讼中提出了新的事实或理由，但是该新事实或者理由在行政程序中并未提出或主张。此时，行政机关可以针对原告或者第三人提出的新事实或者理由补充证据。二是如果涉及国家利益、公共利益或者他人合法权益的事实，需要行政机关补充证据。因为对行政行为的合法性审查，既要保护当事人的合法权益，也要保护国家利益、公共利益或者他人合法权益，这是行政行为依职权作出、必须符合立法目的的要求。这一规定，明确了行政机关应当在法定期限内如期举证，也应当如实举证，只有在特殊情况下才能补充证据，明确了行政机关补充证据的范围。

就本案而言，二审法院在一审法院直接适用《侵权咨询意见书》作为认定被诉专利行政决定合法的证据的基础上，在审查其不符合行政案卷排他性原则的情况下，还审查了其是否符合行政机关补充证据的条件，体现了二审法院全面审查的原则。在一审中，原告都本强的诉讼请求与行政程序中的请求是一致的，没有提出新的事实与主张，也不涉及国家利益、公共利益或者他人合法权益的事实，所以一审法院采纳《侵权咨询意见书》也不符合行政机关补充证据的规定。

综合以上分析，在行政诉讼中，贯彻行政案卷排他性原则，既要掌握其一般规定，也要灵活掌握其例外，这样才能在司法实践中更好地运用案卷排他性原则。

（作者单位：甘肃省高级人民法院）

以“到付”方式要求申请人承担《政府信息公开告知书》邮寄费用构成程序轻微违法

——王长松诉济南市市中区人民政府信息公开及济南市人民政府行政复议一案

孙继发　王　攀

【裁判要旨】

行政机关依申请提供政府信息，可以收取邮寄等必要成本费用，但不能要求申请人向行政机关以外的邮政企业支付邮寄费用。以“到付”方式要求申请人承担《政府信息公开告知书》邮寄费用，属于行政行为方式不当，构成程序轻微违法。

【案号】

山东省济南市中级人民法院（2018）鲁01行初456号。

【案情】

原告：王长松。

被告：山东省济南市市中区人民政府（以下简称市中区政府）。

被告：山东省济南市人民政府（以下简称市政府）。

山东省济南市中级人民法院一审认定：2018年1月7日，原告通过特快专递向被告市中区政府提出信息公开申请，申请公开：“1. 市中区政府作出收回济南铸管厂部分国有土地使用权方案的批复；2. 市中区国土资源行政主管部门制作的收回国有土地使用权通知；3. 市中区政府对刘长山路延长线二期工程项目规划用地红线范围内国有土地房屋实施征收的决定；4. 刘长山路延长线二期工程项目规划用地红线范围内国有土地上房屋征收补偿安置方案；5. 市中区政府与济南铸管厂的补偿协议和安置方案。”2018 年 1 月 25 日，被告市中区政府作出［2018］第 8 号《政府信息公开告知书》，内容为：“王长松，本机关于 2018 年 1 月 8 日收到你以邮寄形式提交的政府信息公开申请。现答复如下：基于现在正实施的刘长山路延长线改造项目国有土地上房屋征收程序，你所申请的第一至五项内容目前不存在，因此无法向你进行公开。”被告市中区政府于 1 月 26 日依法将［2018］第 8 号《政府信息公开告知书》邮寄送达原告，由原告以到付方式支付邮寄费用。原告对该告知不服，向市政府提出行政复议申请，请求撤销该告知。2018 年 1 月 31 日，被告市政府收到行政复议申请，2018 年 2 月 2 日，市政府作出《行政复议受理通知书》予以受理。2018 年 3 月 27 日，市政府作出济政复决字［2018］38 号《行政复议决定书》，维持了市中区政府作出的《政府信息公开告知书》，并于次日依法送达原告。原告对上述［2018］第 8 号《政府信息公开告知书》及济政复决字［2018］38 号《行政复议决定书》不服，诉至法院。

原告王长松诉称：首先，其向被告市中区政府申请公开的信息应当存在，被告市中区政府作出“申请内容目前不存在”的《政府信息公开告知书》系被告市中区政府不作为。其次，被告市中区政府邮寄《政府信息公开告知书》邮件，由原告支付邮费的行为违法。最后，被告市政府作出的《行政复议决定书》实体违法。诉讼请求：1. 撤销市中区政府作出的［2018］第 8 号《政府信息公开告知书》，责令被告市中区政府向原告依法提供其申请公开的政府信息；2. 撤销被告市政府作出的［2018］38 号《行政复议决定书》；3. 所有诉讼费用、交通邮寄等费用由两被告承担。

被告市中区政府辩称：首先，市中区政府经查在确认原告申请的五项信息皆不存在后，根据《政府信息公开条例》的规定，作出［2018］第 8 号《政府信息公开告知书》，告知原告信息不存在，告知内容有事实依据并符合法律规定。其次，关于原告承担邮寄费用产生的争议问题，市中区政府认为这虽不属于本案审理的范围，但争议问题的产生总是会积极地推动行政机关今后在为人民群众服务时越发人性化。市中区政府已经依法履行了职责，原告的诉讼请求无事实与法律依据，应予驳回。

被告市政府辩称：2018 年 1 月 31 日，市政府收悉原告复议申请。2 月 2 日，市政府作出《受理通知书》和《提出行政复议答复通知书》。2 月 22 日，原告向市政府提交答复书和其他相关证据材料。2018 年 3 月 27 日，市政府作出济政复决字［2018］38 号《行政复议决定书》，主要内容为：市中区政府依法具有作出政府信息告知的职权；市中区政府于 1 月 8 日收到王长松邮寄的政府信息公开申请，经调查认为申请公开的信息不存在，并于 1 月 25 日作出［2018］第 8 号《政府信息公开告知书》，依法送达，程序、内容合法。关于信息公开诉讼中的送达方式和到付的问题，市政府认为这不是行政行为本身，故不确认其违法，但该方式不妥当，予以指正。综上，市政府作出的济政复决字［2018］38 号《行政复议决定书》符合法律规定。

【审判】

山东省济南市中级人民法院经审理认为：

一、关于被告市中区政府作出的［2018］第 8 号《政府信息公开告知书》内容合法性问题。《中华人民共和国政府信息公开条例》（以下简称《政府信息公开条例》）第二条规定："本条例所称政府信息，是指行政机关在履行职责过程中制作或者获取的，以一定形式记录、保存的信息。"根据《政府信息公开条例》第二十条第二款的规定，申请人在提出政府信息公开申请时，应当尽可能具体详细地对政府信息的内容进行描述。本案中，原告申请公开的政府信息包含以下两个部分：一是刘长山路延长线工程收回济南铸管厂土地相关信息；二是刘长山路延长线二期工程相关征收补偿安置信息。刘长山路道路建设项目采用的是国有土地上房屋征收与补偿程序，从时间上看，市中区政府于 2018 年 1 月 5 日才作出《刘长山路道路建设项目（一期）房屋征收决定公告》，原告于 1 月 7 日即向被告市中区政府申请上述相关信息，原告申请的信息明显不可能存在，原告亦未提供上述信息存在并由市中区政府保存的证据或线索。因此，被告市中区政府作出［2018］第 8 号《政府信息公开告知书》称"原告所申请的第一至五项内容目前不存在"，符合客观事实，其内容并无不当。

二、关于被告市中区政府作出的［2018］第 8 号《政府信息公开告知书》程序合法性问题。《政府信息公开条例》第二十一条规定："对申请公开的政府信息，行政机关根据下列情况分别作出答复：（一）属于公开范围的，应当告知申请人获取该政府信息的方式和途径；（二）属于不予公开范围的，应当告知申请人并说明理由；（三）依法不属于本行政机关公开或者该政府信息不存在的，应当告知申请人，对能够确定该政府信息的公开机关的，应当告知申请人该行政机关的名称、联系方式；（四）申请内容不明确的，应当告知申请人作出更改、补充。”第二十四条第一款、第二款规定：“行政机关收到政府信息公开申请，能够当场答复的，应当当场予以答复。行政机关不能当场答复的，应当自收到申请之日起 15 个工作日内予以答复；如需延长答复期限的，应当经政府信息公开工作机构负责人同意，并告知申请人，延长答复的期限最长不得超过 15 个工作日。”本案中，原告向被告提出政府信息公开申请，被告具有答复的职权和义务。2018 年 1 月 8 日，原告向被告市中区政府提出政府信息公开申请，被告市中区政府调查申请公开事项时，先由其成立的内设机构市中区刘长山路改造项目指挥部机构答复后，于 2018 年 1 月 25 日由被告市中区政府作出《政府信息公开告知书》并邮寄送达原告，符合法律规定。

《最高人民法院关于适用〈中华人民共和国行政诉讼法〉的解释》第九十六条规定：“有下列情形之一，且对原告依法享有的听证、陈述、申辩等重要程序性权利不产生实质损害的，属于行政诉讼法第七十四条第一款第二项规定的‘程序轻微违法’：……（二）通知、送达等程序轻微违法；……”《政府信息公开条例》第二十七条第一款规定：“行政机关依申请提供政府信息，除可以收取检索、复制、邮寄等成本费用外，不得收取其他费用。行政机关不得通过其他组织、个人以有偿服务方式提供政府信息。”《国务院办公厅政府信息与政务公开办公室关于政府信息公开处理决定送达问题的解释》（国办公开办函〔2016〕235 号）第三条规定：“采取邮寄送达方式送达的，行政机关可以依照《中华人民共和国政府信息公开条例》及有关规定收取邮寄成本费用，但不得以要求申请人向邮政企业支付邮寄费的方式收取。”根据上述规定，行政机关依申请提供政府信息，可以收取邮寄等必要成本费用，但不能要求申请人向行政机关以外的邮政企业支付邮寄费用。本案中，被告市中区政府以“到付”形式要求原告承担《政府信息公开告知书》的邮寄费用，其行政行为的方式不符合上述规定，应认定被告市中区政府送达程序轻微违法，由于该费用可以由信息公开申请人承担，所以对原告王长松的权利义务并未产生实际影响。故被告市中区政府作出的［2018］第 8 号《政府信息公开告知书》程序轻微违法，但不需撤销该行政行为。

三、关于被告市政府作出的［2018］38号《行政复议决定书》的合法性问题。《最高人民法院关于适用〈中华人民共和国行政诉讼法〉的解释》第一百三十五条第一款规定："复议机关决定维持原行政行为的，人民法院应当在审查原行政行为合法性的同时，一并审查复议决定的合法性。"《中华人民共和国行政复议法》第二十八条规定："行政复议机关负责法制工作的机构应当对被申请人作出的具体行政行为进行审查，提出意见，经行政复议机关的负责人同意或者集体讨论通过后，按照下列规定作出行政复议决定：……（三）具体行政行为有下列情形之一的，决定撤销、变更或者确认该具体行政行为违法；决定撤销或者确认该具体行政行为违法的，可以责令被申请人在一定期限内重新作出具体行政行为：1. 主要事实不清、证据不足的；2. 适用依据错误的；3. 违反法定程序的；4. 超越或者滥用职权的；5. 具体行政行为明显不当的……"本案中，被告市中区政府以"到付"形式要求原告承担《政府信息公开告知书》的邮寄费用，不符合相关规定，属于程序违法，被告市政府作出的［2018］38号《行政复议决定书》虽然指出市中区政府邮寄送达的方式不符合规定，但依然决定维持市中区政府作出的［2018］第8号《政府信息公开告知书》，该行为系认定事实不清，法律适用不当，应予撤销。

另外，原告关于交通邮寄等费用由被告承担的诉讼请求，无法律依据，法院不予支持。

据此，依照《中华人民共和国行政诉讼法》（以下简称《行政诉讼法》）第七十条第（一）项、第（二）项，第七十四条第一款第（二）项之规定，判决：一、撤销被告市人民政府作出的［2018］38号《行政复议决定书》；二、确认被告市中区人民政府作出的［2018］第8号《政府信息公开告知书》违法；三、驳回原告王长松的其他诉讼请求。

宣判后，原告、被告均未提起上诉。

【评析】

一、背景情况介绍

政府信息公开是现代政府的内在必然要求，是推进依法行政、打造"阳光政府"、提升政府公信力的重要举措。《政府信息公开条例》于2007年1月

17日经国务院第165次常务会议通过，自2008年5月1日起施行。几年以来，各地区、各部门严格按照国务院关于政府信息公开工作的部署，积极推进重点领域信息公开，带动政府信息公开工作全面深入开展，在回应公众关切、有效保障人民群众依法获取政府信息方面迈出新的步伐。

自《政府信息公开条例》出台以来，越来越多的公民选择以申请公开政府信息的方式获取其需要的信息。政府信息公开工作的开展使政府工作更加透明化，既保障了公众知情权，又促进了社会经济良性发展。为满足公众申请信息公开的需要，大多数政府和政府部门设置了专门的信息公开申请受理机构，安排专人按照《政府信息公开条例》规定的公开方式及程序负责公民信息公开申请的处理和回复。尽管政府信息公开制度已经建立和运作了多年，并且取得了重大进展和显著成效，行政机关处理公民申请政府信息公开的行政行为也越来越严谨、规范，但在实践中信息公开行为程序不规范的情况依然时有发生。本案中以"到付"形式要求申请人承担《政府信息公开告知书》邮寄费用的行为虽然较为罕见，却不容忽视。

二、确定裁判要旨的理由

1. 根据《行政诉讼法》第六条之规定，人民法院审理行政案件，对行政行为是否合法进行审查。行政行为合法包括实体合法和程序合法。《行政诉讼法》第七十条、第七十四条又进一步规定，对违反法定程序的行政行为区分不同情形分别作出撤销判决和确认违法。行政行为违反法定程序是指行政机关作出的行政行为违反法律规定的程序，实施行政行为过程中违反了法律规定的步骤、顺序、形式、时限和操作规程等情形。

2. 正当程序是指任何其权益受到判决结果影响的当事人，都享有被告知和陈述自己意见并获得庭审的权利。最初它只适用于司法程序中，后来扩展到一切行使公权力的程序。在行政法中，行政机关所适用的正当程序被称为正当行政程序。

正当行政程序是指行政主体依据法定职权将法律、行政法规及其他规范性法律文件适用到特定的人或事的过程中所应当遵守的步骤、方式和时限、空间等构成的一个连续过程。步骤即行为的阶段性"单元"，有先后之分；方式，亦可称之为形式，即行为所表现出来的载体；时空，即行为的起止时间点与行为作出的空间点。正当行政程序原则不仅实现了公民对行政行为合法性行使有效的监督权，而且使公民可以及时保护本人的合法权益。

3. 送达是指司法机关、执法机关和仲裁机关将有关法律文书按照法定程序和方式送交当事人的行为，邮寄送达是送达的一种重要形式。本案中，行政机关依申请提供政府信息，邮寄送达《政府信息公开告知书》的行为系程序性行为，被告市中区政府以“到付”形式要求原告承担《政府信息公开告知书》的邮寄费用，送达方式未遵守法律规定，即违反了正当行政程序中对“方式”的要求。

三、运用裁判要旨应注意的问题

1. 根据《政府信息公开条例》第三条第二款的规定，国务院办公厅是全国政府信息公开工作的主管部门，负责推进、指导、协调、监督全国的政府信息公开工作。《国务院办公厅政府信息与政务公开办公室关于政府信息公开处理决定送达问题的解释》（国办公开办函〔2016〕235 号），在性质上属于国家政府信息公开工作主管部门对《政府信息公开条例》的具体应用解释，其作出的相关规定应当作为司法审查的依据。

2. 本案中，被告市中区政府以“到付”形式要求原告承担《政府信息公开告知书》的邮寄费用系程序违法，但根据《最高人民法院关于适用〈中华人民共和国行政诉讼法〉的解释》相关规定，送达违法系程序轻微违法，违法性应予以确认。由于该费用可以由信息公开申请人承担，因此对申请人的权利义务并未产生实质损害，故不需撤销该行政行为。

3. 被告市政府审查市中区政府信息公开行政行为时，指出市中区政府邮寄送达的方式不符合规定，但依然决定维持市中区政府作出的［2018］第 8 号《政府信息公开告知书》，系实体违法，故应撤销该复议决定。

（作者单位：山东省济南市中级人民法院　山东省济南铁路运输法院）

调查研究

行政争议实质性解决机制实证研究

——以A直辖市B法院行政案件集中管辖实践为分析样本

侯丹华　孙焕焕

【摘要】新《行政诉讼法》① 将"解决行政争议"作为新增立法宗旨。这要求法院在案件审理中以实质性解决纠纷为理念导向，最大限度地将处于争议状态的法律关系予以终局性确定。行政案件集中管辖背景下，由于借力协调化解的能力降低，而且异地管辖中，当事人来往法院不方便，给法院实质性解决争议带来较大挑战。B法院行政案件集中管辖一年半以来，在实质性解决行政争议方面进行了有益探索，取得初步成效，协调化解率高于A直辖市和全国。但应当看到，行政机关败诉率、变更判决适用率仍然偏低，裁定驳回起诉的比例偏高，而且与民商事、刑事案件相比，行政案件的申诉率、上诉率仍然较高，故实质性解决行政争议工作仍有较大提升空间。究其原因在于：司法审查偏重于形式化和表面化，行政争议解决的基础环境尚需改善，法院管理追求审判效率而影响审判效果，而且法官实质性解决争议积极主动性不够。行政案件集中管辖后，审判独立性更强、公信力提升、专业化水平更高，法院应以此为契机，多措并举，推动行政争议实质性解决：一是对内挖掘行政诉讼制度本身的潜力，将实质性解决行政争议统一为审判工作理念，完善释明指导机制，改进行政案件判决机制；二是对外健全行政争议多元解决机制；三是将行政案件诉前调解作为创新机制予以完善。

① 即2014年11月1日修正、2017年6月27日再次修正的《中华人民共和国行政诉讼法》，下同。

【关键词】行政争议　集中管辖　行政诉讼　多元解决　诉讼调解

律者，所以定分止争也。

——《管子·七臣七主》

新《行政诉讼法》将“解决行政争议”作为新增立法宗旨，行政诉讼的“解纷”功能备受关注。2016年7月1日，A直辖市依托B法院开始了先行先试改革，集中管辖四家中心城区基层法院的一审行政诉讼案件，B法院展开了实质性化解纠纷、力促服判息诉的积极探索。① 在新《行政诉讼法》及司法解释实施以及全国开展行政案件集中管辖的背景下，笔者对B法院一年半以来的实践与A直辖市、全国集中管辖情况进行纵向对比，以及与民商事、刑事横向进行比较分析，梳理其在实质性解决争议方面做的有益探索和尝试，以及仍然存在的问题，构建完善符合集中管辖规律的行政争议实质性争议解决机制。

一、问题提出：集中管辖带来行政争议实质性解决新挑战

行政诉讼首先是一种诉讼活动。诉者，告也；讼者，争也。解决行政纠纷本身就应当是行政诉讼宗旨的题中之意。② 在一审行政案件集中管辖法院强调行政争议实质性解决，包含两层意思：一是案件已经终结，当事人不再进行上诉、申诉。二是当事人之间的矛盾高效地一次性真正得以解决，防止反复争讼，实现诉讼经济。这要求法院司法审查并非局限于被诉行政行为的合法性，还要全面妥善解决当事人之间的权利义务争议。

2013年1月4日，最高人民法院发布《关于开展行政案件相对集中管辖试点工作的通知》，新《行政诉讼法》第十八条第二款规定，经最高人民法院批准，高级人民法院可确定若干人民法院跨行政区域管辖行政案件。行政案件集中管辖是指上级人民法院通过统一指定方式将部分基层人民法院管辖的一审行政案件交由其他基层人民法院集中管辖的制度，其优势显而易见：一是减少了行政干预，改善了司法环境。二是增强了诉讼信心，提高了司法

① 黄诗原、严剑漪：《行政争议实质性解决，钥匙在哪里》，载《人民法院报》2016年12月8日第五版。

② 参见梁凤云：《新行政诉讼法讲义》，人民法院出版社2015年版，第5页。

公信。三是统一了裁判标准，维护了司法权威。四是规范了行政行为，推进了依法行政。但也存在问题：一是审判力量难以调整到位。案件集中但审判力量并未全部集中，从而带来案多人少的问题。二是协调化解难以借力发挥。集中管辖法院的协调和解率普遍有所降低。三是便民原则难以落实到位。四是信访维稳任务较重。[①] 而实质性解决行政争议的立法目的是否得以实现是评估集中管辖成效的重要指标。在行政案件集中管辖的背景下，行政争议实质性解决有其特殊性，由于集中管辖法院与案件所在地党委、人大、政府不具有体制上的关联，难以获得借力协调化解的资源，而且异地管辖中，当事人来往法院不方便，这就给法院实质性解决争议带来较大挑战。

二、现状素描：实质性解决行政争议效果有较大提升空间

以 B 法院为例，该院集中管辖行政案件一年半以来，在解决行政争议方面取得初步成效，但纵观全局，实质性解决效果仍不理想。[②]

（一）行政案件的纵向对比

1. 协调化解率提高

B 法院 2016 年[③]行政案件协调化解率为 41.6%，高于同期全市法院平均化解率 20.6 个百分点；2017 年行政案件和解调撤率[④]为 40.3%，高出同期全市法院平均化解率 16.7 个百分点。这反映出 B 法院行政争议实质性解决的效果有所提升。从近年来全国和 A 直辖市一审行政案件协调化解率来看，2015 年至 2017 年，全国和 A 直辖市的协调化解比例均在五分之一左右徘徊。

---

① 参见郭修江：《行政诉讼集中管辖问题研究——〈关于开展行政案件相对集中管辖试点工作的通知〉的理解与实践》，载《法律适用》2014 年第 5 期。

② 该部分全国法院数据均由《全国法院司法统计公报（2013—2017）》计算得来，2017 年该公报未列明判决具体类型，故变更判决数及被告败诉率无法得知；A 直辖市法院数据均由《A 直辖市法院司法统计情况（2013—3017）》计算得来。

③ 因 B 法院自 2016 年 7 月 1 日起开始集中管辖，为表述方便，2016 年指 2016 年下半年，下同。

④ 即裁定原告撤诉案件及调解案件占所有审结行政案件的比例。

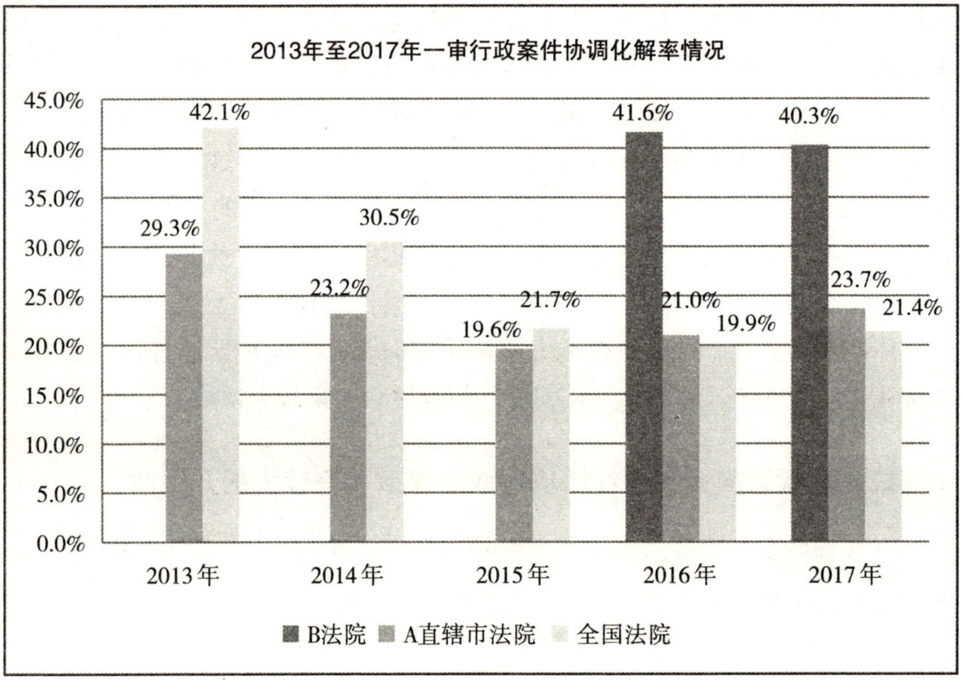

图1 2013—2017年一审行政案件协调化解率情况对比图

2. 被告败诉率上升

从2013年至2016年被告败诉情况看，全国的行政案件被告败诉率呈上升趋势，依次为8.6%、12.7%、13.2%、13.4%。A直辖市的行政案件被告败诉率均低于全国，且2014年至2017年呈逐年下降趋势，分别为5.2%、4.6%、3.1%、2.6%。而行政案件集中管辖后，B法院2017年行政机关败诉率为4.7%，高于A直辖市平均值2.1个百分点。

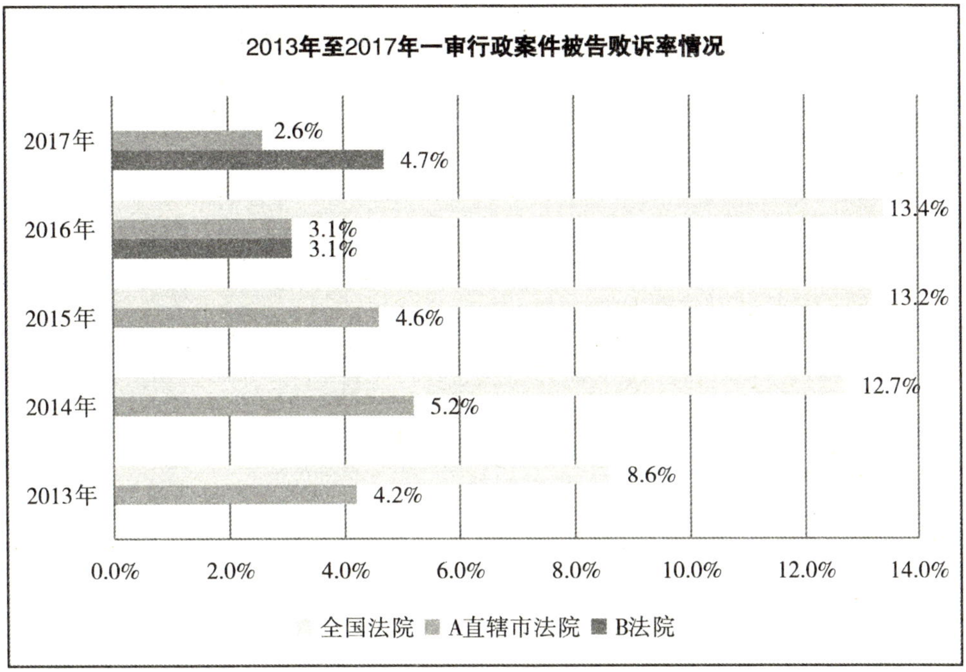

图 2　2013—2017 年一审行政案件被告败诉率情况对比图

3. 裁定驳回起诉率较高

裁定驳回起诉意味着行政案件未进入实体审理，也反映了争议未得到真正解决。从全国的情况看，裁定驳回起诉案件占所有行政案件的比例呈逐年上升趋势，2013 年、2014 年的比例在 10% 以下，2015 年上升至 18.2%，2016 年和 2017 年上升至五分之一以上。A 直辖市裁定驳回起诉的比例低于全国，但在 2015 年以后也上升到了 10% 以上，且逐年上升。B 法院 2016 年裁定驳回起诉的比例为 9.7%，2017 年为 17.2%，比例较高。新《行政诉讼法》实施后，立案登记制的施行、受案范围的扩大对裁定驳回起诉比例上升有较大影响。

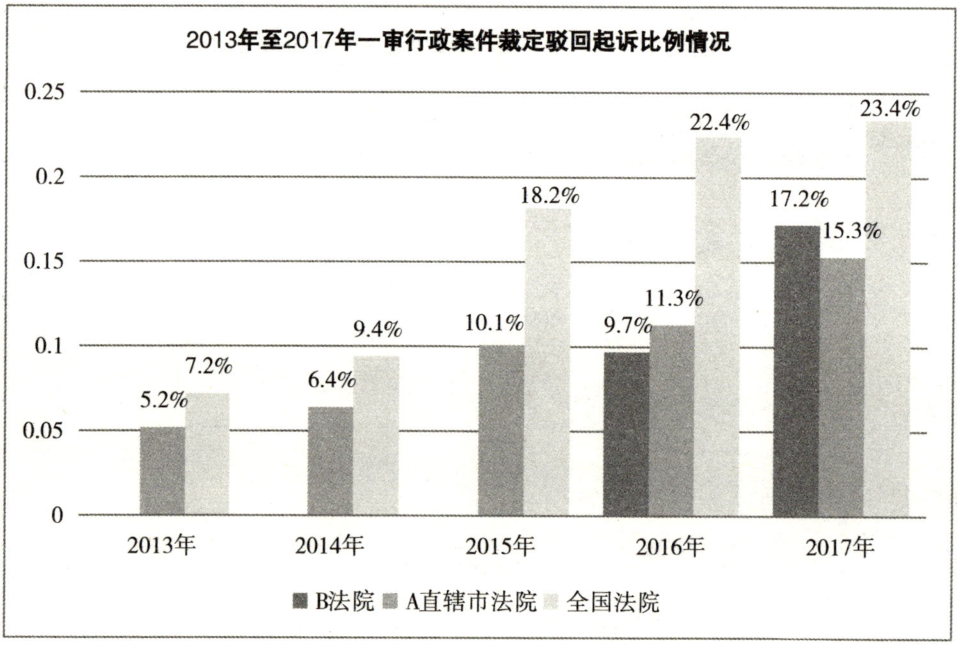

图 3 2013—2017 年一审行政案件裁定驳回起诉比例情况对比图

4. 变更判决适用率均较低

原行政诉讼法规定，行政处罚明显不当的，法院可判决变更。新《行政诉讼法》及司法解释扩大了变更判决适用范围，但实践中鲜见适用变更判决的案例。就 A 直辖市来看，2013 年至 2014 年无一起判决变更案件，2015 年有 2 件，2016 年有 2 件，2017 年有 1 件。就全国范围看，2013 年有 59 件，2014 年有 83 件，2015 年有 182 件，2016 年有 326 件，均较少，所占比率均在 0.1% 以下。变更判决真正解决争议的作用尚未充分得到发挥。

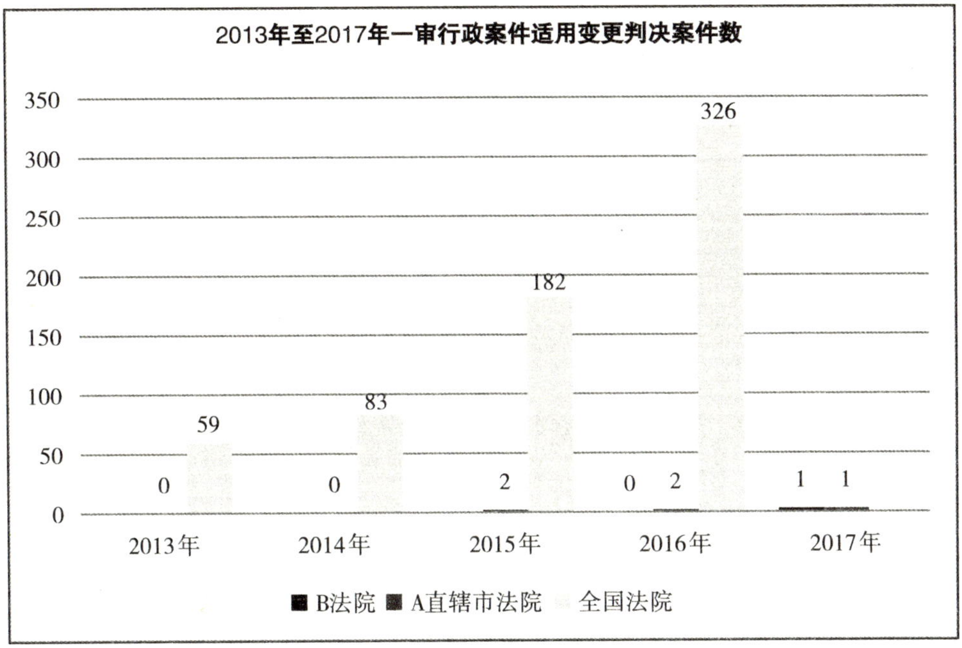

图4　2013—2017 年一审行政案件适用变更判决案件数对比图

（二）与民商事、刑事诉讼横向对比

表1　2017 年全国法院收结案件情况统计表①

审级/指标	收结类型	行政案件	民商事案件	刑事案件
一审	结案数（件）	229112	11651363	1296650
二审	收案数（件）	108099	1145959	151753
	结案数（件）	106672	1154706	154277
申诉/申请再审审查	收案数（件）	21176	166949	16866

① 该表格数据来源于《2017 年全国法院司法统计公报》，载《最高人民法院公报》2018 年第 4 期。上诉率的计算公式为二审收案数 ÷ 一审结案数 ×100%，服判息诉率为 100% - 上诉率；申请再审率计算公式为申诉或申请再审收案数 ÷ 一审结案数 ×100%；再审率为再审收案数 ÷ 一审结案数 ×100%。下表同。这样计算是粗略计算，主要是为了比较分析行政案件的审判效果。参见程琥：《解决行政争议的制度逻辑与理性构建——从大数据看行政诉讼解决行政争议的制度创新》，载《法律适用》2017 年第 23 期。

续表

审级/指标	收结类型	行政案件	民商事案件	刑事案件
再审	收案数（件）	1365	34778	2820
上诉率	/	46.9%	9.8%	11.7%
服判息诉率	/	53.1%	90.2%	88.3%
申请再审率（申诉率）	/	9.2%	1.4%	1.3%
再审率	/	0.6%	0.3%	0.2%

表2　2017年A直辖市法院收结案件情况统计表①

审级/指标	收结类型	行政案件	民商事案件	刑事案件
一审	结案数（件）	7315	531572	27692
二审	收案数（件）	3597	32418	4178
	结案数（件）	3561	32793	4250
申请再审/申诉	收案数（件）	994	4492	278
再审	收案数（件）	9	327	31
上诉率	/	49.2%	6.1%	15.1%
一审服判息诉率	/	50.8%	93.9%	84.9%
申请再审率/申诉率	/	13.6%	0.8%	1.0%
再审率	/	0.1%	0.06%	0.1%

1. 行政案件上诉率较高而服判息诉率较低

在全国范围内，从与民商事、刑事案件的横向比较角度分析，由上表可以看出，2017年行政案件上诉率为46.9%，远高于民商事的9.8%及刑事的11.7%。在A直辖市层面，与民商事、刑事案件相比较，2017年行政案件上诉率为49.2%，远高于民商事的6.1%及刑事的15.1%。这在某种程度上说明行政案件的上诉率更高，有相当一部分行政争议未在一审予以妥善地实质性解决。

① 该表格数据来源于《2017年A直辖市法院司法统计情况》，载A直辖市高院《司法统计大数据分析》2018年第2期。

2. 行政案件申请再审率（申诉率）较高而实际再审率较低

就申诉或申请再审情况看，2017 年全国行政案件申诉率为 9.2%，高于刑事的 1.3% 和民商事案件的 1.4%。A 直辖市 2017 年行政案件申诉率为 13.6%，远高于刑事案件的 1.0% 及民商事案件的 0.8%。但是从再审率看，全国行政案件决定再审率为 0.6%，远高于刑事的 0.2% 和民商事的 0.3%。A 直辖市的行政案件再审率为 0.1%，与刑事再审率相同，民商事再审率为 0.06%。行政案件申诉率或申请再审率高表明行政争议在一审、二审中并未真正地实质性解决，当事人仍然未服判息诉，与民事、刑事诉讼相比尚存在差距。

三、追本究源：制约行政争议实质性解决的多维因素

行政诉讼申诉率、上诉率高，实质性解决争议效果仍存在较大提升空间，这既有体制机制的原因，又与审判主体的主观能动性密切相关。

（一）诉讼制度之维——司法审查偏重于形式化和表面化

我国《行政诉讼法》规定了对行政行为合法性进行审查的原则。法院在审查行政行为时，往往就法律要求进行合规则式的审理，而无法保证行政行为符合实质意义上的公正与合理。① 合法性审查方式的片面强调易导致机械司法，使司法审查偏于形式化，制约司法审查的强度，影响法律关系的最终确定。一是忽略原告的诉讼请求、诉讼目的。行政诉讼要求对行政行为合法性进行审查，对原告的诉求关注不够，导致争议无法直接彻底解决。二是对行政行为合理性的关注不够。新《行政诉讼法》对于合理性问题，规定了变更判决，但实践中作出变更判决的案件寥寥无几。对于一些严重不合理的问题，以合法性审查为由不予认定违法。三是相关民事争议一并处理制度未完全激活。民行交叉案件中因不能对相关民事争议有效处理，导致裁判后“行了民不了”，甚至“行民都不了”。虽然新《行政诉讼法》规定了一并处理制度，但实践中该类案件较少。行政案件集中管辖后，民庭和行政庭分属不同法院，所属的上级中院不同，协调起来更有难度。四是行政判决难以彻底解决纷争。行政判决内容不必然直接确定当事人权利义务关系。如撤销（重作）、履行判决，对于行政机关需要作出的行为内容指引性不强，行政机关重作之后可能再

① 杨伟东：《权力结构中的行政诉讼》，北京大学出版社 2008 年版，第 29 页。

次发生诉讼，从而使当事人受尽后续行政程序和诉讼的折磨。例如，原告某公司诉被告某酒类专卖管理局行政处罚、返还白酒案①，2006 年，被告接到举报称原告涉嫌销售假冒茅台酒，被告先行登记保存 895 瓶白酒。后被告将该案移送某公安分局，2012 年公安分局撤销立案，并将涉案白酒退回被告。被告于 2013 年作出没收白酒的行政处罚。原告从 2013 年第一起行政案件起，历经 4 次一审、4 次二审，法院针对程序违法问题作出了 3 次撤销判决，然而争议至 2018 年仍未解决。

（二）诉讼生态之维——行政争议解决的基础环境尚需改善

行政争议实质性解决不仅依赖于法院，还要借力于良好的基础外部环境。行政案件集中管辖后，行政争议多元化解决的基础环境需要予以改善：一是法院与案件所在地党委、人大、政府不具有体制上的关联，难以获得借力协调化解的资源。二是行政机关负责人出庭应诉仍需推进。例如，B 法院 2016 年的出庭应诉率为 12.3%，2017 年上升为 15.5%。行政负责人出庭应诉案件的协调化解率为 32.4%。行政机关负责人出庭应诉对行政案件协调化解的促进作用仍需进一步发挥。三是与行业协会、司法局、人民调解委员会等相关地方治理主体的联系仍需进一步加强。

（三）法院管理之维——追求审判效率而影响审判效果

从法院审判管理的角度来看，审判效率指标是法院的重要考核指标，包括法定审限内结案率、结案均衡率指标等。② 而案件协调化解的一个重要前提就是有充分的时间，需要借助行政机关、社会团体或者上级法院的力量，同时还受客观、不可预测因素的影响。集中管辖后，案多人少矛盾更加突出，而且行政案件在法院所有案件中的比重增大，案件繁简分流机制尚不够完善，在法院考核要求审判效率的情况下，若不能及时结案，很可能影响到整个法院的效率考核指标，因此，为了及时、均衡结案的考虑，即便对于有很大协调化解可能性的案件，也只能及时判决。另外，简易程序案件审限为 45 天，

---

① 相关案件案号：（2013）长行初字第 33 号、（2013）沪一中行终字第 275 号、（2014）长行初字第 164 号、（2015）沪三中行终字第 37 号、（2015）长行初字第 28 号、（2015）沪三中行终字第 168 号、（2016）沪 0105 行初 34 号、（2016）沪 03 行终 558 号。

② 法定审限内结案率和平均审理时间指数要求法官尽可能快速地处理案件，缩短案件的处理周期，而结案均衡率又要求审判部门结案要做到逐月均衡，完全忽视了法院案件受理的季节性差异。参见张青：《人民法院案件质量指标体系及其功能之异化》，载《甘肃政法学院学报》2017 年第 1 期。

而被告举证期限为15天。实践中，虽然当事人有调解意愿，实际上也在积极配合调解，但基于审限的限制，法院不得不及时作出裁判，影响了协调化解工作的进行。

（四）审判主体之维——法官实质性解决争议积极主动性不够

行政争议的实质性解决最终还要落实在“人”的身上，法官的主观能动性无疑较为关键和重要。但行政案件集中管辖后，法官化解案件动力不足。一是审判理念和思路需要融会贯通。集中管辖法院的法官队伍很可能来自不同法院，基于审判惯性思维，各自的审判工作理念有所不同，仍需进一步整合。二是协调化解案件缺乏考核奖励机制。大多数案件仅从法律角度考虑，裁判并不难，但是协调化解却往往要花费大量的时间和精力，还不一定取得良好的效果，最终可能还是要进行裁判。如果处理不好，还会引起当事人“和稀泥”的猜疑与诘难。但案件协调化解并未作为考核指标予以考虑，无法充分调动法官积极性。

四、对策建议：系统化完善行政争议实质性解决机制

在行政案件集中管辖机制下，法院应根据新行政诉讼法及司法解释的规定，多维度开展工作，以推进行政争议实质性解决。

（一）对内——挖掘行政诉讼制度本身的潜力

行政案件集中管辖后，减少了行政干预，当事人对行政诉讼信心增加，司法公信力提升。法院应运用该优势，根据新行政诉讼法及其司法解释的规定，从行政审判内部着手，多措并举推进行政争议实质性解决。

1. 统一审判工作理念

纠纷解决与权利救济、权力监督构成了我国行政诉讼的三重目的。总体而言，通过行政诉讼的有效运作，三重目的的实现可以协调统一、相辅相成。“因行政活动之适法性与人民权益之保护二项目的，自法治主义依法行政原理观点，二者实际上互为表里，亦即整体行政诉讼制度之设计及其相关规定，如能确实达成其中一个诉讼目的，理论上亦可同时满足另一目的的要求。”①纠纷解决体现了司法权的一般特性，而权力监督和权利救济则体现行政诉讼

① 翁岳生：《行政法》，中国政法大学出版社2009年版，第1342页。

的特性。[①] 纠纷解决的过程就是实现权利救济与权力监督的过程，解决行政争议能够为权利救济提供进一步的制度支持，重在化解争议，必然需要关注公民的实际诉求，这样就能够起到保障公民合法权益的作用。[②] 在行政审判中推进行政争议实质化解决，着力实现案结事了，成为检验集中管辖改革成效的重要标准，应确立为行政审判工作理念。理念统一，工作思路也更清晰明确。当以实质性解决行政争议为理念后，结案率与结案均衡度的考核在某种程度上需让位于实质性解决争议的考核，当然，迟来的正义非正义，基于审判效率的考虑，可以完善繁简分流机制，强化简易程序与简案速裁审理程序，给繁案精审与协调化解腾出时间和空间。另外，为了激发法官能动性，考核奖励应与法官协调化解案件情况挂钩，并针对不同案件类型建立科学合理的考核机制，对疑难复杂案件给予更高的权重系数。

2. 完善法官释明指导机制

民众对集中管辖有着更高的期许与信任，法官应充分把握住这份信任，对新行政诉讼法及司法解释的规定进行释明，关注当事人的理性诉求，引导当事人正确选择救济途径。释明制度的核心是法官释明权，又称法官释明义务。[③]"新法的很多内容体现出对当事人，特别是作为原告的行政相对人程序选择权和诉讼主体地位的尊重，与域外诉讼程序的当事人主义模式更为接近。"[④] 法官对法定释明情形进行释明是义务，并且要注意释明的限度，不可直接告知裁判结果或随意承诺，而应将不同情形对应的不同结果及法律风险进行告知。法官要行使释明权的情形包括：第一，立案登记释明。包括对诉讼主体、诉讼请求、事实与理由、主管和管辖等事项的释明。第二，具体诉讼请求释明。司法解释第六十八条充分体现了在诉讼类型化方面作出的努力。[⑤] 行政诉讼类型化有助于形成无漏洞的权利救济机制，促使行政纠纷的实质性

---

① 参见贾亚强：《论行政诉讼实质性解决行政争议的实现——以争讼行政法律关系的确定为研究进路》，载《法律适用》2012 年第 4 期。

② 参见梁凤云：《新行政诉讼法讲义》，人民法院出版社 2015 年版，第 6 页。

③ 1877 年《德国民事诉讼法》第一次使释明权成为法律概念，职权主义为法官释明权理论的产生提供了条件。参见杨钧、秦嫣：《论释明制度》，载《法学》2003 年第 9 期。

④ 章志远：《论我国行政法学研究的转型——基于新〈行政诉讼法〉的视角》，载《山东大学学报》（哲学社会科学版）2016 年第 5 期。

⑤ 参见最高人民法院行政庭编著：《最高人民法院行政诉讼法司法解释理解与适用（上）》，人民法院出版社 2018 年版，第 342 页。

解决。[1] 法官释明的过程也是了解当事人真实诉求和目的的过程，有利于案件进入实体审理及协调化解。第三，一并解决关联民事纠纷释明。行政诉讼当事人向法院提出申请是启动必要条件。司法解释第一百三十八条第三款明确了法官的释明义务。此外，在集中管辖背景下，民事争议和行政争议往往分属不同法院管辖，法官若认为民事争议一并审理有利于当事人争议的彻底解决，可向当事人进行释明。第四，一并解决行政赔偿争议释明。司法解释第九十五条规定了一并提起行政赔偿诉讼的情形，避免诉累。第五，行政诉讼类型转换释明。根据司法解释第九十四条的规定，在法院经审查认为不符合无效而可能符合撤销情形的情况下，向原告释明。原告拒绝变更诉讼请求的，判决驳回诉讼请求，但由于行政行为合法性已经认定为可撤销，当事人再行提起撤销或确认违法之诉的，法院可根据一事不再理原则裁定驳回起诉。之所以要进行释明，目的在于保障当事人诉权，[2] 真正关注当事人的诉求。

3. 改进行政案件判决机制

行政案件集中管辖后，法院应发挥更加独立公正和审判专业化的优势，作出合理适当、具有明确性和指引性的判决。一是关注合理性审查，应当判决撤销或者确认违法的，当判则判，体现司法权威与公信力，保障公民合法权益，促进争议的真正解决。新行政诉讼法规定的“明显不当”有它的特定含义，最好被理解为一个针对行政行为实体裁量问题的审查标准，即法律规定有多种可能的处理方式，行政机关享有裁量选择的空间，行政机关在这个裁量空间内处理结果明显不当。“明显不当”具体情形包括：没有考虑依法应当考虑的因素、处理方式违反比例原则、没有正当理由的区别对待、违背业已形成的裁量基准、不考虑具体情况的“一刀切”处理。[3] 二是对于行政机关行使裁量权，符合变更判决情形的，法院不应机械化尊重行政机关首次判断权，否则势必损害司法权自身，使其定分止争、救济权利的功能难以充分发挥，应依法作出变更判决，以直接确定权利义务。三是对于履行和重作判决，当行政机关无行政裁量余地时，法院可判决行政机关作出具有特定内

---

① 参见李广宇、王振宇：《行政诉讼类型化：完善行政诉讼制度的新思路》，载《法律适用》2012年第2期。

② 参见最高人民法院行政庭编著：《最高人民法院行政诉讼法司法解释理解与适用（上）》，人民法院出版社2018年版，第438～439页。

③ 参见何海波：《行政诉讼法》，法律出版社2016年版，第313～314页。

容的具体行政行为；如果案件尚未达到可裁判程度，法院判令行政机关遵照其法律见解作出相应决定。

（二）对外——健全行政争议多元解决机制

行政案件集中管辖后，法院需要致力于打造良好的行政争议解决基础外部环境，积极探索建立符合集中管辖特点的争议多元解决机制。一是建立三级法院行政争议多元调处中心。A 直辖市高院于 2018 年 5 月 24 日成立行政争议多元调处中心，其工作职能主要包括对行政纠纷解决的引导及释明，组织、委派、委托及邀请符合条件的组织或人员进行调解，对行政调解协议的审查确认等。[①] 集中管辖法院应探索建立行政争议多元调处中心，聘请复议机关、退休法官、律师、专家学者等作为调解中心的委员，并且三级法院均成立多元调处中心，加强沟通交流，横向和纵向均予以借力。具体而言，在立案时或者诉讼过程中，法院认为案件适合由多元调处中心化解的，询问当事人意见，如当事人愿意，做好记录，交由多元调处中心调处。如果是群体性、敏感性、矛盾易激化案件，影响较大的，建议报上级法院多元调处中心进行调处。二是定期与辖区的政法委等部门召开联席会议。通报沟通信访维稳和行政执法情况，共议解决矛盾的举措方法。向辖区党委、市政府及辖区政府、辖区行政机关等发送年度“司法审查情况报告”总报告和分报告，让各区对其在集中管辖所有辖区中的位次有更加清晰的认知。三是推进行政机关负责人出庭应诉制度。坚持每案必送《行政负责人出庭应诉通知书》，定期发送出庭榜单，正反双向激励并举，促进行政负责人出庭应诉。四是促进复议机关发挥行政复议解决行政纠纷的主渠道作用。复议程序解决纠纷具有优势，解决争议空间较大，当事人更倾向于在行政程序中解决纠纷。[②] 法院一方面应依法审查，被告应败诉的，当判则判，倒推复议机关依法行使复议职权。另一方面发现具有协调化解可能的，发挥复议机关掌握更多资源的优势，使当事人权益及时获得救济。

（三）创新——构建行政案件诉前调解机制

在行政诉讼领域，根据新行政诉讼法规定的有限调解原则和《最高人民

---

① 参见《A 直辖市高院成立行政争议多元调处中心》，http：//www. sh. xinhuanet. com/2018 -05/25/c_ 137204828. htm，2018 年 6 月 11 日访问。

② 参见梁凤云：《新行政诉讼法讲义》，人民法院出版社 2015 年版，第 160 ~ 161 页。

法院关于进一步深化多元化纠纷解决机制改革的意见》及《关于人民法院特邀调解的规定》，可建立诉前调解机制，跨前一步，提前更好、更快捷地解决纠纷。例如，B法院在A直辖市率先将依法可以调解的行政纠纷纳入诉前调解范围。2017年，该院进入诉前调解的行政纠纷有832件，诉前化解率为10.8%，平均调解天数约22天。诉前调解有效降低了解决行政争议的成本，方便了当事人。结合B法院实践，笔者认为，可从以下几个方面构建完善诉前调解机制：一是尊重当事人程序选择权，拓展诉前调解案件范围。虽然新行政诉讼法规定了有限调解原则，但实际上，绝大部分行政行为均存在裁量空间，① 从而具有协调化解可能性。因此，所有行政案件在立案时，均让当事人填写《接受调解意愿征询表》，同意诉前调解的方进入诉前调解，杜绝“强迫调解”“变相不立案”。二是突出专业优势，组建多元化调解员队伍。与律协、法学院校等开展广泛协作，组建一支具有行政专业知识背景，覆盖退休法官和公务员、在职律师、法学院校教师、行业协会调解员的特邀调解员队伍，引入社会力量参与行政纠纷化解。三是督促被告举证，健全诉调与审理程序衔接机制。诉调阶段被告举证率低，难以通过证据开示来查明事实、分清是非，从而促成调解。针对此问题，建议在通知被告、第三人来院参加调解谈话的同时，告知其提交证据，调解谈话的过程也是证据交换、查清事实的过程。若调解不成的，立案进入诉讼，法院做好“三固定”和“两告知”工作，即固定诉讼请求、各方证据、无争议事实记录，以及告知双方当事人调解未成的原因和移交立案等信息。在诉调与审理的衔接上，要注意诉调需提升效率，对于明显不具有协调化解可能或者当事人要求立案的案件要尽快立案，诉调时间一般不超过一个月，若各方当事人均同意延长的，记录在案后，可予以延长；诉调阶段已经提交的证据，可不再重复提交，已经固定的诉讼请求和证据交换记录，法官询问当事人确认无异议后，记录在案，不再重复举证、质证。诉前调解不计入审限，诉中经征求当事人意见同意协调化解的，借鉴民事诉讼的规定，记录在案，可将协调化解期间在审限中扣除，但该期间应加以合理限制，一般以两个月为宜，确需延长的，经庭长批

---

① 行政裁量存在于行政机关的法律解释、事实认定、行政程序和处理结果中，法律赋予行政机关裁量权力，凡是有选择自由的地方就有行政裁量。参见何海波：《行政诉讼法（第二版）》，法律出版社2016年版，第98页。

准可延长①。四是发挥行政机关负责人在诉调中实质性化解争议的作用。行政机关负责人参与协调化解，能够搭建平等对话平台，直面当事人的诉求，充分利用行政资源化解纠纷。因此，在诉调阶段，法院认为负责人参与有利于案件协调化解的，可建议负责人参与调解谈话，并将此案计入行政机关负责人出庭应诉案件，对于调解效果较好、到庭率较高的行政机关，可向区政府、上级主管部门等发送工作建议通报相关情况，并予以鼓励。五是依托信息化手段，探索诉前调解新模式。以“智慧法院”“数字法院”建设工程为依托，将“互联网+”思维引入诉前调解，丰富多元化解纠纷手段，借助手机 APP“e 调解”信息平台，远程实现人民调解员与异地当事人的视频连线、诉前调解和司法确认，让当事人足不出户就能便捷高效、彻底地解决纠纷。例如，B 法院首次试用就调解成功 2 件当事人身在江西省内的案件，当事人评价法院信息化水平高、纠纷解决方便。法院需强化相关软件与办案实务的匹配度，简化操作；加强宣传引导，鼓励当事人更多体验和运用互联网、手机客户端等信息化手段，开展在线调解、司法确认、审理等活动。

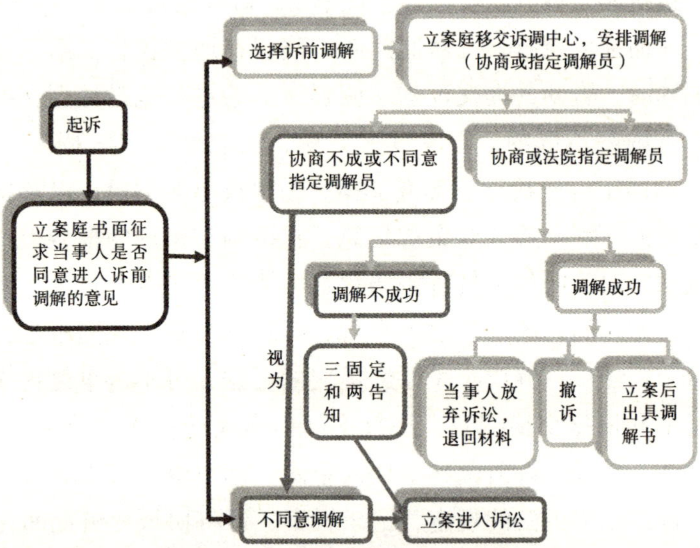

图 5 行政案件诉前调解流程图

（作者单位：上海铁路运输法院）

---

① 参见《A 直辖市高院关于进一步完善行政争议实质性解决机制的实施意见》第十三条。

行政裁定驳回起诉案件法律适用标准的调研报告

李雪春　高宏亮

前　言

行政裁定驳回起诉是指法院对于已经立案受理的行政案件，经审查发现当事人的起诉不符合法定的起诉条件时，通过裁定的方式对原告的起诉予以驳回从而终结当事人起诉的一种程序性裁判。在一般情况下，不符合法定起诉条件，意味着起诉人提出的争议因缺乏诉的适法性而被法院拒绝立案受理。然而，是否符合法定起诉条件的判断往往并不是一件容易的事情，特别是对于原告资格、利害关系、权利义务影响等包含有主观权利判断的因素，各地法院很难掌握统一的辨别标准，这就为一些法院人为提高起诉门槛、不当限制当事人的诉权制造了便利条件。随着立案登记制的推行，法院在立案阶段对行政案件起诉条件的审查变得宽松。大量的行政案件在进入法院后，在进一步的审查中因可能不满足法定的起诉条件而被法院作出拒绝性裁判。由于原告的诉求尚未进入实体审理，原告对案件的实体处理结果充满期待，法院对于驳回起诉裁判把握不当，当事人将面临救济之门被再次关闭的风险。同时，在立案登记制实施过程中，不可避免地使得一些本不需要通过行政诉讼解决或者行政诉讼无法解决的争议进入了法院审查的视野，占用了大量宝贵的司法资源。如何更好地把握起诉条件的审查，既要做到保护当事人的诉权，又要防止大量无效诉讼占用司法资源干扰法院审判，这也成为目前法院面临的迫切需要解决的问题。

一、现状与特征：行政裁定驳回起诉案件的数据观察

（一）驳回起诉案件呈现“三高”态势

1. 裁驳结案数量持续走高。2013 年至 2017 年以来，裁定驳回起诉案件

结案数量持续增长。2013 年全国行政审判一审结案 120675 件，裁定驳回起诉 8639 件，2014 年一审结案 130964 件，裁定驳回起诉 12353 件，裁定驳回起诉案件数量同比增长 42. 99%，高于同期行政一审结案增长率。至 2015 年，一审结案 198772 件，增长 51. 78%，其中裁定驳回起诉 36172 件，同比增长 192. 82%，是同年行政一审平均结案增长率的 3. 7 倍。2016 年一审结案 225020 件，其中裁定驳回起诉 50387 件，一审裁驳率为 22. 39%，2017 年全国行政审判一审结案 229112 件，同比上升 1. 82%，其中一审裁定驳回起诉 53512 件，同比上升 6. 2%。从图 1 可以看出，裁定驳回起诉案件随着行政一审结案数量急剧上涨，特别是在 2015 年，案件增长达到顶峰，之后案件增长势头变缓，渐趋平稳。

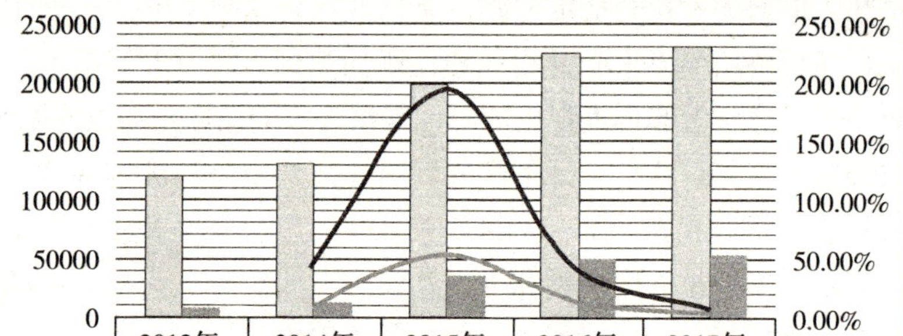

	2013年	2014年	2015年	2016年	2017年
一审结案（件）	120675	130964	198772	225020	229112
裁驳结案（件）	8639	12353	36172	50387	53512
一审结案增长率		8.53%	51.78%	13.21%	1.82%
裁驳结案增长率		42.99%	192.82%	39.30%	6.20%

图 1　2013—2017 年全国法院一审裁驳案件数量对比图

裁定驳回起诉案件数量增长的情况在一些地方法院表现得更为明显。以天津市为例：自 2015 年起，天津行政一审裁定驳回起诉案件结案数量急剧上升，呈“井喷式”增长。2013 年裁定驳回起诉案件为 55 件，2014 年为 95 件，至 2015 年，裁定驳回起诉案件数量猛增至 761 件，同比上升 701. 05%。2016 年裁定驳回起诉案件数量达到顶峰，为 1061 件，占当年一审行政审判结案总数的 32. 76%，至 2017 年，裁定驳回起诉案件增长势头有所缓和，结案数量有所下降，但仍高达 979 件。

2. 裁驳结案比例逐年增高。从图 2 中可以看出，从 2013 年至 2017 年的五年间，裁定驳回起诉案件比例不断升高。2013 年全国审结的一审裁定驳回起诉案件仅占当年一审结案的 7. 16%，2014 年裁定驳回起诉案件占比上升至 9. 43%，到 2015 年达到了 18. 20%，同比增加近一倍。2016 年裁定驳回起诉案件占比继续上升，达到 22. 39%，2017 年全国一审裁驳率为 23. 36%，同比上涨 0. 36%。2017 年一审裁驳率最高的法院省份为辽宁省，裁驳率达到 39. 22%，其次为天津市，裁驳率为 29. 90%。裁驳率的增高，反映出法院在行政诉讼案件的审理中更加侧重对起诉条件的实质性审查。

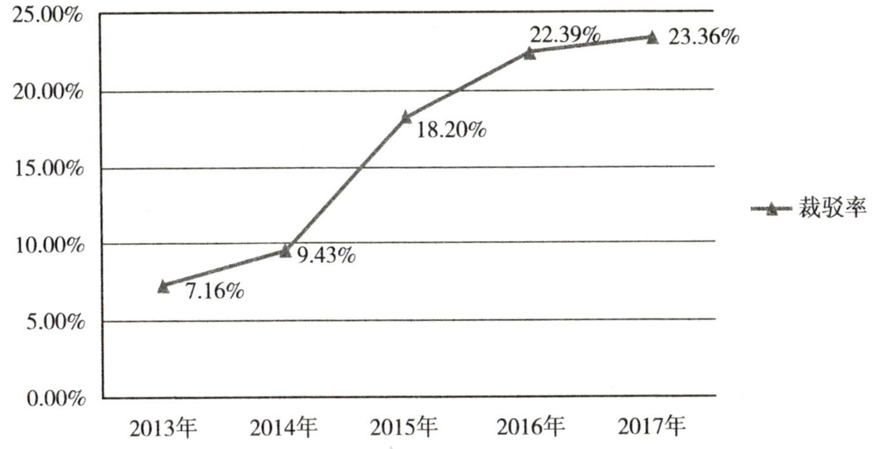

图 2　2013—2017 年全国法院一审裁驳率变化情况图

3. 裁驳错误率明显升高。观察近年全国行政二审结案情况，因原审法院对裁定驳回起诉的适用条件及相关法律适用把握不当而被二审法院纠正的案件逐年增多。2016 年全国行政一审裁定驳回起诉案件被二审指令审理 1816 件，二审撤销原判并裁定驳回起诉 2414 件，两类案件数量占二审纠正一审案件（包含改判、发回重审、撤销原判并移送其他法院管辖等）总数的 44. 29%。2017 年全国一审裁驳案件被二审指令审理 2401 件，同比上升 32. 21%，二审撤销原判并裁定驳回起诉 4325 件，同比上升 79. 16%，上述两类二审案件占二审纠正一审案件总数的 65. 08%，同比上升 20. 79%。2017 年二审裁驳纠错率最高的法院省份为广东省，达到 86. 29%，该年广东省法院有 2698 件案件被二审法院撤销并裁定驳回起诉。

表1　2016—2017 年全国法院二审裁判纠正一审情况表

年度	改判	发回重审	撤销原判驳回起诉	撤销原判指令审理	总计
2016 年	4002 件	2691 件	2414 件	1816 件	10923 件
2017 年	5482 件	2910 件	4325 件	2401 件	15118 件
变化	↑36. 98%	↑8. 14%	↑79. 16%	↑32. 21%	↑38. 40%

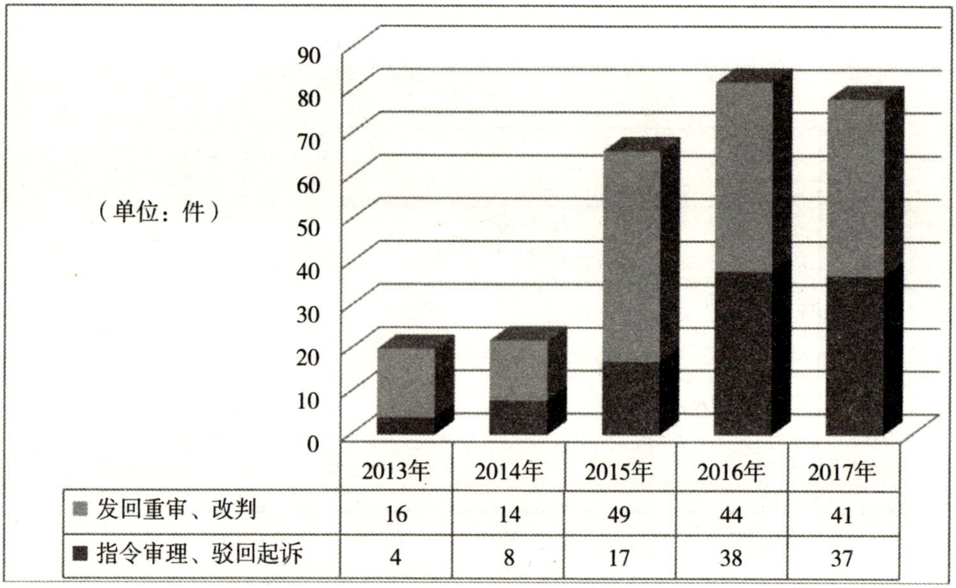

图3　2013—2017 年天津市各法院二审裁判纠正一审情况图

从天津市各法院 2013 年至 2017 年行政二审裁判情况看（图 3），因一审驳回起诉错误而被二审纠正的案件数量逐年上升，二审指令审理以及撤销原判裁定驳回起诉的案件总数从 2013 年的 4 件上升至 2017 年的 37 件，且在二审纠正一审案件总数所占的比重日益增加。裁驳错误率从 2013 年的 20% 增长至 2017 年的 47. 44%，这意味着 2017 年天津市各法院近一半的一审错误案件都涉及起诉条件的法律适用问题。

（二）案由分布范围广且相对集中

从涉及的行政管理领域来看，近年来全国行政一审裁驳案件广泛分布在六十余类行政管理领域，主要集中于城建、资源、公安等领域。通过 2017 年与 2016 年的司法统计数据比较，裁定驳回起诉案件的案由在行政管理领域的分布并无明显变化。裁定驳回起诉数量最多的五类行政管理领域案件为：城建类案件、资源类案件、公安类案件、乡政府类案件、劳动和社会保障类案件。作为独立的司法统计项目的“其他”类案件，一般属于无法归入司法统计现有行政管理领域的新类型的行政案件，近年所占比重较高，2016年占比为50.25%，2017年“其他”类案件比例有所下降，但仍接近50%。

表2　2016—2017年全国一审裁驳案件主要行政管理领域分布表

行政管理领域	2016年	2017年	变化
城建	17.28%	18.50%	↑1.22%
资源	12.39%	14.11%	↑1.72%
公安	6.35%	5.71%	↓0.64%
乡政府	3.54%	4.16%	↑0.62%
劳动和社会保障	2.57%	2.69%	↑0.12%
其他	50.25%	48.54%	↓1.71%

在2017年审结的城建类驳回起诉案件中，涉及拆迁案件4499件，占45.44%，规划案件1196件，占12.08%，房屋登记案件1895件，占19.14%；在资源类案件中，涉及土地案件6373件，占84.38%。以上案件与房屋、土地等不动产相关联，也是一般行政诉讼案件中经常涉及的具体行政管理领域。

从涉行政行为种类看，驳回起诉案件主要涉及行政处罚、行政强制、行政确认、行政登记、行政复议、行政撤销、行政补偿、行政征收等行政行为。由于多数不符合起诉条件案件的诉讼标的不能归纳为某类典型的行政行为，所以行政行为类型司法统计项目中的“其他行政行为”占比很高，占全部一审驳回起诉案件的57%左右。

表3　2016—2017年全国一审裁驳案件涉及行政行为类型表

行政行为种类	2016年数量（件）	2017年数量（件）	2016年比例	2017年比例	比例变化
行政处罚	921	1666	2.81%	3.85%	↑1.04%
行政强制	3606	2450	11.01%	5.66%	↓5.35%
行政裁决	439	263	1.34%	0.61%	↓0.73%

续表

行政行为种类	2016 年数量（件）	2017 年数量（件）	2016 年比例	2017 年比例	比例变化
行政确认	756	1269	2. 31%	2. 93%	↑0. 62%
行政登记	2035	2951	6. 21%	6. 82%	↑0. 60%
行政许可	982	859	3. 00%	1. 98%	↓1. 01%
行政批准	213	261	0. 65%	0. 60%	↓0. 05%
行政命令	18	55	0. 05%	0. 13%	↑0. 07%
行政复议	483	916	1. 47%	2. 12%	↑0. 64%
行政撤销	1035	1648	3. 16%	3. 81%	↑0. 65%
行政检查	127	30	0. 39%	0. 07%	↓0. 32%
行政合同	355	450	1. 08%	1. 04%	↓0. 04%
行政奖励	23	18	0. 07%	0. 04%	↓0. 03%
行政补偿	891	976	2. 72%	2. 25%	↓0. 47%
行政执行	11	30	0. 03%	0. 07%	↑0. 04%
行政受理	14	44	0. 04%	0. 10%	↑0. 06%
行政给付	98	192	0. 30%	0. 44%	↑0. 14%
行政征用	99	159	0. 30%	0. 37%	↑0. 07%
行政征购	6	9	0. 02%	0. 02%	0. 00%
行政征收	1405	2761	4. 29%	6. 38%	↑2. 09%
行政划拨	6	29	0. 02%	0. 07%	↑0. 05%
行政规划	100	168	0. 31%	0. 39%	↑0. 08%
行政救助	6	13	0. 02%	0. 03%	↑0. 01%
行政协助	1	5	0. 00%	0. 01%	↑0. 01%
行政允诺	3	6	0. 01%	0. 01%	0. 00%
行政监督	36	62	0. 11%	0. 14%	↑0. 03%
要求履行义务	285	514	0. 87%	1. 19%	↑0. 32%
履行法定职责	87	783	0. 27%	1. 81%	↑1. 54%
其他行政行为	18720	24709	57. 14%	57. 07%	↓0. 07%

（三）驳回起诉的法定事由纷繁复杂

起初，修改前的《行政诉讼法》第四十一条仅规定了提起诉讼的四项条件："（一）原告是认为具体行政行为侵犯其合法权益的公民、法人或者其他组织；（二）有明确的被告；（三）有具体的诉讼请求和事实根据；（四）属于人民法院受案范围和受诉人民法院管辖。"当时的条文中并没有直接规定不符合起诉条件可以裁定驳回原告起诉，仅有关于裁定不予受理的内容。即该法第四十二条规定："人民法院接到起诉状，经审查，应当在七日内立案或者作出裁定不予受理……"但在本条的实际操作过程中，一些法院基于这样或那样的考虑，随意对当事人的起诉作出不予受理裁定，为法院受理行政诉讼案件设置了苛刻的前置审查条件。

针对此问题，2000 年 3 月 10 日实施的《最高人民法院关于执行〈中华人民共和国行政诉讼法〉若干问题的解释》（以下简称《若干解释》）对不予受理和驳回起诉的适用条件进行了扩充和整合，允许一部分案件在受理后继续进行审查，即使在后续的审查中发现不符合起诉条件，也可通过裁定驳回起诉的方式进行处理，从而放宽了对法院受理行政诉讼案件的不必要限制。《若干解释》第四十四条第一款规定："有下列情形之一的，应当裁定不予受理；已经受理的，裁定驳回起诉：（一）请求事项不属于行政审判权限范围的；（二）起诉人无原告诉讼主体资格的；（三）起诉人错列被告且拒绝变更的；（四）法律规定必须由法定或者指定代理人、代表人为诉讼行为，未由法定或者指定代理人、代表人为诉讼行为的；（五）由诉讼代理人代为起诉，其代理不符合法定要求的；（六）起诉超过法定期限且无正当理由的；（七）法律、法规规定行政复议为提起诉讼必经程序而未申请复议的；（八）起诉人重复起诉的；（九）已撤回起诉，无正当理由再行起诉的；（十）诉讼标的为生效判决的效力所羁束的；（十一）起诉不具备其他法定要件的。"驳回起诉的法定事由增加至十一项。

随着《行政诉讼法》的进一步修改，新法对原第四十一条的四项起诉条件进行了修正。修改后的《行政诉讼法》第四十九条对原告资格条件进行了进一步明确，将"原告是认为具体行政行为侵犯其合法权益的公民、法人或者其他组织"修改为新法第二十五条的"行政行为的相对人以及其他与行政行为有利害关系的公民、法人或者其他组织，有权提起诉讼"。在之后与其同步实施的《最高人民法院关于适用〈中华人民共和国行政诉讼法〉若干问题的解释》（以下简称《适用解释》）第三条进一步整合《若干解释》第四十四条的规定，并增加了“行政行为对其合法权益明显不产生实际影响的”判定条件。至此，驳回起诉的法定条件出现了新旧法律条款交织，各项事由之间逻辑关系错综复杂的局面，客观上给审判人员在实践中具体操作适用造成了困扰与不便。

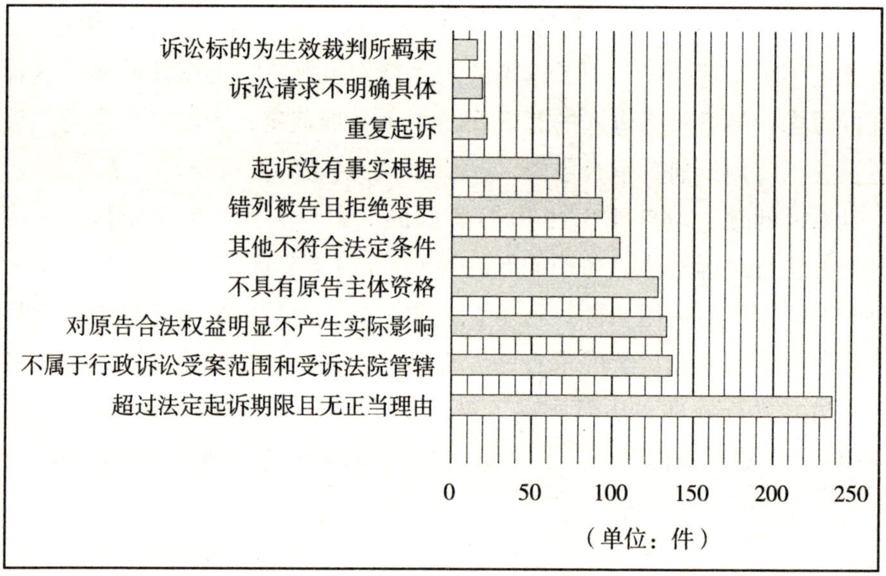

图4　2017年天津行政一审裁定驳回起诉案件主要法定事由分布图

从2017年天津一审驳回起诉案件的法定事由分布来看，因起诉超过法定起诉期限而被驳回起诉的案件数量最多，为227件，占全年驳回起诉案件总数的23.19%。其次是不属于行政诉讼受案范围的，有134件，占13.69%，对原告权利明显不产生实际影响的121件，占12.36%；不具有原告主体资格129件，占13.18%；其他不符合法定起诉条件的104件，占10.62%，以上案件数量均超过100件。在2017年的裁定驳回起诉案件中，有两类案件数量为0，一类是未按照法律规定由法定代理人、指定代理人、代表人代为行政诉讼的，另一类是未按照法律、法规规定先向行政机关申请行政复议的。除上述两类案件外，其他驳回起诉的法定事由均有涉及。

（四）案件审理周期逐年延长

在驳回起诉案件中，即使法院未对行政行为的合法性展开实质性审查，判断原告是否符合起诉条件也并非易事，层出不穷且花样不断翻新的行政争议和较为模糊的审查判断标准导致案件审理周期不断延长。以天津市为例，五年来天津市各法院行政一审裁定驳回起诉案件的平均审理天数均高于60天，且历年驳回起诉案件审理天数都远高于同年一审结案平均审理天数。虽然在《行政诉讼法》修改后的司法解释规定了法院可以不经开庭径行裁定驳回起诉，但这种程序简化仍未遏制驳回起诉类案件审理周期增长的势头。例如，在天津市各法院2016年裁定驳回起诉的案件中，经开庭审理的案件数为208件，仅占该年驳回起诉案件总数的20%，虽然开庭率在低位徘徊，然而该年驳回起诉案件95.9天的平均审理天数仍创下了五年来的历史新高。

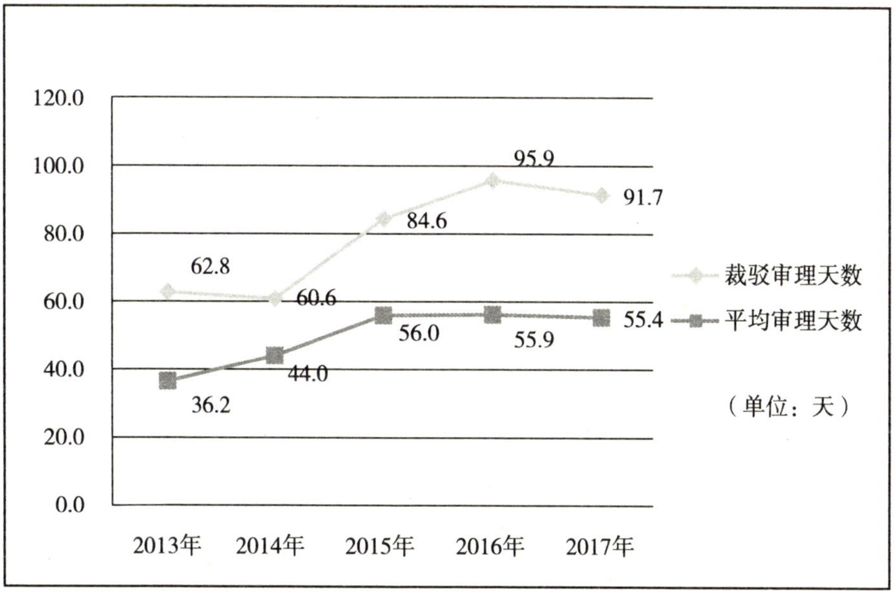

图5　2013—2017年天津市各法院驳回起诉案件审理天数对比图

二、解构与提炼：驳回起诉案件的法律适用标准分析

通过上述司法统计数据分析，可以大致观察驳回起诉案件的总体特征，如果要深入分析各类具体法定起诉条件的法律适用情况，则要借助文本分析

工具从裁判文书样本中抽取关联信息进行归纳。相对于行政判决类文书而言，驳回起诉类行政裁定的文书结构相对简单，案件争议焦点主要围绕原告的起诉是否符合法定起诉条件展开，法院的裁判理由集中在法定起诉条件的认定和法律依据的适用层面。通过裁判文书的文本进行分析解构，可将驳回起诉的各类信息要素进行提取，分类归纳各类驳回起诉案件在法律适用中存在的具体问题。

（一）案件信息要素提取的基本方法

由于裁判文书的段落结构化特征明显，可以利用文本分析工具将文书初步划分为七个一级信息节点，包括标题部分、当事人信息、诉讼经过、诉辩意见、裁判论理、裁判结果和尾部信息。在一级信息节点中又可以通过固定词语定位的方式分别提取多项该案件相关的具体诉讼要素信息。

表 4　裁判文书标题节点信息要素提取示例表

审理法院	天津市××区人民法院
法院级别	基层
行政区划（省）	天津
案号	（2016）津××行初 102 号
文书名称	行政裁定书
立案年度	2016
案件性质	行政案件
文书种类	裁定书
审判程序	一审
案件类型	行政一审案件

1. 案件基本情况信息提取。如表 4 所示，以“天津市××区人民法院（2016）津××行初 102 号行政裁定书”为例，在裁判文书标题和案号部分可以提炼出与诉讼案件相关的 10 项诉讼要素信息。由于所有裁判文书均包含上述固定信息，所以，可以通过文本信息工具将一定时期内的批量裁判文书按照上述信息要素进行筛选归类，实现以裁判文书文本为依托的统计数据的初步分析。

表5　当事人节点信息提取示例表

诉讼参与人名称	天津市××区××镇人民政府
诉讼地位	被告
行政法律关系地位	行政主体
单位法定代表人	郑××
当事人类别	法人
行政主体类型	作出行政行为的行政机关
当事人地址	天津市××区××镇××村
行政管理范围	政府

2. 当事人信息提取。行政诉讼案件具有被告恒定的特点，行政诉讼被告的主体资格和职责权限也是行政行为合法性审查的重要组成部分。被告的基本情况可以在当事人信息部分进行提取，上述信息要素可以在驳回起诉类案件中作为判断适格被告、确定管辖法院以及其他法定起诉条件的基础。

表6　裁判说理节点信息提取示例表

被诉行政行为	建设用地规划许可证
行政行为类型	行政许可
行政管理范围	规划
核心观点	《建设用地规划许可证》是对建设项目申请用地规划的许可，并未实际批准用地，对原告的权利义务不产生实际影响
关键词	权利义务不产生实际影响 受案范围
法律依据	《最高人民法院关于执行〈中华人民共和国行政诉讼法〉若干问题的解释》第一条第二款第（六）项 《最高人民法院关于适用〈中华人民共和国行政诉讼法〉若干问题的解释》第三条第一款第（八）项

3. 裁判说理信息提取。裁判说理部分是文本分析尤为重要的领域，诉讼标的与案件的争议焦点在此集中展示，裁判观点也于此处形成。驳回起诉裁定的说理重点在于起诉条件的判定和裁判依据的适用，如表6所示，通过对于法定起诉条件关键词进行检索，将包含上述关键词的句段进行固定，进而可以从个案中提炼出相关行政行为可诉性问题的具体裁判观点，以及适用该观点的相关法律依据。如果其他案件中出现类似的被诉行政行为，文本分析

工具可将同类案件的裁判观点进行比对，有利于辅助审判人员准确把握同类案件的裁判尺度。

（二）驳回起诉裁定法律适用中的具体问题

驳回起诉案件裁判文书的数据化解构有助于进一步分析驳回起诉类案件的法律适用。在裁判说理节点的信息要素提取过程中可以发现，裁判文书法律适用相关信息可以通过关联法律和司法解释的名称过滤和具体法条的定位检索来实现信息要素的自动提取。目前，行政诉讼的法定起诉条件和不满足起诉条件的处理方式散见于我国的《行政诉讼法》和司法解释之中。《行政诉讼法》修改后，法律和司法解释条文关于起诉条件的部分内容也进行了一定的调整和完善。《若干解释》第四十四条第一款规定十一类法院不予实体审理的情形，其中第（一）项和第（二）项被修改后的《行政诉讼法》第四十九条所吸收，其他项内容调整后规定于稍后制定的《适用解释》第三条第一款之中。2018 年 2 月 8 日实施的《最高人民法院关于适用〈中华人民共和国行政诉讼法〉的解释》（以下简称新《适用解释》），再次将上述起诉条件进行扩充整合。鉴于新《适用解释》刚刚实施，相关法律适用的情况有待于实践的进一步检验，因此暂不将其列入本次重点统计分析范围。

以 2017 年天津市各法院一审驳回起诉的 979 份行政裁定为样本，通过文本分析工具将驳回起诉裁定的法律依据进行筛选和提取，可以借此观察驳回起诉裁定的适用法律情况。

表 7　2017 年天津市各法院一审驳回起诉裁定援引法律依据情况表

条款	项	法定事由	数量（份）
《适用解释》第三条第一款	第（一）项	不符合《行政诉讼法》第四十九条规定	406
	第（二）项	超过法定起诉期限且无正当理由	227
	第（三）项	错列被告且拒绝变更	101
	第（六）项	重复起诉	22
	第（七）项	撤回起诉后无正当理由再行起诉	7
	第（八）项	对其合法权益明显不产生实际影响	121
	第（九）项	诉讼标的为生效裁判所羁束	15
	第（十）项	不符合其他法定条件	103

续表

条款	项	法定事由	数量（份）
《若干解释》第四十四条第一款	第（一）项	请求事项不属于行政审判权限范围	1
	第（二）项	起诉人无原告诉讼主体资格	2
	第（六）项	起诉超过法定期限且无正当理由	1
	第（八）项	重复起诉	1
	第（十一）项	起诉不具备其他法定要件	1
其他			92

1.《行政诉讼法》第四十九条与其他条款的适用关系

2017年驳回起诉裁定样本中共有406份裁定引用《适用解释》第三条第一款第（一）项驳回原告起诉，占裁定总数的41.47%。其适用理由为原告不符合《行政诉讼法》第四十九条的情形。《行政诉讼法》第四十九条是关于起诉条件的一般规定条款，与《若干解释》第四十四条和《适用解释》第三条的其他起诉条件相比较，第四十九条的内容应当更容易识别，侧重于强调起诉时的初步审查，当案件具体情形复杂或者相关事实争议较大，导致《行政诉讼法》第四十九条的起诉条件无法在立案阶段确定时，可以先予立案，在行政审判的审理过程中进一步查明。

表8　2017年天津市各法院一审认定不符合《行政诉讼法》第四十九条具体情况表

法条	项	法定事由	数量（份）
《行政诉讼法》第四十九条	第（一）项	不具有原告主体资格	129
	第（二）项	被告不明确	2
	第（三）项	诉讼请求不明确具体	20
		没有事实根据	119
	第（四）项	不属于人民法院受案范围	134
		不属于受诉人民法院管辖	2

在适用《行政诉讼法》第四十九条驳回起诉的裁定中，有129份裁定根据第四十九条第（一）项的规定否定了原告的主体资格，2份裁定因被告不明确不符合第四十九条第（二）项的规定而被驳回，139份裁定中的起诉不符合第四十九条第（三）项关于具体的诉讼请求和事实根据的要求，136份

裁定因起诉不符合第四十九条第（四）项规定的受案范围和管辖被驳回。

上述条款在理解与适用过程中出现了比较有争议的问题：如果在立案阶段发现起诉虽然符合《行政诉讼法》第四十九条规定的四项起诉条件，但不满足司法解释中规定的其他要件，比如超过法定起诉期限、错列被告或者重复起诉的，是否能够直接裁定不予立案，而不必在立案后驳回起诉？在实践中有两种不同观点：第一种观点认为，在立案审查阶段，只能对《行政诉讼法》第四十九条规定的起诉条件进行判断，不能援引《适用解释》第三条的规定不予立案。坚持这种观点的理由是，在立案登记制度实施以后，法院在立案审查阶段应当侧重对起诉人诉权的保护，立案条件的审查只能进行形式审查，特别是《若干解释》第三条第一款的裁判方式与《若干解释》第四十四条第一款有了明显区别，去掉了关于“应当裁定不予立案”的表述，立案部门不能再援引上述规定作出不予立案裁定①。第二种观点认为，在立案阶段如果能够查明起诉不符合任意一项法定要件，即可裁定不予立案。持第二种观点的理由是，立案登记制的实施并不意味着起诉条件审查的废弃，在保障当事人诉权的前提条件下，法院仍应对全部起诉条件坚持适度审查，对于能够在立案审查中发现的较为明显不符合起诉条件的，在向当事人做好释明工作后，依法裁定不予立案。我们赞成第二种观点。随着新《行政诉讼法》和立案登记制同步实施，法院立案渠道全面畅通，但滥诉现象也伴之而生，一些明显不属于法院受案范围或者反复的、肆意的琐碎诉讼如果不加鉴别地进入审理阶段，就会极大浪费宝贵的司法审判资源。因此，有必要根据立案登记制的实质要求对起诉条件的认定进行整体把握。2017 年 8 月 31 日实施的《最高人民法院关于进一步保护和规范当事人依法行使行政诉权的若干意见》（以下简称《若干意见》），进一步肯定了上述观点。《若干意见》指出：“要正确理解立案登记制的精神实质，在防止过度审查的同时，也要注意坚持必要审查。人民法院除对新行政诉讼法第四十九条规定的起诉条件依法进行审查外，对于起诉事项没有经过法定复议前置程序处理、起诉确已超过法定起诉期限、起诉人与行政行为之间确实没有利害关系等明显不符合法定起诉条件的，人民法院依法不予立案，但应当向当事人说明不予立案的理由。”

---

① 参见江必新、梁凤云：《最高人民法院新行政诉讼法司法解释理解与适用》，中国法制出版社 2015 年版，第 38 页。

2. 关于原告主体资格的判断标准

修改后的《行政诉讼法》第二十五条第一款规定："行政行为的相对人以及其他与行政行为有利害关系的公民、法人或者其他组织，有权提起诉讼。"该条款是对原法第二十四条第一款和第四十一条有关原告资格内容表述[①]的修改。原法上述条款曾确立了带有一定"主观化"色彩的原告资格判定标准，即"认为"自己的合法权益受到侵犯。然而，这种主观标准导致了法院无法判定原告资格。新法沿用了《若干解释》所确立的"法律上的利害关系"判定标准，使原告资格认定的标准进一步"客观化"[②]，但"利害关系"一词仍具有不确定性，通过实践不断总结，新的《适用解释》中以明文列举的方式将存在利害关系的表现形式进行了概括归纳[③]，为实践中判断利害关系提供了参考依据。通过对2017年天津市各法院因不具备原告主体资格驳回起诉的裁定样本进行分析，相关判例大致从以下三个方面判断原告是否存在法律上的利害关系。

其一，是否存在公法保护意义上的权益。行政机关作出被诉行政行为时所适用的行政实体法律规范是否要求行政机关考虑、尊重和保护原告诉请保护的权利和利益。例如，在一起涉及房屋被征收人起诉发展改革部门作出的投资项目审批、核准行为的案件[④]中，法院这样论证："发展改革部门对政府投资项目的审批和对企业投资项目的核准，主要是从拟建项目是否维护经济安全、合理开发利用资源、保护生态环境、优化重大布局、保障公共利益、防止出现垄断等方面进行审查，并不涉及项目的征地拆迁、安置补偿等与相对人具体权利义务相关的内容。当事人以项目建设影响其土地或房屋权益为由，起诉发展改革部门对投资项目审批、核准行为的，因其与项目审批、核准行为不具有利害关系，因而不具有提起诉讼的原告资格。"

---

① 修改前的《行政诉讼法》第四十一条规定："提起诉讼应当符合下列条件：（一）原告是认为具体行政行为侵犯其合法权益的公民、法人或者其他组织……"

② 参见信春鹰主编：《中华人民共和国行政诉讼法释义》，法律出版社2014年版，第69页。

③ 新《适用解释》第十二条规定："有下列情形之一的，属于行政诉讼法第二十五条第一款规定的'与行政行为有利害关系'：（一）被诉的行政行为涉及其相邻权或者公平竞争权的；（二）在行政复议等行政程序中被追加为第三人的；（三）要求行政机关依法追究加害人法律责任的；（四）撤销或者变更行政行为涉及其合法权益的；（五）为维护自身合法权益向行政机关投诉，具有处理投诉职责的行政机关作出或者未作出处理的；（六）其他与行政行为有利害关系的情形。"

④ 参见天津市和平区人民法院（2017）津0101行初111号行政裁定书。

其二，是否为专属于原告自身的主观权益。在一般情况下，原告主张的必须是自身的权利和利益，主张他人权益、集体权益或公众权益的，都因属于反射利益，不享有诉权①。在驳回起诉裁定样本中，有57份裁判文书因原告主张的权益并非本人专有而否认利害关系的存在。例如，在一起小区业主以个人名义请求撤销业主大会备案的案件中②，法院认为，向相关部门申请业主委员会备案的适格主体应为业主委员会而非业主个人，选举业主委员会也是全体业主行使的自治权。业主的合法权益可以通过业主大会及业主委员会实现，业主个人不具备直接对外行使业主委员会的权利。又如，在某村民委员会起诉该区政府请求撤销土地登记一案③中，法院认为，村民委员会或者农村集体经济组织对涉及农村集体土地的行政行为不起诉的，过半数的村民可以以集体经济组织名义提起诉讼，而本案起诉时原告仅提交了830名村民同意起诉的手续，未超过村民半数，故原告以村民委员会名义起诉不符合上述规定，其不具有原告的诉讼主体资格。

其三，是否产生权益受侵害的可能性。以“认为权利受到侵害”来判断原告资格带有一定的主观性，如果仅坚持“认为”标准，那么由于所有的原告都不会否认自己的权利没有受到损害，原告资格将自动获得承认，利害关系的判定标准将有可能被虚化和弱化。因此，原告在认为合法权益受到侵害的同时，应当至少提供证据证明其合法权益有受到侵害的“可能”，但原告承担的仅是一种初步证明责任，只要有证据表明原告“认为”的权益受到侵害存在可能性即可承认原告主体资格，至于权益是否实际受到损害则应在实体审查阶段进行判断。当然，对于明显不可能受到行政行为侵害的权益，法院也应当及时说不，比如在一些主张私法上的权利受到损害的案例中，法院对原告合法权益受侵害的可能性进行了否定。在一起担保债权人起诉撤销房屋产权登记的案件中，法院认为，原告作为债权人，该债权的实现可以通过其他途径解决，行政机关作出的行政行为并不影响其作为债权人的合法权益，故原告对被诉的登记行为不具有行政诉讼的原告主体资格④。

---

① 参见［德］弗里德赫尔穆·胡芬：《行政诉讼法（第5版）》，莫光华译，法律出版社2003年版，第251页。

② 参见天津市河东区人民法院（2017）津0102行初77号行政裁定书。

③ 参见天津市宁河区人民法院（2017）津02行初41号行政裁定书。

④ 参见天津市河北区人民法院（2017）津0105行初106号行政裁定书。

3. 关于“明显不产生实际影响”的判定标准

《适用解释》第三条第一款第（八）项是关于“行政行为对其合法权益明显不产生实际影响的”适用条件，该项将《若干解释》第一条第二款第（六）项规定的“权利义务不产生实际影响”条款进行了改造，将“权利义务”调整为“合法权益”，与修改后的《行政诉讼法》第二条相呼应。另外增加了“明显”二字，从而将“实际影响”要件从受案范围的起诉条件中脱离出来，直接作为与《行政诉讼法》第四十九条并列的起诉条件独立适用，这种调整变化在实践中也给审判人员带来困惑。一方面，“不产生实际影响”与“不存在利害关系”“不可诉”的含义表达非常接近，容易导致法院在选择适用《适用解释》第三条第一款第（一）项（包含原告资格利害关系条款、受案范围条款）与第（八）项时出现混淆。根据最高人民法院行政审判庭的观点，该项内容主要适用于判断是否具有利害关系较为复杂的情形，有时需借助必要的实体审查，通常在审理阶段作出裁定。[①] 另一方面，实践中如何界定“明显”也具有一定的困难，大多需要法官结合生活经验和常识，并参考现有的典型类案裁判作出判断。一般认为，只有在“明显”不产生实际影响，能够清晰地判断出行政争议的解决对起诉人合法权益没有实际意义时，法院才裁定驳回起诉。[②] 通过对裁判文书样本的分析，法院主要围绕以下几个方面确定是否适用“明显不具有实际影响”条款。

一是申请公开过程性信息、内部信息，或者以信息公开名义进行咨询以及业务查询。[③] 法院认为，对上述信息的申请与获取不属于《政府信息公开条例》的调整范畴，因此不论行政机关是否进行答复，均不会对原告的权益产生实际影响。

二是请求行政机关履行法定职责但行政机关明显不具备该项职责，或者不服复议机关对不属于行政诉讼受案范围的行为拒绝处理[④]。对于此类情形，原告与被告之间不存在确实需要通过诉讼手段加以解决的行政争议，不能因

---

① 参见江必新主编，最高人民法院行政审判庭编著：《中华人民共和国行政诉讼法及司法解释条文理解与适用》，人民法院出版社 2015 年版，第 328 页。

② 参见江必新主编，最高人民法院行政审判庭编著：《中华人民共和国行政诉讼法及司法解释条文理解与适用》，人民法院出版社 2015 年版，第 332 页。

③ 参见天津市第二中级人民法院（2017）津 02 行初 91 号行政裁定书。

④ 参见天津市第一中级人民法院（2017）津 01 行初 166 号行政裁定书。

原告仅仅主张行政机关在形式上的不作为而增加并无实际意义的诉讼。

三是对过程性行政行为提起诉讼，或者在行政机关履行法定职责期限尚未届满的情况下起诉行政机关不作为。[①] 此类案件中的行政行为没有发展到可以影响原告合法权益的阶段，原告起诉时机尚不成熟。

四是原告所主张的权益已经得到满足但仍坚持起诉，包括申请公开已经知晓的信息[②]、被征收人已签订补偿协议并领取补偿后对征收的后续行为提起诉讼[③]、劳动争议已通过民事诉讼解决但仍坚持请求劳动保障部门履行相关法定职责[④]，等等。

4. 关于“不符合其他法定条件”条款的适用

《适用解释》第三条第一款第（十）项的“其他法定起诉条件”属于前九项具体列举之外的兜底性规定，起诉条件不是封闭的固定标准，需要法官根据案件具体情形进行合理判断，通过设置开放的起诉条件条款，以便应对未来行政案件出现的各种变化。裁判文书样本中共有 102 份裁定适用该条款，占裁定总数的 10. 42%，具体情形可大致归纳如下。

第一类，行政行为隶属于不同种类的行政法律关系，应当分别提起诉讼，但经法院释明仍坚持起诉的[⑤]。

第二类，单独提起行政赔偿诉讼前未经过行政机关先行处理的[⑥]。

第三类，依申请履行法定职责的行政案件，原告未提出申请的[⑦]。

第四类，滥用诉权的，该类案件在信息公开诉讼中体现尤为突出。例如，在一些涉及拆迁征收的案件中，原告与他人采取多人多次重复申请公开同类政府信息，继而申请行政复议、提起行政诉讼的方式，引发了大量政府信息公开行政争议以及行政复议、行政诉讼案件。原告通过申请政府信息公开继而提起行政复议、行政诉讼，以期实现拆迁补偿安置协议以外的利益，法院认为原告的起诉不具有依法应予救济的诉讼利益，与《行政诉讼法》第一条“解决行政争议，保护公民、法人和其他组织的合法权益”的立法本意相悖，

① 参见天津市滨海新区人民法院（2017）津 0116 行初 186 号行政裁定书。
② 参见天津市第一中级人民法院（2017）津 01 行初 34 号行政裁定书。
③ 参见天津市滨海新区人民法院（2017）津 0116 行初 224 号行政裁定书。
④ 参见天津市和平区人民法院（2016）津 0101 行初 381 号行政裁定书。
⑤ 参见天津市第二中级人民法院（2017）津 02 行初 108 号行政裁定书。
⑥ 参见天津市和平区人民法院（2017）津 0101 行初 511 号行政裁定书。
⑦ 参见天津市南开区人民法院（2017）津 0104 行初 46 号行政裁定书。

浪费了行政资源和司法资源，已构成诉讼权利的滥用[①]。

需要注意的是，“其他法定起诉条件”是在《适用解释》第三条第一款前九项起诉条件均不能满足的情况下才可以考虑适用，而在梳理该类裁定的过程中，一些裁定将“不具有原告主体资格”“错列被告”“缺乏事实根据”及“不属于受案范围”等情形也适用“其他法定起诉条件”，引用《适用解释》第三条第一款第（十）项裁定驳回原告起诉，虽然处理结果正确，但未能将定性依据和处理依据一一对应，造成法律适用的不严谨。

（三）驳回起诉裁定法律依据援引的规范性问题

在对裁判文书法律依据条款信息分析提取的过程中，经常出现相关信息提取不到位的情况，通过人工校验发现，出现问题的原因在于裁判文书样本中被定位的法律依据条款表述不规范，难以被文本工具识别，具体表现在以下几个方面。

1. 引用司法解释名称错误

一些裁判文书在引用司法解释时将司法解释的名称写错，如有的裁定将《适用解释》和《若干解释》的名称弄混淆，导致《适用解释》名称下援引了《若干解释》的具体法条。有的裁定在表述法律依据名称时出现了错字、漏字现象。

2. 定性依据和处理依据混同

一些裁定没有注意区分案件的定性依据和处理依据。一般来说，定性依据是在裁判理由中进行阐述并引用，针对起诉条件的满足情况进行判定，定性依据表述的是原告的起诉不符合哪一条规定的起诉条件，而处理依据则表述在不符合起诉条件的情况下，根据哪一条裁定驳回起诉。例如，《行政诉讼法》第四十九条是关于法定起诉条件的定性依据，《适用解释》第三条第一款第（一）项则是不满足《行政诉讼法》第四十九条起诉条件的处理依据。裁判文书样本中有部分裁定直接根据《行政诉讼法》第四十九条、《若干解释》第四十二条等定性依据作出了驳回起诉裁定。

3. 法律依据条款漏引、多引、错引

（1）漏引。一些裁定仅列出法律依据的名称，未引用具体法条，构成法

---

① 参见天津市河北区人民法院（2016）津0105行初85号行政裁定书。

条漏引。一些案件仅笼统表述原告起诉不符合某法第几条规定，但没有根据起诉条件的具体情况进一步明确引用该法条第几款第几项。或者仅引用到条、款，未引用具体的项。

（2）多引。此种情况经常发生于《适用解释》第三条第二款关于“径行裁定驳回起诉”的适用条款，该条款针对的是不需要开庭的情形，如果案件已经进行开庭审理的则不应引用该款，但经梳理发现有多件案件明确表述了开庭审理的具体时间，但在裁判主文中又引用“径行裁定驳回起诉”条款，构成了自相矛盾。

（3）错引。一些裁定没有将具体的法定要件和依据条款建立一一对应关系，将甲条款错引为乙条款。特别是在“原告资格”和“行政行为明显不产生实际影响”“重复起诉”和“撤诉后又再次起诉”等起诉条件类似、不容易区分具体法定要件的适用情形时，容易出现张冠李戴错引法条的情况。

上述情形的出现，反映了审判人员在日常裁判文书的制作中缺乏规范意识，对驳回起诉案件在法律适用过程中，在援引具体法条的细节上疏于校验。目前，各地法院普遍通过信息化手段为裁判文书配备了纠错系统应用软件，但由于存在具体应用相关功能研发的滞后性以及审判人员缺少使用习惯等因素，裁判文书制作的规范化水平仍需进一步提升。

三、整合与重塑：完善驳回起诉案件法律适用的几点建议

（一）借鉴诉讼要件理论，构建起诉要件审查标准体系

目前我国关于法定起诉条件的研究主要围绕行政行为的可诉性、行政诉讼受案范围、原告主体资格等具体问题展开，对起诉条件的具体类型缺乏统一认定标准，一些法院尝试从当事人诉的利益、权利保护必要性等方面对于起诉条件的法律适用进行拓展，但相关论述仍缺乏系统性，难以把握各类起诉条件之间的逻辑关系。特别是立案阶段的审查内容与审理阶段的审查内容之间界限模糊，导致大量不符合起诉条件的案件涌入法院审理阶段，增加了法院审理压力，也导致一些本应进入实体审理的案件被挡在了法院立案门外，损害了当事人的诉权。

观察域外经验，德国对于行政诉讼案件的审理建立起了一套完备的审查模式。德国将法定起诉条件的审查称为诉的适法性审查，亦可称为诉的实质

裁判要件[①]。诉的适法性审查与诉的理由具备性审查共同构成行政诉讼的基本审查模式。当诉的实质要件不满足时，法院不会进入实体审理阶段，只有原告的起诉满足具体的诉讼要件，案件才能进一步获得实质意义上的裁判。日本将诉讼程序划分为诉讼要件和本案审理两个不同阶段，对诉讼要件又进行了主观诉讼要件和客观诉讼要件的划分。例如，在撤销诉讼中，将诉的对象（处分性）、原告资格（法律上的利益）、诉的客观利益（狭义的诉的利益[②]）归入主观性诉讼要件，体现原告的主观意识；将被告资格、管辖、起诉期间等与原告主观意识无关的要件归为客观性诉讼要件；将当事人的诉讼能力、诉状等一般诉讼要件归为其他要件。通过诉讼要件的划分，法院可以方便地对原告的起诉进行有针对性的事前审查，确保合法的诉讼进入审理阶段，防止出现滥诉的情形。我国台湾地区的学者进一步将狭义的诉的利益（权利保护必要性）划分为六种情形，即无效率的权利保护、无用的权利保护、权利滥用之禁止、不适时的权利保护、诉讼程序上的权利失效和诉讼权利之抛弃[③]。权利保护必要性的划分，有助于帮助审判人员结合具体案件情况将缺乏诉的利益的案件进行有效排除。

如果将诉讼要件理论与我国目前的法定起诉条件的法律适用进行融合，可以建立如下要件审查标准体系：

---

① 参见［德］弗里德赫尔穆·胡芬：《行政诉讼法（第5版）》，莫光华译，法律出版社2003年版，第136页。

② 在日本，诉的利益有广义和狭义区分，广义的诉的利益包含权利保护的资格、原告资格和权利保护的利益，狭义的诉的利益就是权利保护的利益。参见江利红：《日本行政诉讼法》，知识产权出版社2008年版，第207页。

③ 参见陈清秀：《行政诉讼法》，法律出版社2016年版，第281～285页。

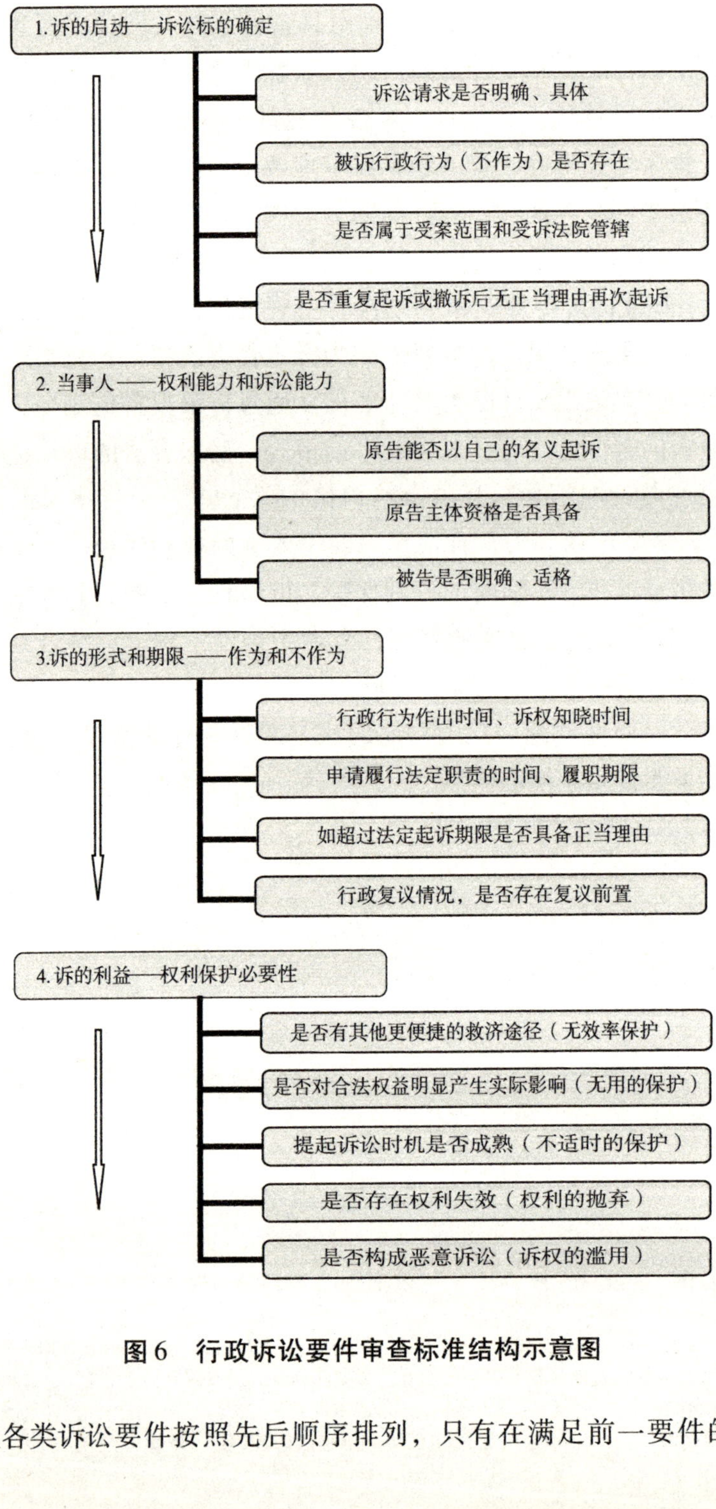

图 6　行政诉讼要件审查标准结构示意图

以上各类诉讼要件按照先后顺序排列，只有在满足前一要件的情形下，才能进入后续要件的审查，如相应要件不能审查确定，则成为待查问题进入实体阶段，结合案件实体审理进行综合判断。

（二）依托起诉要件审查标准，打造独立的行政诉讼审前程序

行政案件立案后进入实体审理前，法官助理及书记员可以通过询问当事人、引导当事人充分进行证据交换，剔除案件不相关因素，为进一步查明事实打好基础。除了进行必要的开庭准备，保证庭审顺利进行外，审前程序还应当承担起过滤解决行政纠纷的职责。具体可以从以下几方面着手，使审前程序成为具有独立程序价值的诉讼阶段，进一步发挥其有效功能。一是固定诉讼请求、明确案件类型。对于诉讼请求不明确、不具体，无法确定审理对象的情形，充分进行释明，引导当事人根据行政诉讼法及其司法解释中对于诉讼请求的要求进行调整。对于诉讼请求不明确不具体，当事人又拒绝调整的，及时作出驳回起诉裁定。对于诉讼请求已经明确的，根据诉讼请求事项确定案件审理类型。二是结合诉讼要件，做好案件信息要素的采集。在一般诉讼要件审查标准引导下，进一步针对不同的案件类型，确定具体的诉讼要件，明确各类案件审理要素。由法官助理指导书记员从起诉状、证据材料中搜集案件审理要素信息，录入案件审理系统。同时做好案件信息归类，为日后的信息提取和分析提供数据基础。三是区分案件特征，做好案件繁简分流。经过庭前审查，根据不同案件的特点和复杂疑难程度，按照简易程序和普通程序的要求及时将案件归入不同的审理程序，最大限度提升案件审查和审理效率，同时做好复杂疑难案件的前期各项准备，对系列案件、群体性案件及关联性案件在立案阶段进行特殊标注，原则上交同一审判组织审理。

（三）探索大数据下的类案检索机制，拓展裁判说理标准

目前全国法院裁判文书公开工作为推进类案裁判尺度统一提供了丰富的资源，大量的裁判观点隐匿于裁判文书中，尚待挖掘和整理。这也为在诉讼要件类型化研究中引入大数据分析提供了有力的契机，我们可借助信息化手段将海量裁判文书中的观点进行提取，对照不同类型的诉讼要件认定标准进行归类，逐步提高起诉条件审查尺度的统一性。目前课题组对最高人民法院近两年以来的行政裁判文书进行文本信息挖掘，将起诉条件相关裁判观点进行了汇总，建立了可进行自动筛选的数据库，便于审判人员进行分类查询检索。

驳回起诉裁定的法律适用主要围绕当事人的起诉是否符合法定起诉条件的说理展开，相应的说理标准可以参考最高人民法院行政审判庭编写的《行政诉讼文书样式（试行）》关于行政裁定书（驳回起诉用）的制作说明，对于驳回起诉裁定的事实和理由部分仅需围绕本案是否符合起诉条件进行说明，并注意运用法律规范对各方当事人提出的与起诉条件相关的诉讼理由逐一分析。[①] 不仅要说明当事人的起诉不满足哪一项起诉条件而被驳回起诉，还要说明为什么不满足该项起诉条件，对当事人的起诉理由进行正面回应。通过进一步细化裁判文书说理标准，引导法官熟练运用认定起诉要件的裁判方法，整体提升法官法律适用的能力。在《行政诉讼文书样式（试行）》的现有基础上，进一步扩充驳回起诉裁定的信息要素内容，如在驳回起诉裁定文书首部增加案件由来及裁判过程信息，特别是在因超过起诉期限而驳回起诉的案件中，对原告的起诉日期、法院的立案日期等时间节点应予以明确交代，以便裁判文书说理更为清晰和公开。

（四）引入信息化手段，实现裁判文书自动生成

随着法院信息化建设的不断推进，人工智能辅助法官办案的应用需求越来越强烈。但目前的法律文书纠错系统尚未根据不同裁判文书类型在法律适用的标准上作出有针对性的开发设计，导致纠错系统在法律适用的准确性方面的纠错率不高，难以满足日常裁判文书检测的需求。下一步可以根据驳回起诉条件认定的逻辑关系，扩充裁判文书纠错系统对驳回起诉类案件法律适用的纠错功能，对法律适用偏离司法标准的问题实现内容矫正。在利用信息化手段实现裁判文书批量化质量检测的基础上，进一步研发裁判文书关键信息自动提取技术，多维度提取当事人起诉信息、案件调查信息、庭审记录信息，设定针对驳回起诉裁定的裁判文书模板，将法定起诉条件的要件信息与具体法律条款建立关联映射，保证同类法定事由法律条款援引的一致性。在信息要素的分类和设置的过程中，可以参考《最高人民法院行政案件信息业务规范》（FYB/T11005—2016），该标准明确了行政案件相关数据项的定义和业务逻辑关系。其中在标准的 5.1.14 的“结案信息”部分规定了驳回起诉的十类事由，与具体的法条之间建立起一一对应的映射关系。可以说，一旦确

---

① 最高人民法院行政审判庭编：《行政诉讼文书样式（试行）》，人民法院出版社 2015 年版，第 74 页。

定了裁定驳回起诉的某类特定事由，该事由的信息项便应当在裁判文书中显示为对驳回起诉条款的具体引用，最终实现驳回起诉裁定法律适用内容的自动生成，在确保文书质量的前提下逐步提高裁判文书制作效率。法院的信息化建设为辅助审判部门办案提供了有力的技术支撑，让办案法官脱离繁杂而琐碎的人工搜索和资料整理等工作，但人工智能终究不能替代法官在裁断案件中发挥个人的智慧和经验。信息化应用的目的在于辅助法官提高办案效率，防止出现低级错误，同时拓展法官的审判视野，推进统一裁判尺度，进而提升法官自身的司法水平，实现公正司法。如何获得良好的操作体验，满足法官的办案实际需求，是信息化应用建设的重中之重。

（作者单位：天津市高级人民法院　天津市河东区人民法院）

农村土地承包经营权行政案件司法审查疑难问题研究

滁州市中级人民法院行政庭课题组

我国实行农村土地农民集体所有制及农村土地承包经营权制度，在此制度安排下，农民享有农村土地承包经营权，该权利通过签订农村土地承包合同及颁发农村土地承包经营权证获得及予以体现。农村土地承包经营权是农民的核心权利，是农民赖以生存的基础，依法、正确审理涉及农村土地承包经营权的行政案件，对于维护农村基本经济制度及保护广大农民的根本利益有着积极、重要的作用。随着国家取消农业税、实施农业补贴、农村土地承包经营权重新确权、放活经营权等政策调整，促使农民农村土地经营权益或者获得价值明显提升，农民对农村土地承包经营权更加重视，针对农村土地承包经营权提起的行政诉讼案件相应地逐年增多。如何统一认识和裁判标准，实质解决行政争议，需要对司法审查中的疑难问题进行梳理及研究，以便给出正确的解决方案。

一、农村土地承包经营权行政案件特点和产生原因分析

（一）特点及主要表现

1. 土地承包经营权行政案件发生的时间具有阶段性。从涉诉的行政案件来看，此类行政争议大多发生在土地延包换发证，完善、规范土地承包关系的集中颁证，重新确权换发证，征收集体土地等阶段。在这些阶段，原有的权利、义务稳定状态被打破或者潜在的纠纷隐患被激发，因而产生争议的可能性较大，行政争议发生时间的阶段性特征较为明显。

2. 土地承包经营权行政案件的类型相对集中。此类行政争议主要集中在以下两种类型：一是要求撤销土地承包经营证。因“一地两证”、证载“四至”界线不清或错误、换发证时前后证不一致等导致农户对颁发的土地承包

经营权证不服而起诉要求撤销承包经营权证；二是要求政府依法履行颁发土地承包经营权证的职责。农户承包的土地或者流转承包的土地未获颁发承包经营权证影响到其权益的享有，或者农户为稳固土地承包经营权，而向县政府、镇政府等申请颁发土地承包经营权证，政府未予答复或未予颁证的情况下，农户提起行政诉讼。其他案件类型有：要求撤销收回土地承包经营权证决定；要求撤销注销土地承包经营权证决定；要求政府履行更正登记错误的承包经营权证的法定职责等。

3. 行政争议与民事诉讼相互交织。颁发土地承包经营权证的主要依据是土地承包合同，土地承包合同产生承包经营权，土地承包经营权证是对承包经营权的行政确认。土地承包合同的效力直接影响到承包经营权证的合法性审查，但在行政诉讼中难以对土地承包合同的效力进行审查，只能在民事诉讼中予以处理。在土地承包合同纠纷的民事诉讼中，也会涉及土地承包经营权证的问题。如此就会产生民行交叉案件。因此，在涉及土地承包经营权证的行政争议中，有不少案件背后都交织着民事诉讼，有的民事诉讼已经审结，有的民事诉讼中止，等待行政争议的处理结果。

4. 诉讼请求的目的难以实现。当事人请求撤销土地承包经营权证，其目的不是承包经营权证本身，而是实现取得或者消灭承包经营权的诉讼目的。而法院对土地承包经营权证的审查结果，判决予以撤销或者驳回诉讼请求，并不产生取得或者消灭承包经营权的法律效果。当事人试图通过行政诉讼途径来实现民事权益的诉讼目的难以达到，其还必须通过民事诉讼的途径才能最终解决民事权益的实现问题。

5. 案件协调处理难度大。土地现实收益和预期收益的不断提升，以及农民对土地具有的天然依附情感等因素，使得农户对土地承包经营权的争取不遗余力。土地承包经营权行政争议一般时间长、矛盾深，大都经历信访、民事诉讼等争议处理环节，双方当事人情绪对抗激烈，矛盾容易激发，双方诉求难以同时满足，法院协调往往难以奏效。从此类行政争议的处理结果来看，大多是以判决或者裁定驳回起诉的居多，协调撤回起诉的较少。

（二）产生的主要原因

1. 土地承包经营权归属引发行政争议。在国家实行农业税减免和农业补贴政策以前，不少承包农户出于外出打工、劳动力不足、承包土地收益低等原因，将承包地交由其他农户耕种，或者弃耕抛荒，村组将承包户的抛荒土地另行发包。出现同一承包土地有两份承包合同或两份承包经营权证。在农业税减免等政策调整后，种地收益增加，原先的承包户重新索要承包地，引发要求撤销现耕种经营农户的承包经营权证的行政争议。

2. 土地承包确权发证引发行政争议。发包方在承包确权发证过程中，根据土地耕种的现状决定收回土地、调整承包地，另行发包时，在原承包方所持有的土地承包经营权证未被政府主管部门及村组织收回的情况下，便将土地重新发包并办理了土地承包经营权证书，从而引起原承包方不服，要求撤销新颁发的承包经营权证。

3. 农户“卖房搭地”引起土地承包经营权归属争议。因土地税费负担重、收益低，农户在卖房的同时将承包的土地转给买房农户承包经营。村委会根据房屋买卖协议及耕种承包地的现状，与买房农户签订承包合同，买房农户因而获得承包经营权证。在土地升值及种地收益增加的情况下，原卖房农户认为自己享有承包经营权而引发行政争议。

4. 土地承包合同约定内容不完善或承包经营权证填写错误引发行政争议。政府主管部门及镇村基层组织工作人员工作不认真、不细致、缺乏责任心，致使承包合同中对土地面积没有约定或约定不清，承包土地“四至”界线不明，导致承包经营权证记载不详；或者承包经营权证记载内容与承包合同不一致，因而承包农户起诉要求撤销承包经营权证。

5. 家庭分户或者继承父母土地引发承包经营权行政争议。家庭成员对分户后的土地承包经营权存在争议，对政府为其他家庭成员颁发的承包经营权证不满而形成诉讼。或者父母去世后，村委会将父母的土地收回重新发包，而子女认为对父母的原土地承包经营权享有有继承权，对重新发包而颁发的承包经营权证不服而起诉要求予以撤销。

6. 农户没有获得颁发承包经营权证而产生行政争议。农户没有承包土地，或者农户耕种有承包土地，但没与村委会签订承包合同，或者农户承包土地与其他农户存在争议等情况，农户申请政府部门为其颁发承包经营权证未果，引发农户起诉要求政府部门履行颁发承包经营权证的法定职责。

二、农村土地承包经营权行政案件司法审查的现状

通过对涉及农村土地承包经营权证行政案件的裁判文书进行分析，发现

司法实务中裁判人员对一些问题的认识及裁判标准、裁判方式的把握上存在差异，出现同案不同判的现象。现将司法实务中对此类案件的裁判情况概述如下。

（一）关于对土地承包合同的审查认识

土地承包合同是颁发承包经营权证的主要依据，在当事人要求撤销承包经营权证的案件中，当事人对土地承包合同的效力及性质存在争议。因此，在对承包经营权证进行合法性审查时，必然涉及对土地承包合同如何进行审查。司法实务中存在以下三种裁判认识：一是将土地承包合同争议的解决作为起诉条件予以审查。其理由为土地承包经营权的归属为颁发承包经营权证的依据，土地承包经营权的归属问题未经过民事诉讼的审理而提起行政诉讼，应裁定驳回起诉。二是进行形式审查，只要土地承包合同形式完备，就可以作为颁发承包经营权证的依据予以认定。其理由为各方当事人对土地承包合同的效力、性质有争议，应通过其他合法途径另案解决，不属于行政诉讼审查范围。三是进行一定程度的实体审查，对土地承包合同发包的土地来源是否清楚、合法进行一定程度的审查。其理由是在土地流转的实际情况未查明的情况下，依据承包合同颁发承包经营权证属认定事实不清，应予撤销。通过对裁判文书的统计，第二种裁判认识即进行形式审查的最多。

（二）关于民行交叉案件的审查处理

土地承包经营权纠纷为典型的民行交叉案件，多数行政争议的起因是当事人对颁发承包经营权证的基础行为即土地承包合同有异议，民事权益的争端最后转移到不服承包经营权证的颁证行为上。当事人请求撤销承包经营权证的同时也提出了其他属于民事诉讼范围但具有一定关联性的诉讼理由。在农村土地承包经营权行政案件的审理中，对于涉及颁证的基础行为，如土地承包合同的效力、土地流转合同的性质等问题如何处理，行政诉讼是否中止审理有不同的认识。司法实务中，倾向性意见认为，行政诉讼不应中止审理，承包经营权证的合法性审查并不依赖基础行为的效力和性质，只要行政机关尽到审查义务，即使土地承包合同无效也不能认定颁证行为具有违法性，最多只能作为行政机关自我纠错的依据或者撤销承包经营权证新的事实证据。有人认为，本次行政诉讼应中止审理，承包经营权证的合法性审查是以基础行为的效力、性质为依据，基础行为的效力、性质认定直接决定承包经营权证是否予以撤销。

（三）关于颁发承包经营权证程序的审查处理

颁发承包经营权证需遵循一定的方式、步骤和顺序等，即履行法定程序。在我国的家庭承包体制下，颁发承包经营权证需履行的程序为：村民会议选举产生承包工作小组——承包工作小组拟订并公布承包方案——村民会议通过承包方案——签订农村土地承包合同——发包方向乡镇政府报送土地承包合同等材料——乡镇政府初审——乡镇政府向县政府报送材料并提出书面申请——县政府农业主管部门审核并报县政府颁证——县政府颁证——乡镇政府领取承包经营权证发给承包户。对于当事人提出颁发承包经营权证违反上述程序规定的审查处理，倾向性的处理意见为重实体审查、轻程序审查，即认为颁发承包经营权证并不是赋予承包经营权，而是通过登记对承包方已经取得承包经营权的一种行政确认行为，农户自签订的承包合同成立生效之日起取得承包经营权，具体颁证过程中的程序问题不影响承包经营权证的效力，县政府依据承包合同颁发承包经营权证符合法律规定。还有的判决对当事人提出的颁证程序问题没有进行回应。当然也有少部分判决以颁证程序违法为由而撤销承包经营权证。

（四）关于不履行颁发承包经营权证法定职责的审查认定

当事人提出要求履行颁发承包经营权证法定职责的诉讼请求，对该请求应否予以支持，首先，应审查颁发承包经营权证是否需要提出申请。其次，应审查履行职责的条件是否成就。最后，还可能审查被告提出土地权属存在争议暂缓办证的辩称能否成立。

1. 关于颁发承包经营权证是依申请作出的行为还是依职权作出的行为的审查认定。行政机关依申请作出的行政行为，当事人要求履行该行政行为的前提是必须提出过申请，否则当事人提起此项诉讼请求就不符合起诉条件。行政机关依职权作出的行政行为，无须当事人另行提出申请，只要符合履行职责的条件，行政机关就应依法履行职责。因此，两者提起诉讼的条件不同。对于颁发承包经营权证是否需要申请，司法实务中有两种认识。一种认识是土地承包经营权证是土地承包合同生效后，国家依法确认承包方享有土地承包经营权的法律凭证，颁发土地承包经营权证系政府应主动履行的职责，是依国家职权实施的一种具体行政行为；另一种认识是颁发承包经营权证是依当事人申请的行政行为，当事人未向行政机关提出要求颁证的申请，其起诉要求行政机关履行颁证的法定职责不符合起诉条件，依法应裁定驳回起诉。

2. 关于履行颁发土地承包经营权证法定职责的条件是否成就的审查。根据《农村土地承包经营权证管理办法》第四条的规定，颁发承包经营权证是县级以上人民政府的法定职责。对于县政府履行颁发承包经营权证法定职责的条件审查，司法实务中大多认为应满足家庭承包方式的颁证程序，否则县政府履行颁发承包经营权证法定职责的条件不成就，当事人要求县政府履行颁发承包经营权证法定职责的请求依法应予驳回。还有少数判决认为，县政府应依法督促、检查颁发土地承包经营权证工作的落实情况。怠于督促、监督土地承包经营权确权登记颁证相关工作的进行，不依法履行为农户登记颁证的职责的，不符合确定农村土地管理秩序，维护土地承包权人合法权益。县政府应积极推动涉案土地确权登记颁证工作的进行，督促消除登记颁证程序中存在的障碍，积极履行土地承包经营权登记颁证的相关职责。

3. 关于土地权属存在争议的审查认定。《关于认真做好农村土地承包经营权确权登记颁证工作的意见》（农业部等发布，农经发〔2015〕第2号）中规定，权属争议未得到解决的，暂时不进行土地承包经营权登记颁证。所以，当事人要求行政机关履行颁发承包经营权证法定职责的案件中，行政机关有时会以诉争土地权属存在争议，不符合颁证条件为由进行抗辩。关于何为土地权属存在争议，有的判决审查认为，土地承包经营权存在争议和纠纷的属于土地权属存在争议，应当先依法待权属争议解决后，再予以登记颁证。因此，土地权属存在争议往往成为行政机关不履行法定职责的正当理由。

（五）关于判决方式的选择

根据当事人不同的诉讼请求，依据查明的案件事实，选择适当的判决方式。在涉及承包经营权证的行政案件中，当事人提出的诉讼请求最多的是请求撤销承包经营权证，或者责令重新颁发承包经营权证。在司法实务中，对此诉讼请求予以支持并进行回应的判决方式有以下几种：一是判决撤销承包经营权证；二是判决撤销承包经营权证，责令行政机关重新颁发承包经营权证；三是判决撤销承包经营权证中的错误登记事项，责令行政机关予以更正。第一种判决方式最多，在判决撤销承包经营权证时，没有责令行政机关颁发承包经营权证。第二种、第三种判决方式较少，但有利于解决行政争议。

三、对农村土地承包经营权行政案件司法审查疑难问题的思考

（一）如何确定对土地承包合同的审查标准

为了确定对土地承包合同的审查标准，首先应当对土地承包合同与土地承包经营权证之间的关系有一个清晰的认识。根据《农村土地承包法》第二十二条、第二十三条及《物权法》第一百二十七条等规定可以看出，土地承包经营权自土地承包合同生效时设立，土地承包经营权证是对已经设立的承包经营权进行的行政确认，而不是承包经营权成立的生效要件，即使土地承包经营权证被撤销，只要土地承包合同不违反法律规定，土地承包经营权依然生效成立。因此，土地承包经营权证的记载事项应当与土地承包合同保持一致，土地承包合同作为承包经营权设立的直接依据，是进行行政确认的基石，土地承包合同的合法性直接影响到土地承包经营权证的合法性。对土地承包经营权证的合法性审查，首先要对土地承包合同的合法性进行审查。

土地承包合同的合法性审查标准历来存在“形式审查”与“实质审查”之争。简要地说，“形式审查”是对土地承包合同的有无，签字是否完备，是否具有承包土地名称、面积等必备条款等形式进行审查。而“实质审查”除进行“形式审查”外，还要对是否存在真实、合法、有效的承包经营权进行审查。采取“形式审查”的标准，可能会使司法审查对登记确认的权利人与实际权利人不符的情况视而不见，不利于对真正权利人的保护。采取“实质审查”的标准，超越了行政诉讼审查的范围，不当代替本应由民事诉讼解决实体民事纠纷的功能作用。因此，上述两种审查标准均不可取。对土地承包合同的合法性如何进行审查，应从现有的法律、法规等规定及合理行政原则确定审查的标准。根据《农村土地承包经营权证管理办法》第十二条的规定，行政机关在颁证过程中，具有询问申请人、实地查验的职责。同时，合理行政原则中的一项重要内容就是行政行为应建立在正当考虑的基础之上，该原则要求行政机关在依法作为的同时应尽到应有的、合理的注意义务，以防止有可能损害行政相对人或其他利害关系人合法权益的危害结果的发生。因此，对土地承包合同进行合法性审查的标准应根据行政机关的职权及业务能力等因素进行确定，即应审查行政机关在颁证过程中有没有尽到审慎合理的审查义务，有没有在专业能力范围内审查土地承包合同的真实性、合法性，

这种审查既不是纯粹的“形式审查”，也不同于“实质审查”。如果行政机关尽到上述审查义务，那么可以认为颁证的依据，即土地承包合同具有合法性。具体来说，行政机关首先应对土地承包合同进行“形式审查”，如审查是否有发包方签名、盖章，发包方名称与印章是否一致，是否有承包户签名、签名是否前后一致，承包地块是否具体、明确，承包期限是否违反法律规定，共有人是否与户口簿记载一致等，对于前述所应进行的审查，实务中很少存在争议。同时行政机关还应审查涉及土地承包合同效力因素事实，如对依据农户之间签订的土地流转合同及发包方与次承包方签订的承包合同，应审查签订流转合同的农户有无承包经营权，土地流转合同是否明确记载为转让合同，如果行政机关没有进行相应审查，且也没有农户流转土地的合法权属依据，或者土地流转合同没有明确记载为转让合同，在此情况下，应认定发包方与次承包方签订的承包合同不能作为颁证的依据。又如，对村委会重新发包与农户签订的承包合同，应审查重新发包前的土地承包经营权状况，重新发包前存在的承包合同是否解除或认定无效，承包经营权证是否收回或注销，是否将承包地收回，有无重新发包方案并经村民会议通过等，如果在没有前述事实依据或者存疑的情况下，重新签订的承包合同不能作为颁证的依据。在此须明确一点，对土地承包合同效力因素事实的审查，不是代替民事诉讼对合同效力或性质进行评判，而是从事实依据是否充分的角度进行审查，其撤销承包经营权的理由也不是承包合同无效，而应该是颁证的事实不清、证据不足。通过上述审查，能最大限度地保障登记确认的权利人与实际权利人相符，从而使当事人的合法权益得到更有效的维护。

（二）如何把握民行交叉行政案件的审理

民事争议与行政争议交叉的状态，在土地承包经营权证颁发引发的行政诉讼案件中也经常出现。虽然新《行政诉讼法》规定，当事人申请涉及行政登记的行政诉讼中一并解决相关民事争议的，人民法院可以一并审理，但在司法实践中，适用该规定将当事人申请一并解决的较少，大多数还是民行交叉的状态。承包经营权证行政案件涉及民行交叉情形的，行政诉讼是否中止审理？有观点认为，行政诉讼对承包经营权归属及效力的民事争议无法进行评判，而承包经营权证又是对承包经营权的行政确认，因此，必须先进行民事诉讼确认承包经营权的归属，才能对承包经营权证是否撤销作出正确的判决。这种认识没有正确区分行政诉讼与民事诉讼的任务、性质、审查对象和诉讼规则的不同。根据法律规定，行政诉讼案件的审理，是围绕行政行为合法性审查进行的，这种审查是对作出行政行为时所依据的证据材料是否合法进行审查，而不是依据行政行为作出后出现的证据对行政行为是否合法进行审查。因此，行政诉讼对土地承包经营权证的合法性审查并不必须依赖于民事审判的结果，即使民事裁判结果确认的承包经营权与承包经营权证一致，也可能因为承包经营权证颁证程序违法而被撤销。反之，由于行政机关登记确认审查及行政诉讼审查范围的有限性，不能确保登记确认的权利具有真实性，行政机关登记确认行为及行政诉讼中的维持或撤销判决并不构成对民事裁判的制约，民事诉讼中仍可以将登记颁证的材料作为一般证据进行审查，甚至可以推翻，并不因承包经营权证被撤销或未被撤销而直接成为民事诉讼的定案证据。所以，民行交叉案件的审理不应先民后行，也不应先行后民，而应在各自审理范围内进行裁判。如果行政诉讼判决前，民事生效判决确认土地承包合同无效的情况下，即使行政机关在颁证时已尽到合理审慎的审查义务，所作出的登记行为不具有违法性，但行政诉讼仍应依据生效的民事判决而判决撤销承包经营权证。

（三）如何审查承包经营权证的颁证程序

根据获得承包经营权方式的不同，承包经营权证的颁证程序也不相同。《农村土地承包法》第十八条、第十九条、第二十一条，以及《农村土地承包经营权证管理办法》第五条、第六条、第七条、第九条、第十二条、第十三条规定了以家庭承包方式获得承包经营权应履行的颁证程序；《农村土地承包法》第三十七条、第三十八条，《农村土地承包经营权证管理办法》第十五条、第十六条规定了以互换、转让等流转方式获得承包经营权应履行的颁证程序；《农村土地承包法》第四十五条，《农村土地承包经营权证管理办法》第八条规定了以招标、拍卖等方式获得承包经营权应履行的颁证程序。不能混淆通过不同方式获得承包经营权所应履行的颁证程序，否则可能张冠李戴，发生程序审查错误。

对承包经营权证的程序审查应防止走向两个极端，一个极端是将承包经营权证的审查等同于承包经营权的审查，只侧重于事实依据的审查，而忽略颁证程序的审查，这种审查方式搁置颁证程序，使程序价值得不到应有的体现，可能损害当事人的合法权益，且不利于推进法治政府建设。另一个极端是不论程序违法程度、是否对当事人的权利造成影响，只要程序违法，一律判决撤销承包经营权证，这种审查方式容易发生行政行为被撤销后又作出同样的行政行为的状况，因而造成行政资源的浪费和耗费当事人的经济和时间。概括来说，对颁证程序的审查既不能过于宽松，也不能过于严格，而应以公正和效率为标准，根据程序违法程度及对当事人权利的影响，区分为程序轻微瑕疵、程序轻微违法、程序违法，并进行相应的处理。所谓程序轻微瑕疵，是指行政行为在程序上存在轻度的缺陷，但不足以产生程序违法的法律后果。例如，承包经营权证未记载编号、未按时发放承包经营权证等，对此类轻微瑕疵，法院可以判决驳回原告诉讼请求。程序轻微违法，是指虽然程序上的瑕疵已经构成了对法定程序的违反，但并未影响到原告的实体权利，也就是对承包合同的效力及内容未造成影响。例如，承包经营权证与承包经营权登记簿记载不一致，欠缺拟订、讨论通过承包方案的步骤，未进行公示等，对于程序轻微违法的，应根据《行政诉讼法》第七十四条第一款第（二）项的规定判决确认行政行为违法，但不撤销。这种处理方式，一方面强调了行政程序的独立价值，另一方面考虑了行政效率和程序经济。所谓程序违法，是指违反法定程序，并对原告的权利产生实际影响，即程序的违法影响了承包合同的效力和权利、义务内容。例如，承包经营权证记载的内容与土地承包合同不一致、土地承包经营权转让合同未经发包方同意、土地承包合同一方当事人未签字、发包方将他人享有承包经营权的土地或未依法收回的土地重新发包签订土地承包合同等，对此类程序违法，应判决撤销承包经营权证。

（四）如何厘清颁发承包经营权证的相关法定职责

根据《农村土地承包法》《农村土地承包经营权证管理办法》的相关规定，县级以上政府具有颁发承包经营权证的法定职责，但同时县级政府农业主管部门、乡（镇）政府、乡（镇）政府农村经营管理部门、村委会在颁发承包经营权证的过程中也承担相应的职责和工作。因此，在村民未获颁发承包经营权证的情况下，是否需要申请？向谁申请？相关单位承担什么职责？谁是适格的被告？这些问题在司法实务中认识不一，为此需要厘清颁证的相关法定职责，统一裁判认识。

首先，颁发承包经营权证是依申请作出的行为还是依职权作出的行为。

《农村土地承包法》规定获得土地承包经营权有三种方式：一是家庭承包方式；二是互换、转让等流转方式；三是招标、拍卖等方式。不同方式获得的土地承包经营权，其颁证程序不同，是否需要申请也不同。以家庭承包方式获得的土地承包经营权是集体经济组织成员的权利，是满足农民基本生活的保障，带有社会保障性质，通过此种方式获得的土地承包经营权应由政府依职权颁发承包经营权证，且从《农村土地承包经营权证管理办法》第七条规定的程序来看，没有承包方向政府申请颁发承包经营权证的程序规定。因此，以家庭承包方式获得承包经营权不是以承包方申请为颁发承包经营权证的条件，只要符合颁发承包经营权证的条件，没有承包方的申请，政府也应依职权主动颁发承包经营权证。所以，实行家庭承包的农户要求政府履行颁发承包经营权证法定职责时，法院不能以承包方没有向政府提出申请不符合起诉条件为由而裁定驳回起诉或者作为判决驳回诉讼请求的依据。而通过其他两种方式获得承包经营权的农户是否需要申请颁发承包经营权证？根据《农村土地承包法》第三十八条及《农村土地承包经营权证管理办法》第八条、第十六条的规定，应由承包方向政府提出申请，政府审查符合条件的，颁发承包经营权证。所以，在此二种情形下，承包方提出要求政府履行颁发承包经营权证的法定职责，就需要审查承包方是否向政府提出过申请，如没有申请过，则不符合起诉条件，应裁定不予立案或驳回起诉。

其次，村民在未获颁发承包经营权证的情况下，起诉谁？谁是适格的被告？具体情况不同，诉讼请求不同，可能答案也不相同。所以，需要区分几种具体情形进行分析回答。第一种情形，村民通过互换、转让等方式获得承包经营权的，村民向乡（镇）政府或县政府申请颁发承包经营权证未果。土地承包采取互换、转让方式流转，当事人要求登记的，根据《农村土地承包法》第三十八条的规定，应当向县级以上地方人民政府申请登记。而采取转让、互换方式流转土地承包经营权的，根据《农村土地承包经营权证管理办法》第十四条、第十六条规定，当事人可以要求办理农村土地承包经营权证变更登记。乡（镇）人民政府农村经营管理部门受理变更申请后，应及时对申请材料进行审核。符合规定的，报请原发证机关办理变更手续。根据上述规定，当事人既可以向县政府申请，也可以向乡（镇）政府申请，但县政府履行的是登记职责，而乡（镇）政府履行的是审核、报请登记职责。所以，在当事人向乡（镇）政府提出过申请的情况下，当事人可以乡（镇）政府为被告，起诉要求乡（镇）政府履行审核、报请登记职责，而不是起诉要求乡（镇）政府履行颁发承包经营权证的职责；在当事人向县政府提出过申请的情况下，当事人可以县政府为被告，起诉要求履行颁发承包经营权证的法定职责。第二种情形，在发包方没有将承包方案、承包合同等材料报送乡（镇）政府的情况下，家庭承包经营的农户要求颁发承包经营权证。司法实务中，农户大多以县政府或县级政府农业主管部门为被告，起诉要求颁发承包经营权证，但其诉讼请求往往得不到法院的支持，主要理由是乡（镇）政府未报送相关材料，导致县级政府不具备履行颁发承包经营权证职责的法定条件。《农村土地承包经营权证管理办法》第七条第（一）项规定："土地承包合同生效后，发包方应在 30 个工作日内，将土地承包方案、承包方及承包土地的详细情况、土地承包合同等材料一式两份报乡（镇）人民政府农村经营管理部门。"据此，颁发承包经营权证的初始环节是发包方与承包方签订合同生效并由发包方报送相关材料。在发包方未与农户签订承包合同或者发包方未将土地承包相关材料报送乡（镇）政府的情况下，乡（镇）政府、县政府缺乏履行颁发承包经营权证相关法定职责的条件。所以，农户起诉要求履行颁发承包经营权证的相关职责，乡（镇）政府、县政府不是适格的被告。因拟订、通过承包方案，以及签订承包合同等属于村委会自治范围内的事项，村委会自治范围内的行为不具有行政诉讼可诉性，故村委会不是适格的被告，农户不能起诉村委会要求履行签订承包合同及报送材料的职责。因乡（镇）政府具有农村土地承包及承包合同管理的职责，同时，乡（镇）政府对村委会有指导的职责，所以农户可以乡（镇）政府为被告，起诉要求乡（镇）政府履行农村土地承包管理及指导村委会的职责，从而促使村委会与农户依法签订承包合同并报送相关材料，开启颁发承包经营权证的程序。第三种情形，在村委会按照《农村土地承包经营权证管理办法》第七条第（一）项的规定报送了承包方案、承包合同等材料的情况下，家庭承包经营的农户要求颁发承包经营权证。《农村土地承包经营权证管理办法》第七条第（二）项规定，乡（镇）人民政府农村经营管理部门对发包方报送的材料予以初审。材料符合规定的，及时登记造册，由乡（镇）人民政府向县级以上地方人民政府提出颁发农村土地承包经营权证的书面申请。据此，农户可以乡（镇）政府为被告，起诉要求乡（镇）政府履行审查、登记造册及书面申请的法定职责。如果起诉要求乡（镇）政府履行颁发承包经营权证的职责则缺乏依据，或者起诉要求县级政府履行颁发承包经营权证的职责则缺乏履行职责的条件。第四种情形，乡（镇）政府履行了审查、登记造册及书面申请的法定职责，家庭承包经营的农户要求颁发承包经营权证。根据《农村土地承包经营权证管理办法》第七条第（三）项规定，县级以上地方人民政府农业行政主管部门对乡（镇）人民政府报送的申请材料予以审核。对符合规定的，编制登记簿，报同级人民政府颁发农村土地承包经营权证。因此，在此情形下，农户可以起诉县政府，要求县政府履行颁发承包经营权证的法定职责。

（五）如何认定土地权属存在争议

土地权属不存在争议为县政府履行颁发承包经营权证法定职责的前提条件，所以在审查认定县政府是否应当履行颁发承包经营权证的法定职责时，有时会涉及认定土地权属是否存在争议的问题。如何准确界定土地权属争议的范围，对于准确认定县政府是否应履行法定职责具有重要意义。根据《土地权属争议调查处理办法》第二条的规定，土地权属争议是指土地所有权或者使用权归属争议。《土地管理法》第十六条规定，土地所有权和使用权争议，由当事人协商解决；协商不成的，由人民政府处理。该法明确土地权属争议由政府处理，而不是通过民事诉讼或其他途径解决。那么，颁发承包经营权证中的土地权属争议与前述土地权属争议概念是否相同？农村土地承包经营权性质虽为物权，属于土地使用权范畴，但农村土地承包经营权系以合同形式设立，而其他土地使用权是以登记形式产生，此差异决定了两者概念不完全相同。颁发承包经营权证中土地权属争议的“权属”是指土地承包经营权（三权分置下的“承包权”），具体为村委会或村民小组与农户签订承包合同而设立的承包经营权，而不是指通过转包方式获得的承包经营权（三权分置下的“经营权”）。因此，此处讨论的土地权属争议也就是“承包权”归属不清，而不是“经营权”归属不清。“经营权”归属不清是在“承包权”归属清楚的情况下，因合同而产生的纠纷，此纠纷属于民事纠纷，不属于土地权属争议的范畴。而“承包权”归属不清属于土地权属争议的范畴。“承包权”归属不清在请求颁发承包经营权证案件中一般存在两种情形。一种情形是申请颁证依据的承包合同所约定的承包地块“四至”界线不清，与其他承包合同的承包地块存在冲突或交叉，这种“承包权”归属不清属于《土地管理法》第十六条规定的“土地权属争议”，应由人民政府处理，而不能通过民事仲裁或民事诉讼解决；另一种情形是平等主体签订土地流转合同，对该土地流转合同是转包合同还是转让合同约定不清，是否发生“承包权”转让的效力不明确，此纠纷属于因农村土地承包经营权转包、出租、互换、转让、入股等流转发生的纠纷，根据《农村土地承包经营纠纷调解仲裁法》及《最高人民法院关于审理涉及农村土地承包纠纷案件适用法律问题的解释》的规定，可以提起仲裁或者民事诉讼，法律并没有赋予行政机关对此类纠纷作出具体行政行为的职权。前述两种情形属于土地权属存在争议，应先解决争议，确定承包权归属，然后行政机关才能履行颁发承包经营权证的法定职责，对明晰的权利进行行政确认，否则确认的就是存在争议的“承包权”，不能实质解决争议。

（六）如何选择判决方式

判决方式的确定首先应有法律依据，其次应回应当事人的实质诉求，最后应有利于解决行政争议。司法实务中，在承包经营权证登记错误，当事人请求撤销承包经营权证，并要求责令重新颁发承包经营权证的情况下，如何选择判决方式存在争议。首先，在确定承包经营权证登记错误，并且当事人要求撤销承包经营权证的情况下，法院是否应一律判决撤销承包经营权证。根据《行政诉讼法》第七十条的规定，在此情况下，法院可以判决撤销承包经营权证，也可以判决部分撤销承包经营权证。如何选择，应根据承包经营权证的错误类型进行确定。对于涉及判断承包经营权有无的错误登记，例如，没有土地承包合同，或者承包经营权是否转让依据不足，或者承包方登记错误，登记的承包方不享有承包经营权，或者发包方登记错误，发包方不享有承包土地的所有权等，法院应判决撤销承包经营权证。对于承包方有承包经营权的情况，只是承包经营权证中承包地块、面积、承包方式、共有人等登记错误，法院应判决撤销错误登记的部分，而不应把承包经营权证全部撤销。主要理由：一是当事人要求撤销承包经营权证，其实质诉求是更正错误登记的部分，因此，撤销错误登记的部分不违背当事人的真实诉求；二是错误登记的部分与被诉承包经营权证具有可分性，判决部分撤销，不影响其他部分的效力；三是保有正确登记部分的效力，便利当事人享有相应的农业补贴及其他权益；四是撤销承包经营权证，重新颁发承包经营权证程序烦琐、难度大，增加当事人负担。对于判决部分撤销承包经营权证的，同时还应判决责令行政机关履行更正登记的法定职责，而不是判决责令行政机关履行重新登记的法定职责。根据《农村土地承包经营权证管理办法》第十一条的规定，当事人认为承包经营权证记载错误的，有权申请更正。据此规定，行政机关应当履行的是更正法定职责，而不是履行重新登记的法定职责。承包经营权记载错误的，还有另一种救济途径，即当事人先向行政机关申请更正登记，如行政机关不履行更正登记法定职责的，当事人起诉行政机关不履行法定职责。但实践中，由于对法律规定的不了解，当事人基本都选择起诉要求撤销承包经营权证。

在判决撤销承包经营权证的情况下，法院是否还应判决责令县政府履行颁发承包经营权证的法定职责，是否作出此种判决的唯一依据是县政府是否具备履行颁发承包经营权证法定职责的条件。例如，对于程序违法导致承包经营权证被撤销的，该程序不是县政府履行的程序，此种情况下，县政府不具备履行颁发承包经营权证法定职责的条件，因此不应判令县政府重新履行颁发承包经营权证的法定职责。又如，颁证依据不足导致承包经营权证被撤销的，该依据不足不是县政府履行职责所能解决的，在此情况下，也不应判令县政府重新履行颁发承包经营权证的法定职责。

（作者单位：安徽省滁州市中级人民法院）

司法文件

最高人民法院关于“裁执分离”后行政机关组织实施行为是否具有可诉性问题的批复

（2017）最高法行他550号

浙江省高级人民法院：

你院《关于“裁执分离”组织实施行为可诉性问题的请示》（浙高法[2017]165号）请示收悉。经研究，答复如下：

人民法院受理行政机关申请执行其行政行为的案件，对行政行为的合法性进行审查。人民法院依法作出准予执行裁定的，行政机关就其申请并经法院审查准予执行的行政决定所实施的强制执行行为，仍属于行政行为。该行为是否可诉，应根据当事人的诉讼请求及理由作区分处理：

一、人民法院作出准予执行裁定后，公民、法人或者其他组织又就行政机关申请执行的行政行为提起行政诉讼或者行政赔偿诉讼的，人民法院不予受理。

二、被执行人及利害关系人仅以行政机关据以申请执行的行政行为（决定）本身违法等为由主张行政机关实施的强制执行行为违法提起行政诉讼或者行政赔偿诉讼的，人民法院不予受理。

三、被执行人及利害关系人以行政机关实施的强制执行行为存在违反法定程序，与人民法院作出的准予执行裁定确定的范围、对象不符等特定情形，给其造成损失为由提起行政诉讼或者行政赔偿诉讼的，人民法院应当依法受理。

此复。

二〇一八年三月七日

最高人民法院关于海关执法机关对刑事裁判未予处理的不属于罪犯本人的用于走私的运输工具能否作出行政处理的答复

（2015）行他字第10号

福建省高级人民法院：

你院《关于对海关总署署侦［2001］9号和署辑发［2013］140号文件部分条款的理解和适用问题的请示》收悉。经研究，答复如下：

人民法院生效刑事裁判对不属于罪犯本人所有但被用于走私的运输工具没有作出处理的，海关执法机关可以依照《中华人民共和国海关法》和《中华人民共和国海关行政处罚实施条例》的有关规定进行处理。

此复。

二〇一八年三月七日

征稿启事

《行政执法与行政审判》是最高人民法院针对行政审判工作出版发行的唯一的综合指导性图书。丛书自出版以来，深受全国各地法院行政审判法官、行政执法人员和专家学者的普遍欢迎和好评。对各级法院行政审判工作具有权威的指导作用，对各级各部门行政机关依法行政和行政法、行政管理专业的专家学者具有较强的参考作用。

本丛书及时刊登行政法的最新司法解释、司法文件、司法政策及解读，具有典型和指导意义的审判案例及分析，行政执法和行政审判的调研信息及成果等内容，设有“大法官论坛”“理论探索”“案例分析”“实务争鸣”“调查研究”“司法文件”等栏目。现编委会竭诚向全国的行政执法和行政审判理论和实务工作者征稿。来稿要求：

一、稿件应属未公开发表的作品。请勿一稿两投。

二、优先发表在本书所涉领域有创见的、高水平的文章，来稿采用与否以理论和实务价值为标准。

三、稿件引文应当注明出处，注释体例参见本书“写作体例说明”。

四、稿件最好为附打印稿的 word 文件电子版。

五、稿件一经发表，文责自负，但编者保留对来稿进行技术性加工处理的权利。文章一经采用，由本编辑部统一付给稿酬。

六、来稿请按以下联系方式寄送：

地址：北京市东城区东交民巷 27 号

最高人民法院行政审判庭　梁凤云

邮编：100745

请在信封正面注明“《行政执法与行政审判》来稿”字样。

E－mail：zgfyxzt@ sohu. com

《行政执法与行政审判》编委会

写作体例说明

一、交付稿件要求

（一）总体要求

齐（不缺页、不缺件）、清（稿面清楚）、定（已定稿的稿件）。提供稿件电子版，并附打印清样，出版社视清样为最终定稿。

（二）具体要求

纸样用 A4 纸，单面打印。

电子版内容一定要与提供的清样内容相同。

二、编辑体例

正文编码顺序按：一、（一）1.（1）① 第一，其一，等来编排。

三、技术规范

数字用法：

统计数字、时间、物理量等均用阿拉伯数字（如：100kg　45.8 万元　11 个月　4.9 万册　12.4 亿人）；法条号尊重原文，即原文是汉字的用汉字，原文是阿拉伯数字的用阿拉伯数字。

注释方法：

1. 一般原则

（1）注释采取页下注，注释号每页重新起算；

（2）引注作品的，注释应完整；

（3）作者为三人或三人以上的，首次引用时应显示全部作者，重复出现时可在第一作者之后加“等”字样。

2. 著作引文注释范例

一般格式：作者/书名/出版社/出版年代/页码

如：×××著/主编：《×××》，××出版社××年版，第××页。

3. 文章引文注释范例

一般格式：作者/文章题目/引自何种出版物/出版时间/页码

（1）著作中文章

××：“文章名”，见：××主编：《书名》，××出版社××年版，第××页。

（2）期刊中的文章

××：“文章名”，载《期刊名》××年第×期。

（3）报纸上的文章

××：“文章名”，载《报纸名》××年××月××日，第×版。